Mobbing

Gerd Arentewicz

Alfred Fleissner

Dieter Struck

Mobbing

Psychoterror am Arbeitsplatz, in der Schule und im Internet – Tipps und Hilfsangebote

Ellert & Richter Verlag

Inhalt

Vorwort

Mobbing ist noch immer eine alltägliche Erfahrung im menschlichen Zusammenleben – daran haben die letzten Jahre vermehrter Aufmerksamkeit in den verschiedenen Medien und auf dem Buchmarkt nichts geändert.

Es scheint im Gegenteil sogar zu einer Verschärfung der Thematik gekommen zu sein durch die schwieriger werdende finanzielle und damit auch personalwirtschaftliche Situation vieler Betriebe und die gestiegenen Anforderungen an sie und ihre Mitarbeiter. Waren noch vor wenigen Jahrzehnten berufliche Laufbahnen in der Regel abgesichert, überschaubar und in den Schulen die Wissensvermittlung der Mittelpunkt, so zeichnen sich diese beiden großen Bereiche des menschlichen Zusammenlebens und Miteinander-Auskommen-Müssens durch immer stärkere Umbrüche aus.

Heute sind rund 40 Millionen Menschen in Deutschland in irgendeiner Form erwerbstätig, doch dies mit deutlich reduzierter Sicherheit des Arbeitsplatzes und beruflicher Perspektiven. Einige große Firmen führen Kurzarbeit ein, bauen Arbeitsplätze ab und verlagern Firmenteile und damit Arbeitsplätze in Länder mit niedrigeren Löhnen. Im schulischen Bereich wird neben der Wissensvermittlung der Ausgleich von Erziehungsdefiziten im Elternhaus immer häufiger notwendig.

Sowohl im Arbeitsleben als auch in der Schule müssen Menschen mit anderen Menschen auskommen, die sie sich nicht selbst ausgesucht haben. Im Idealfall klappt die Zusammenarbeit aufgrund gegenseitiger Achtung und eines erkennbaren Sinns der gemeinsamen Tätigkeit. Die Möglichkeit, im gewissen Rahmen eigene Entscheidungen zu treffen, Lob und Anerkennung für die Leistung zu erhalten und sich mit dem Unternehmen zu identifizieren, ist ebenso bedeutsam wie ein ausgewogenes Verhältnis zwischen Arbeit und Erholung. Kümmert sich der Vorgesetzte um

Arbeitsplatzbeschreibungen, Arbeitsorganisation, Personalentwicklung, Kompetenzregelungen und das Betriebsklima, kann schon viel erreicht werden.

Im Bereich der Schule müssen sich die einzelnen Lehrer, die meist fachspezifisch – didaktisch und inhaltlich – ausgebildet sind, immer häufiger um Schüler kümmern, die Probleme haben und deshalb Probleme machen. Die Schulen sehen sich mit Elternhäusern konfrontiert, die nicht intakt beziehungsweise nicht komplett sind, ihrem Erziehungsauftrag nicht nachkommen, „bildungsfern" sind, Elternsprechtage nicht wahrnehmen und ihre Kinder dem Einfluss von Gruppen mit ganz eigenen Normen überlassen. In dieser Situation müssen die Schulen mit spezifischen Fortbildungen der Lehrer, mit der Kooperation mit Schulpsychologen, Sozialarbeitern und „bürgernahen" Polizeibeamten, mit Elternarbeit und Schülerkonfliktlotsen reagieren, was oft die finanziellen und organisatorischen Möglichkeiten übersteigt.

Obwohl der neue Zweig der psychologischen Forschung, die sogenannte Evolutionspsychologie, inzwischen zu der Erkenntnis gekommen ist, dass nicht Konkurrenz, sondern Kooperation den Aufstieg der menschlichen Zivilisation ermöglicht hat, führen die oben skizzierten sozialen und wirtschaftlichen Entwicklungen und Verwerfungen dazu, dass es zu Entsolidarisierung, Rivalität und Konflikten kommt: Wenn der Arbeitsplatz nicht mehr sicher ist, nur die klar erkennbare Einzelleistung zählt und Informationen Macht bedeuten, wird man sich abgrenzen und die Kollegen als Konkurrenten erleben. Ungelöste Konflikte am Arbeitsplatz und in der Schule sind natürlich nichts wirklich Neues. Lange ist man davon ausgegangen, dass das unvermeidliche Begleiterscheinungen des menschlichen Zusammenlebens sind. Erst seit Ende des 20. Jahrhunderts beschäftigen sich Arbeitswissenschaft und Psychologie systematisch mit dem Thema.

Pionier war der deutschstämmige Schwede Heinz Leymann (1932–1999), der seit den 1980er-Jahren mit einschlägigen Veröffentlichungen Aufsehen erregte. Durch sein 1993 erschienenes und bis heute einflussreiches Buch „Mobbing. Psychoterror am Arbeitsplatz und wie man sich dagegen wehren kann" wurde der Begriff „Mobbing" und das ganze Thema ins Bewusstsein der deutschen Öffentlichkeit gerückt, und viele Betroffene erkannten sich in den anschaulichen Fallgeschichten wieder. In seinem nächsten Buch – von ihm 1995 herausgegeben – „Der neue Mobbing-Bericht. Erfahrungen und Initiativen, Auswege und Hilfsangebote“ setzten er und Kollegen die Kampagne gegen Mobbing fort. Das dritte Buch „Die Mobbing-Spirale. Über die Ausgrenzung der Opfer und ihren Kampf um Gerechtigkeit“ war für 2000 geplant, blieb durch seinen frühen Tod aber leider ein unveröffentlichtes Fragment. Zugänglich für alle Interessenten ist weiterhin seine „Mobbingenzyklopädie“ im Internet unter www.leymann.se mit einer deutschen Fassung.

Vor allem dank Heinz Leymann fand eine Sensibilisierung der deutschen Öffentlichkeit für die gesundheitlichen, sozialen und finanziellen Schäden statt, die verschleppte Konflikte und Mobbing in Betrieben und Schulen verursachen. Spätestens wenn es um finanzielle Einbußen geht – aber oft nur dann –, sehen die betroffenen Einrichtungen Handlungsbedarf und suchen externe Unterstützung. Neben einer Fülle von Ratgeberbüchern und Initiativen im Gefolge von Leymanns Schriften ist eine ganze Infrastruktur an Unternehmensberatern, Mediatoren, Coaches, Supervisoren und Konfliktschlichtern entstanden. Mobbing wird dennoch nach wie vor als Tabuthema und Makel angesehen. Man darf vermuten, dass die Probleme aufgrund der sich verändernden gesellschaftlichen und volkswirtschaftlichen Rahmenbedingungen zunehmen und brisanter werden. Es kann aber nicht gesagt werden, welchen psychologischen Einfluss dabei die Berichterstattung in den Medien hat wie Zeitungs- und Zeitschriftenartikel sowie Fernsehfilme, die Vorfälle in Schulen in „Problemstadtteilen“, Kriminalfälle wie Stalking u. a. beschreiben, die ihr Publikum zunehmend umfassender und über weit entfernte Vorfälle informieren und ihre schockierende Ware mit den Anfängen „Immer öfter ...“, „Immer mehr ...“, „Immer brutaler ...“ verbreiten.

Aufgrund seiner internationalen Verdienste erhielt Heinz Leymann Mitte der 1990er-Jahre von einem norddeutschen Großklinikum den Auftrag, ein Konfliktmanagement zu etablieren und zu supervidieren. Seitdem haben zwei Autoren des vorliegenden Buches mit ihm bis zu seinem Tod eng zusammengearbeitet. Der Erstautor wurde sein Nachfolger im Amt und führte es in seinem Sinne fast sechs Jahre weiter. In diesem Zusammenhang entstand auch aus langjährigen Vorlesungsreihen und jährlichen Tagungen an der Universität Hamburg 2003 eine umfangreiche Veröffentlichung, die sich vor allem an ein Fachpublikum richtete (Gerd Arentewicz u. Alfred Fleissner, Hrsg., „Arbeitsplatzkonflikte") und alle Bereiche des Themas behandelte.

Wir nehmen den zehnten Todestag Heinz Leymanns zum Anlass, seiner zu gedenken und die Ergebnisse der von ihm ins Leben gerufenen und in seinem Geist fortgeführten Arbeit in diesem Buch einer interessierten Leserschaft von Betroffenen, Personalvertretern, Vorgesetzten, Gewerkschaftern, Lehrern und Eltern vorzulegen.

Gerd Arentewicz, Alfred Fleissner und Dieter Struck

Gerd Arentewicz

Worum es geht. Wie wird aus alltäglichem Streit, ungelösten Konflikten und Konkurrenz Mobbing?

Einige Zahlen zum Ausmaß des Problems

Der Begriff „Mobbing“ ist seit Anfang der 1990er-Jahre einer breiteren Öffentlichkeit geläufig. Kurz definiert ist damit gemeint, dass eine Person oder eine Gruppe sich systematisch und wiederholt negativ bis feindselig gegen einen Einzelnen wendet, mit dem Ziel, diese Person „fertigzumachen“ und auszugrenzen.

In der Verhaltensforschung geht man davon aus, dass Mobbinghandlungen – genauso wie zum Beispiel die Hilfsbereitschaft – zum Verhaltensspektrum aller Menschen gehören und unter bestimmten Umständen auch gezeigt werden. Davon handelt dieses Kapitel.

„Mobbing“ wurde aber auch rasch zu einem Modewort mit inflationärem Gebrauch. Von vielen Menschen wird jede Form von Alltagsproblem, bei dem sie nicht das erreichen, was sie wollen, als Mobbing bezeichnet. Selbst in die Karikatur ging der Begriff ein: „Hallo, heute schon gemobbt worden?“ Auch hier soll das Kapitel für mehr Klarheit sorgen, denn hinter dem Phänomen „Mobbing“ stehen gravierende persönliche, soziale und wirtschaftliche Folgen. In diesem Kapitel geht es in erster Linie um Mobbing (im engeren Sinne nach dem Konzept von Heinz Leymann) in der Arbeitswelt. Die beiden anderen „Schauplätze“, der Schul- und Ausbildungsbereich sowie das Internet, werden in eigenen Kapiteln behandelt.

Im Jahr 2008 lebten rund 82 Millionen Menschen in Deutschland. Davon waren 40,35 Millionen erwerbstätig, wobei zunächst nicht zwischen Selbstständigen (die wegen ihrer Lage weniger von Mobbing betroffen sind) und abhängig Beschäftigten (die aufgrund genau dieser Abhängigkeit eher gefährdet sind und sich weniger wehren können) unterschieden wird. Wie viele Personen von Mobbing tatsächlich betroffen sind, ist unbekannt, da es keine wirklich repräsentativen Erhebungen gibt. Daran ändern auch so wichtige

Untersuchungen wie die von Bärbel Meschkutat, Martina Stackelbeck und Georg Langenhoff (Bundesanstalt für Arbeitsschutz und Arbeitsmedizin, Dortmund) oder von Sylvia von Mackensen und Matthias Morfeld (Universitäten München und Hamburg) mit mehreren Tausend Teilnehmern nichts. Positiv zu werten ist aber, dass diese Arbeitsgruppen sich nicht davon abschrecken lassen, dass die Bereitschaft der Unternehmen, sich an solchen Erhebungen zu beteiligen, gering ist, und mit großen Fallzahlen auf das Mobbingproblem aufmerksam machen. Das Vorkommen von Mobbing in einem Unternehmen gilt als Makel und Qualitätsmangel, und entsprechende Erhebungen werden von den Arbeitgebern blockiert. Und auch die Arbeitnehmerseite ist Erhebungen gegenüber vorsichtig, da man schnell Gefahr läuft, als Nestbeschmutzer hingestellt zu werden. **Dennoch gehen Hochrechnungen im Gefolge von Leymanns Erhebungen davon aus, dass mindestens 3,5 Prozent der arbeitenden Bevölkerung in Deutschland – also rund 1,5 Millionen Menschen – von Mobbing am Arbeitsplatz betroffen sind.**

Neben den persönlichen Folgen für die Betroffenen, die in den weiteren Kapiteln erörtert werden, haben vor allem die betriebs- und volkswirtschaftlichen Konsequenzen zunehmend Aufmerksamkeit erregt und Handlungsbedarf geweckt. Man geht davon aus, dass jeder nicht ausgefüllte Arbeitsplatz (durch Krankheit oder Kündigung) je nach Qualifikationsniveau einen Betrieb pro Tag 100 bis 400 Euro kostet. In diesem Zusammenhang werden die jährlichen Gesamtschäden für die Volkswirtschaft auf bis zu 15 Milliarden Euro geschätzt. Die gesundheitlichen Schäden führen zu noch wesentlich höheren Folgekosten für die Sozialkassen und werden in zwei gesonderten Kapiteln behandelt.

Schon Anfang der 1990er-Jahre hatte Heinz Leymann vor allem in Skandinavien Erfahrung mit 1200 Beratungsfällen und den Auswertungen der Krankengeschichten von 300 Patienten in seiner speziellen Rehabilitationsklinik „Violen“ in Karlskrona (Schweden) gesammelt.

Alle Fachleute nach ihm haben sich auf seine Arbeit bezogen und sie in verschiedene Richtungen ausgeweitet. Grundsätzlich sind aber keine wirklich neuen Gesichtspunkte bis auf einen hinzugekommen: War Leymann vor allem bedingungslos solidarisch mit den Menschen, die sich ihm als Mobbingbetroffene anvertraut haben, und setzte auf Lösungen durch „Eingriffe von oben“ (der

Vorgesetzte stoppt das Mobbing durch Autorität und Weisungsrecht, eine Vertrauensperson, damals oft Leymann selber, macht den Vorgang öffentlich und erzwingt eine Lösung, der Fall landet vor dem Arbeitsgericht), so gehen viele Fachleute – wie auch der Autor – einen anderen Weg. Wann immer möglich und gewünscht, werden durch Schlichtung, Mediation und Coaching einvernehmliche Lösungen gesucht, die zu einer sogenannten Win-win-Situation führen, von der beide Seiten profitieren, um das altbekannte Nullsummenspiel, bei dem einer das verliert, was der Gegner gewinnt (am Ende also eine Null steht), zu vermeiden.

Das Grundkonzept von Heinz Leymann

Die genauere Analyse der psychosozialen Bedingungen an den unterschiedlichsten Arbeitsplätzen führte Leymann zu den folgenden **Grunderkenntnissen und den anschließenden Erläuterungen** (für Mobbing unter Schülern gilt Analoges):

1. Mobbing ist eindeutig definierbar und qualitativ etwas anderes als ein Konflikt oder Streit unter Kollegen oder mit dem Vorgesetzten. Heinz Leymann schlägt eine allgemeine, eine stressmedizinische und eine erweiterte **Definition von Mobbing** vor:
   Die **allgemeine Definition** lautet: Der Begriff Mobbing beschreibt negative Verhaltensweisen, die gegen eine Person gerichtet sind (von einer oder mehreren anderen) und die wiederholt (mindestens einmal in der Woche) und über einen längeren Zeitraum (mindestens ein halbes Jahr) vorkommen und damit die Beziehung zwischen „Täter“ und „Opfer“ kennzeichnen. Diese Zeitangaben dienen der Forschung und sind individuell natürlich oft abweichend. Viele Mobbingbetroffene haben vor allem mit diesen Zeitvorgaben Probleme, insbesondere, wenn sich ihre Erfahrungen auf seltene, dafür aber krasse Vorfälle beziehen. Denn ein Betroffener kann schon nach wenigen Vorfällen und weit vor Ablauf eines halben Jahres im Abseits gelandet sein.
   Die **stressmedizinische Definition** lautet: Mobbing ist ein sozialer Vorgang, der als sogenannter Stressor wirkt und zu biologischen Stressreaktionen im Körper führt. Die Erfahrung von Mobbing versetzt den Betroffenen in einen ständigen Spannungszustand zwischen Verteidigung und Rückzug. Dabei

kommt das hormonelle Gleichgewicht des Körpers durcheinander: Stresshormone „fluten" das Gehirn, dessen Funktion wird dadurch beeinträchtigt, und der Körper entwickelt psychosomatische Krankheitsanzeichen.

Die **erweiterte Definition** lautet: Mit Mobbing wird ein Prozess bezeichnet, der mit einem Konflikt, einem Streit oder einer Meinungsverschiedenheit anfängt, in der Folge aber in typischer Form ausufert und sich verselbstständigt. Diese besondere Art von Konfliktverlauf konzentriert sich nach einiger Zeit immer nur auf einen der am ursprünglichen Konflikt Beteiligten, der daraufhin angeklagt, geschnitten und oft aus dem Arbeitsleben ausgeschlossen wird.

2. Mobbing ist nichts einmalig Vorkommendes oder Statisches, sondern die An- bzw. Übergriffe treten immer wieder auf und zeigen einen destruktiven, spiralförmigen Handlungsablauf. Mobbing manifestiert sich nicht als ein einmaliger Vorfall (z. B. ein Gruß wird nicht erwidert oder eine dargebotene Hand wird nicht geschüttelt) oder in unterschiedlichen Sichtweisen, die zu Konflikten oder Streitigkeiten führen können. Mobbing ist vielmehr eine Kette von aufeinander bezogenen negativen Handlungen, die erst in einem gesetzmäßigen und sich aufschaukelnden Verlauf ihre manchmal bezweckte, manchmal in Kauf genommene krank machende Wirkung entfalten.
3. Dieser Verlauf ist durch typisches, regelhaft aufeinanderfolgendes Verhalten gekennzeichnet, das folgende **typische Phasen** aufweist (Leymann formulierte zunächst vier, später die hier geschilderten fünf Phasen). **Der Einfachheit halber wird nur die maskuline Form gewählt; für Frauen gilt das Gleiche:**

   Phase 1: Ein Konflikt entsteht (wodurch auch immer) zwischen zwei Personen, in einer Arbeitsgruppe oder Schulklasse.

   Phase 2: Der Konflikt bleibt ungelöst und schaukelt sich auf, weil keiner der Beteiligten „aussteigt" und um Hilfe bittet, weil alle Seiten sich im Recht fühlen und nicht nachgeben wollen, weil der Vorgesetzte/Lehrer selbst auf Dauer nichts „merkt" und nicht einschreitet. Es kommt zu typischen Handlungen gegen einen Einzelnen, die zunehmend aggressive, bisweilen sogar kriminelle Merkmale aufweisen.

   Phase 3: Vorgesetzte, Personalabteilung oder Schulleitung reagieren, wenn der Konflikt schließlich „hochkocht", zu spät und greifen dann autoritär und unangemessen ein. Durch Abmahnung, Versetzung, Kündigung oder Schulverweis versucht man wieder „Ruhe und Ordnung“ herzustellen. Eine Konfliktlösung wird dann nicht mehr versucht und von den verbitterten Beteiligten auch nicht mehr gewollt. Man steht stillschweigend auf der Seite der Mehrheit und entledigt sich des gemobbten Störenfrieds. Die Mobber fühlen sich bestätigt und können triumphieren.

Phase 4: Versucht sich der Mobbingbetroffene jetzt außerhalb des Betriebs – also „öffentlich“ – zu wehren, läuft er Gefahr, durch negative Expertenurteile zusätzlich gebrandmarkt zu werden. Beispiele: Der Psychiater diagnostiziert eine Persönlichkeitsstörung, der Arbeitsrichter sieht Querulantentum, der Gutachter des Medizinischen Dienstes der Kranken- oder Rentenkasse, der früher Vertrauensarzt hieß, weil er das Vertrauen der Kasse und nicht etwa das des Patienten genoss, vermutet Simulantentum, um auf Kosten der Solidargemeinschaft in Frührente gehen zu können.

Phase 5: Schließlich kommt es zum **Ausschluss aus dem Berufsleben**. Aus der Arbeitsunfähigkeit (krankgeschrieben) wird eine Berufsunfähigkeit (kann im erlernten Beruf nicht mehr arbeiten, aber vielleicht noch in einem anderen) und schließlich eine Erwerbsunfähigkeit (kann keiner Arbeit mehr nachgehen). Der Betroffene muss nach ambulanten Behandlungsversuchen ins Krankenhaus, an das sich eine Rehabilitationsmaßnahme anschließt und „geht“ nach eventueller Umschulung, Qualifizierungsmaßnahmen und beruflichen Wiedereingliederungsversuchen schließlich in (Früh-)Rente. Das ist dann scheinbar das „Beste“ für alle Beteiligten, der „Fall ist erledigt“.

4. Vor allem in der zweiten Phase kommen gehäuft typische negative Handlungen („was Mobber tun“) vor.
5. Diese negativen Handlungen lassen sich fünf Gruppen von An- bzw. Übergriffen zuordnen.
   Hunderte von Leymann geführte Interviews haben ergeben, dass Mobber vor allem **45 typische Handlungen** begehen, die Leymann zu **fünf Angriffsarten** gruppiert hat. Im Laufe der Jahre haben Fachleute viele weitere mobbingtypische Verhaltensweisen hinzugefügt, ohne dass grundsätzlich neue Aspekte

gefunden wurden. Da jeder Verlauf durch zum Teil individuelle Umstände und Vorfälle gekennzeichnet ist, gibt es immer mehr Beispiele, die aber hier aus Platzgründen nicht alle aufgezählt werden können.

Angriffe auf die Möglichkeiten, sich mitzuteilen:

- Der Vorgesetzte schränkt die Möglichkeiten ein, sich zu äußern.
- Der Betroffene wird ständig unterbrochen.
- Kollegen schränken die Möglichkeiten ein, sich zu äußern.
- Anschreien oder lautes Schimpfen
- Ständige Kritik an der Arbeit
- Ständige Kritik am Privatleben
- Telefonterror
- Mündliche Drohungen
- Schriftliche Drohungen
- Kontaktverweigerung durch abwertende Blicke oder Gesten
- Kontaktverweigerung durch Andeutungen, ohne dass man direkt etwas ausspricht

Angriffe auf die sozialen Beziehungen:

- Man spricht nicht mehr mit dem Betroffenen.
- Man lässt sich nicht ansprechen.
- Versetzung in einen Raum weitab von den Kollegen
- Den Arbeitskollegen wird verboten, den Betroffenen anzusprechen.
- Man wird „wie Luft" behandelt.

Auswirkungen auf das soziale Ansehen

- Hinter dem Rücken des Betroffenen wird schlecht über ihn gesprochen.
- Man verbreitet Gerüchte.
- Man macht jemanden lächerlich.
- Man verdächtigt jemanden, psychisch krank zu sein.
- Man will jemanden zu einer psychiatrischen Untersuchung zwingen.
- Man macht sich über eine Behinderung lustig.
- Man imitiert den Gang, die Stimme oder Gesten, um jemanden lächerlich zu machen.

- Man greift die politische oder religiöse Einstellung an.
- Man macht sich über das Privatleben lustig.
- Man macht sich über die Nationalität lustig.
- Man zwingt jemanden, Arbeiten auszuführen, die das Selbstbewusstsein verletzen.
- Man beurteilt den Arbeitseinsatz in falscher oder kränkender Weise.
- Man stellt die Entscheidungen des Betroffenen infrage.
- Man ruft ihm obszöne Schimpfworte oder andere entwürdigende Ausdrücke nach.
- Sexuelle Annäherungen oder verbale sexuelle Angebote

Angriffe auf die Qualität der Berufs- und Lebenssituation

- Man weist dem Betroffenen keine Arbeitsaufgaben zu.
- Man nimmt ihm jede Beschäftigung am Arbeitsplatz, sodass er sich nicht einmal selbst Aufgaben ausdenken kann.
- Man gibt ihm sinnlose Arbeitsaufgaben.
- Man gibt ihm Aufgaben weit unter seinem eigentlichen Können.
- Man gibt ihm ständig neue Aufgaben.
- Man gibt ihm „kränkende" Arbeitsaufgaben.
- Man gibt dem Betroffenen Arbeitsaufgaben, die seine Qualifikation übersteigen, um ihn zu diskreditieren.

Angriffe auf die Gesundheit

- Zwang zu gesundheitsschädlichen Arbeiten
- Androhung körperlicher Gewalt
- Androhung leichter Gewalt, zum Beispiel um jemandem einen „Denkzettel" zu verpassen
- Körperliche Misshandlung
- Man verursacht Kosten für den Betroffenen, um ihm zu schaden.
- Man richtet physischen Schaden im Heim oder am Arbeitsplatz des Betroffenen an.
- Sexuelle Handgreiflichkeiten

6. Die Erkenntnisse aus Organisationspsychologie, traditioneller Gruppendynamik und Persönlichkeitsforschung sind im Fall von Mobbing nicht nur unbrauchbar, sondern schädigen die

Betroffenen zusätzlich, da sich das Mobbing in den von den Vorgesetzten zusammengestellten Arbeitsgruppen aus arbeitsorganisatorischen Defiziten und Führungsschwächen heraus entwickelt und mit den Charakteren oder Persönlichkeitsmerkmalen der Beteiligten (zunächst) nichts zu tun hat (später schon, da fast alle an sich eine negative Veränderung der Persönlichkeit beklagen).

Leymann lehnt im Zusammenhang mit seinem Mobbingkonzept die gängigen Ansichten der Organisationpsychologie und Gruppendynamik ab, da das soziale Klima und die Arbeitsorganisation im Berufsleben und in der Schule vom jeweiligen Chef, dem Management oder der Schulleitung abhängen. Deshalb verspricht er sich auch keine Abhilfe von Trainings zur besseren Gruppendynamik, sondern einzig und allein von einer **besseren Arbeitsorganisation, veranlasst und überwacht von der Leitungsebene**.

Die **Persönlichkeitsbeurteilung** von Mobbingbetroffenen (wie sie bei psychologischen oder ärztlich-psychiatrischen Stellungnahmen zur Anwendung kommt) läuft nach Leymanns Erfahrungen Gefahr, mit ihren Konzepten und Diagnosen zusätzlich zu kränken (im Gutachten, im Krankenhaus) und zu entrechten (vor Gericht), da sie üblicherweise bei ihrer Beurteilung die konkrete soziale Situation am Arbeitsplatz außer Acht lässt – und im schlimmsten Fall zu dem Schluss kommt, dass der Betroffene aufgrund einer schon vorher vorhandenen psychischen Störung an der Ablehnung durch die Kollegen selbst „schuld" ist. Vergessen wird dabei fast immer, dass der Betroffene früher einmal zumindest so weit gesund und arbeitsfähig war, dass er den Einstieg ins Berufsleben geschafft und die Probezeit überstanden hat und dass der frühere Gesundheitszustand meist gar nicht ermittelt werden kann, weil er nicht aktenkundig ist.

7. Aus 6. ergibt sich, dass die Vorgesetzten (und Lehrer) prinzipiell die Möglichkeit haben, Mobbing zu erkennen und zu verhindern. Sie tun es viel zu selten.

   Mit der Erkenntnis, dass Betriebe/Schulen/Vorgesetzte/Lehrer das Arbeitsklima und die Arbeitsorganisation bestimmen und durch das Direktionsrecht prinzipiell die Möglichkeit haben, zu intervenieren und Mobbing zu beenden oder zu verhindern, sind die betrieblichen/schulischen Ursachen für Mobbing klar:

Sie liegen am defizitären Führungsverhalten und nicht an (gruppen-)psychologischen Prozessen, die „therapiert" werden müssten.

Daraus ergibt sich auch eine von Leymanns Kernaussagen: **Jeder kann zum Mobbingopfer werden, wenn er unter krank machenden psychosozialen Bedingungen arbeiten oder lernen muss.**

Wie entsteht Mobbing?

Konflikte, Streitigkeiten, Gewalt und Mobbing am Arbeitsplatz oder in der Schule entstehen aus zunächst unterschiedlichen Interessen, Wünschen und Bedürfnissen der einzelnen Mitarbeiter/Schüler, die sich gegenseitig nicht ausgesucht haben, trotzdem aber miteinander auskommen und zusammenarbeiten müssen. Fehlende berufliche Vorgaben im Sinne von Arbeitsplatzbeschreibungen und abgegrenzten Kompetenzbereichen sowie unklare oder provisorische hierarchische Strukturen führen zu Verunsicherungen und Fehlern und bringen robustere Naturen dazu, sich Freiräume und Privilegien auf Kosten der Kollegen oder Mitschüler zu verschaffen. Oft kommen schlechte Informations- und Kommunikationsprozesse hinzu: Anstehende Veränderungen werden nur in Form von Gerüchten bekannt, „lauwarme" Dementis machen das Ganze noch schlimmer, es gibt keine oder nur selten Teambesprechungen, Kompetenzen sind nicht klar geregelt, wichtige Informationen, die eigentlich alle angehen, verkommen zu „Herrschaftswissen", das nur nach Botmäßigkeit geteilt wird. Betriebswirtschaftliche oder schulpolitische Vorgaben wie zum Beispiel die Zusammenlegung von Firmen(-teilen), Sparmaßnahmen, die Einführung neuer Schulformen und die damit verbundenen Konsequenzen für die Betroffenen werden nicht angemessen eingeführt und begründet.

Schließlich spielen überforderte, desinteressierte oder sozial inkompetente Vorgesetzte eine entscheidende, Konflikte und Mobbing begünstigende Rolle. Man kennt die komisch-verzweifelten Ratgebertitel wie „Mein Chef ist ein Arschloch – Ihrer auch?". In den Ausführungen finden sich viele (vor allem weibliche) Leser wieder und erleben bei der Lektüre eine kurzfristige Entlastung. Dennoch kommt man nur weiter, wenn man bedenkt, dass derartige Vorgesetzte nicht als „Arschloch“ auf die Welt gekommen sind und vermutlich auch ihr Berufsleben und ihren Aufstieg nicht mit der inneren Überzeugung absolviert haben, dass Angst und Schrecken zu verbreiten das einzig richtige Mittel ist, um Mitarbeiter oder Schüler zu Fleiß und Gehorsam zu zwingen. Viele Fachleute haben ganz einfach gelernt, dass es – ungeachtet der Tatsache, dass immer Teamfähigkeit verlangt wird – allein auf ihre fachliche Leistung (die klar und deutlich ihrer Person zugeordnet werden kann) ankommt und dass Gefühle und die Bereitschaft, sich in andere Menschen hineinzuversetzen, Schwäche und Zeitverschwendung sind. Eigene soziale Defizite durch Coaching und Teamkonflikte durch Mediation auszugleichen, ist für sie eine demütigende Zumutung und wird (meist erst einmal) brüsk abgelehnt.

Ein Beispiel: *So wird aus einem Erfinder, der sich schon immer allein im Labor mit seinen Instrumenten am wohlsten gefühlt hat, nach den akademischen Weihen (Habilitation) durch die Berufung auf eine leitende Stellung nicht nur ein Professor, sondern auch ein Chef von vielleicht 20 Mitarbeitern. War er früher allein für sich und seine Arbeit zuständig, sieht er sich jetzt mit einer komplexen Gruppendynamik konfrontiert. Daran ändert auch der Umstand nichts, dass er drei Stellen mit Fachleuten seiner Wahl besetzen konnte. Die neue Situation überfordert ihn, er ist es nicht gewohnt, sich bei Konflikten einzuschalten, und erwartet, dass sein Team sich bei Problemen wie Erwachsene „zusammenrauft“ und schon im eigenen Interesse funktioniert. Er wird diesen Anspruch unausgesprochen vermitteln, und seine Mitarbeiter werden ihn, solange es geht, aus ihren Konflikten raushalten. Gibt es später irgendwann die ersten Pannen und schlechten Arbeitsergebnisse, wird er vorwurfsvoll und restriktiv reagieren, da er sich persönlich geschädigt fühlt.*

Aus diesen Ausführungen ergeben sich folgende Überzeugungen: Mitarbeiter sind der wichtigste „Aktivposten“ eines Betriebes. Sie sind im Laufe der Zeit Experten für ihre Arbeitsbereiche geworden, ihre Ansichten und Verbesserungsvorschläge werden heute in der Managementliteratur als eine kaum genutzte Form von kostenloser Unternehmensberatung angesehen. Sie können aber nur dann gute Leistungen erbringen, wenn sie sich an ihren Arbeitsplätzen, im Team und mit den Vorgesetzten wohlfühlen. Niemand beginnt ein Arbeitsverhältnis mit dem Vorsatz, das

Gruppenklima und die Kollegen zu schädigen. Hinter dem Auslösen von Mobbing stecken in der Regel menschliche Schwächen: Der **Neid** der (schon immer) Zukurzgekommenen, die **Rivalität** mit den Kollegen um die Gunst des Chefs, die **Absicherung** der eigenen Stellung auf Kosten der anderen, die **Kränkung**, wenn der jüngere Kollege, den man vielleicht sogar eingearbeitet hat, befördert wird, die **Angst**, den Anforderungen nicht (mehr) gewachsen zu sein – besonders dann, wenn Umstrukturierungen und neue Aufgaben anstehen.

Bei den Konflikten und vor allem bei Mobbing gibt es keine unbeteiligten, neutralen Zuschauer, so gern diese Personen das auch wären. Schon Mitte der 1960er-Jahre hat die Arbeitsgruppe um Paul Watzlawick (1921–2007) herausgefunden, dass man nicht *nicht* kommunizieren kann: Wer zuschaut und nicht reagiert, signalisiert, dass er nicht behelligt oder gar beteiligt sein will, dass es ihn nichts angehen soll, dass der Vorfall nicht so schlimm ist – kurz, er kommuniziert. Nach Leymann wird er ein „Möglichmacher", der durch seine Passivität das Unrecht nicht nur duldet, sondern indirekt fördert, egal ob als Chef oder Kollege, als Lehrer oder Mitschüler. Im Rahmen der sogenannten Nebenpflichten sind Vorgesetzte rein rechtlich immer zur Fürsorge, also zum Eingreifen und Vermitteln verpflichtet. Diese Fürsorge betrifft nicht nur die Mitarbeiter, sondern auch die Belange des Betriebs. Abgesehen vom wirtschaftlichen Schaden, der durch krankheitsbedingte Ausfallzeiten, Personalfluktuation, wiederholte Stellenausschreibungen und Einarbeitungszeiten, Mehrarbeit der Mitarbeiter durch vakante Stellen, Prozesskosten, Abfindungen und nicht zuletzt schlechte Arbeitsergebnisse hervorgerufen wird, gibt es bei chronischen Konflikten und Mobbing letztlich nur Verlierer. Das Ergebnis ist also noch schlechter als beim erwähnten Nullsummenspiel. Die Siege der „Überlebenden" sind erfahrungsgemäß nur kurzfristig, und niemand kann von der von allen Beteiligten als quälend und negativ erlebten Mobbingsituation wirklich profitieren. Man versucht, die Angelegenheit möglichst schnell zu vergessen. Lehren aus dem Erlebten werden nicht gezogen, stattdessen begnügt man sich erleichtert damit, dass der „Störenfried" endlich weg ist. Oft muss damit gerechnet werden, dass bald ein weiteres Gruppenmitglied in diese Rolle gedrängt wird.

Im Hinblick auf unvorbereitete, unwillige oder menschlich inkompetente Vorgesetzte, die durch ihr Verhalten „Möglichmacher“ und damit im Verständnis Leymanns Mittäter („wer wegschaut, macht mit“) werden, wird in den letzten Jahren in der Fachliteratur und in Beratungsstellen vermehrt darauf hingewiesen, dass Vorgesetzte in bis zu 70 Prozent aller Fälle entweder am Mobbing durch Gewährenlassen beteiligt sind oder es von sich aus aktiv betreiben. In letzter Konsequenz besteht sogar eine Beteiligung zu 100 Prozent, da kompetente Vorgesetzte Mobbing auf keinen Fall zulassen.

Ein typisches Beispiel für aktives Mobbing durch den Vorgesetzten ist folgendes Szenarium:

Ältere Mitarbeiter, die eine unbefristete Vollzeitstelle haben und für den Betrieb nicht mehr „rentabel“ sind, möchte man am liebsten auf Kosten der Versicherungsträger oder allenfalls mit einer kleinen Abfindung loswerden, was aber von den Betroffenen meist abgelehnt wird. Der Vorgesetzte bekommt nun den Auftrag, die Arbeitsbedingungen und das Arbeitsklima so zu „gestalten“, dass der Mitarbeiter von sich aus entnervt und zermürbt kündigt. Dann ist die Stelle für zwei junge, „hungrige“ Teilzeitkräfte mit befristeten Verträgen frei.

Für dieses Verhalten hat sich der Ausdruck **Bossing** eingebürgert. Erleichtert wird dieses Vorgesetztenverhalten durch den Umstand, dass von 1998 bis 2008 die Zahl der tariflichen Arbeitsplätze von 80 Prozent auf 63 Prozent zurückgegangen ist. Immer mehr Arbeitgeber treten aus den Tarifgemeinschaften aus, um die Löhne und Gehälter frei vereinbaren zu können.

Mobbing „von unten nach oben“ kommt wegen der klaren Machtverhältnisse nur sehr selten vor. Dazu ein Beispiel:

Ein Hochschulinstitut erhält im Rahmen eines Berufungsverfahrens eine neue Leitung (Lehrstuhlinhaber). Das Ministerium hat sich, wozu es berechtigt ist, nicht an die von der Kommission verabschiedete Liste gehalten, sondern „nur die Nummer Zwei“ berufen, die den Posten mit gemischten Gefühlen angenommen hat. Die enttäuschten Mitarbeiter empfangen den Neuen kühl. Sie machen „Dienst nach Vorschrift“, geben keine wichtigen Hintergrundinformationen über das Institut weiter, ignorieren das Einstandsfest und zeigen auf vielfältige Weise ihre Ablehnung. Der Neue bekommt kein „Bein auf den Boden“.

Dieses Beispiel ist auf die unterschiedlichsten Arbeitsbereiche übertragbar, selbst wenn es sich bei dem Neuen „nur“ um einen Vorarbeiter handelt.

Männer werden eher von Männern, Frauen eher von Frauen gemobbt. Oft handelt es sich um das jüngste oder älteste Mitglied oder die einzige Frau, den einzigen Mann im Team. Schwierig wird es auch, wenn jemand deutlich über- oder unterqualifiziert im Hinblick auf die anderen ist, wenn jemand besondere Merkmale bezüglich Aussehen, Herkunft oder Angewohnheiten hat (auch vom Zigarettenraucher fühlen sich Nichtraucher gemobbt!) oder behindert ist. Unregelmäßige Anwesenheitszeiten, notwendige Hilfe und Rücksichtnahme bei der Arbeit, langsames Arbeiten mit Nachfragen oder Fehlern haben schon manches Team gegen einen derartigen Kollegen aufgebracht.

Doch zurück zu den Anfängen von ungelösten Konflikten und der Gefahr von Mobbing. Es folgen **drei kleine Fallbeispiele**, die aufzeigen, wie typische Ausgangssituationen, die zu Konflikten und Mobbing führen können und bei denen Handlungsbedarf besteht, aussehen.

Eine erfahrene Mitarbeiterin will ihre Position behalten

Eine Chefsekretärin (50) mit unbefristeter Vollzeitstelle bekommt einen neuen, sehr dynamischen Vorgesetzten. Er ist fast zehn Jahre jünger als sie und über 20 Jahre jünger als sein jovialer Vorgänger, mit dem sie viele Jahre lang vertrauensvoll und problemlos zusammengearbeitet hat. Aus ihrer Sicht gibt „der Neue" ihr nach anfänglicher Harmonie und dem „Abgreifen" aller wichtigen Hintergrundinformationen, die sie in ihrer Position gesammelt hat, zu verstehen, dass sie den Ansprüchen an seine „rechte Hand" nicht gewachsen ist. In Gesprächen erläutert er ihr auf ihren Wunsch hin diese Einschätzung anhand vieler einzelner kleiner Vorfälle, die sie teils anders in Erinnerung hat, teils als an den Haaren herbeigezogen empfindet und die nie rechtzeitig von ihm problematisiert wurden. Ihr wird deutlich, dass er ihre Stelle mit einer Mitarbeiterin seiner Wahl besetzen will. Er bietet ihr eine vergleichbar bezahlte Stelle im Unternehmen an. Sie fühlt sich einerseits abgewertet und tief gekränkt, andererseits aber auch ausgenutzt und lehnt eine Versetzung ab. Sie traut ihm nun nicht mehr und geht davon aus, dass er weiteres „Material" gegen sie sammelt, um doch noch sein Ziel zu erreichen. Eine psychosomatische Erkrankung bringt kurzfristig Erleichterung, aber eigentlich kann sie ihr Büro und die Gegenwart des Chefs nicht mehr ertragen.

So weit die Ausgangslage. Die Kontaktaufnahme zur Konfliktschlichtung geschieht nach langem Zögern, der Schritt ist für die erfahrene Fachkraft sehr demütigend. Ihre körperlichen Beschwerden lassen ihr schließlich keine Wahl. Sie spürt, dass sie Hilfe braucht. Sie bittet um äußerste Diskretion und legt Wert auf einen Termin in den frühen Abendstunden, damit sie niemand sieht. Nach mehreren vertrauensbildenden Einzelgesprächen kann sie sich zu der Erkenntnis durchringen, dass hinter dem Rücken ihres Chefs nichts erreicht werden kann: Sie erklärt sich unter der Einsicht, dass es eigentlich gar nicht mehr schlimmer werden kann, damit einverstanden, dass zu ihrem Chef Kontakt aufgenommen wird, damit er seine Sichtweise schildern kann. Dabei ist es entscheidend, dass er nicht in der Rolle des Angeklagten auftaucht, sondern als jemand, der vor einer problematischen Entscheidung steht. Diese Einstellung macht es ihm möglich, ohne das „Gesicht zu verlieren", seine Position zu schildern und das Verhalten der Mitarbeiterin als berechtigten Hilferuf zu werten. Beide beginnen unter Anleitung des Mediators nach einer gemeinsamen Lösung zu suchen. Sie sehen, dass eine Zusammenarbeit nicht möglich ist, denn auch die Mitarbeiterin legt keinen Wert darauf, für jemanden zu arbeiten, der sie nur gezwungenermaßen in seinem Vorzimmer akzeptiert. Nach einigen Telefonaten auf der Chefebene kann sie im Unternehmen eine vergleichbare Stelle antreten. Ihr gesundheitlicher Zustand bessert sich, der Verlust ihrer alten Position, die mehr als nur ein Arbeitsplatz war, wird aber noch lange in ihr nachwirken.

„Gewachsene" männliche Selbstverständlichkeiten

Eine frisch examinierte Laborantin (22) mit Abitur kommt – wohl auch, weil die Leitungsebene „frischen Wind" ins Team bringen will – in eine Gruppe älterer männlicher Kollegen (50+) mit (damals noch) Volksschulabschluss. Sie haben ihre Routineaufgaben am Arbeitsplatz gelernt, da es zu ihrer Zeit noch keine vorgeschriebene Ausbildung gab und das Anlernen genügte. Die Männer arbeiten schon seit vielen Jahren zusammen. Jeder weiß über jeden „etwas" und man hat sich kleine „Gewohnheiten" zugelegt, wie etwa verlängerte Arbeitspausen mit Bier, private Besorgungen während der Arbeitszeit, nachlässige Sauberkeit bei der Arbeit. Deshalb hält man zusammen.

Die junge Frau ist voller Elan, macht aufgrund ihrer Ausbildung gut begründete Verbesserungsvorschläge, bemängelt die Hygiene, will klare Absprachen für die Arbeitsaufteilung und so weiter. Die Leitungsebene erwägt sogar, dass sie wegen ihrer Qualifikation ein bisschen abteilungsinterne Fortbildung anbietet. Nach kurzer Zeit hat sie alle gegen sich, und ein unappetitliches Pornobild wird in ihren Spind geschoben.

So verständlich der Wunsch der Leitungsebene sein mag, langsam einen Generationswechsel in der Abteilung herbeizuführen, so wenig hat man sich offensichtlich über die zu erwartende Gruppendynamik Gedanken gemacht. Dass die neue Mitarbeiterin mit „offenen Armen" empfangen wird, war eigentlich nicht zu erwarten. Genauso wenig ist ihr zuzumuten, alles, was sie gelernt hat, im Hinblick auf Anspruch und Arbeitseinstellung zu vergessen und sich um des „lieben Friedens willen" anzupassen. In den Einzelgesprächen ist sie mal kämpferisch-selbstbewusst, mal verzagt. Die Kollegen sind in diesen Gesprächen verlegen-verunsichert, fühlen sich gedemütigt und verweigern diese bald, um dann als Gruppe umso massiver Front gegen die gemeinsame Bedrohung zu machen. Eine Schlichtung ist nicht möglich. Für die junge Frau ist dieser Berufseinstieg derart abschreckend, dass sie sich lieber weiterqualifizieren möchte und ein Biologiestudium ins Auge fasst.

Psychiatrische Diagnosen als Waffe

In einem Forschungslabor mit hohen Ansprüchen und Rivalitäten unter den Mitarbeitern und Mitarbeiterinnen hat jeder nach vielen ungelösten Konflikten den Eindruck, jeder andere habe eine Persönlichkeitsstörung. Fachliche Abstimmungen, Arbeitsbesprechungen werden laut und genervt geführt und enden mit Weinen, Türenzuschlagen und gegenseitigen Diagnosen der erwähnten Störung. Eine Mitarbeiterin hält das nicht mehr aus und bittet um externe Unterstützung.

Nach den zunächst üblichen vorbereitenden Einzelgesprächen, in denen jeder die eigene Sichtweise schildert, werden die anberaumten Gruppensitzungen auf Wunsch des Teams immer wieder von Einzelsitzungen unterbrochen, in denen die Fülle der gegenseitigen, teilweise haarsträubenden Vorwürfe deutlich wird. Rasch wird auch klar, dass es nicht nur um fachliche Differenzen geht oder die Einhaltung von Absprachen im Hinblick auf die gemeinsame Führung des Labors, sondern auch um verunglückte Flirts und enttäuschte Erwartungen. In allen Themenbereichen steht Aussage gegen Aussage. Da alle gleichrangig sind, ist man darauf verfallen, die psychiatrischen Diagnosen als Waffe einzusetzen.

Vor diesem Hintergrund ist ein eher direktiver Ansatz zu wählen, bei dem der Schlichter die Regeln vorgibt. Mit seiner Hilfe wird zunächst herausgearbeitet, dass niemand von den Reibungsverlusten profitiert, die Projekte nur durch Kooperation gelingen werden und Personalfluktuation inhaltlich und in der Außendarstellung eher schädlich wäre. Nachdem die Rivalitäten und Enttäuschungen ausgesprochen werden können, ohne dafür sofort kritisiert oder belächelt zu werden, rauft sich das Team in den anschließenden Monaten zumindest so weit zusammen, dass eine faire Zusammenarbeit möglich wird.

Die bisherige Darstellung der Problematik hat deutlich gemacht, dass Mobbing ein Geschehen im sozialen Kontext ist, dass es in den vielfältigen Situationen und Bezügen des Arbeitslebens stattfindet und dass mindestens zwei, meist aber mehrere Personen beteiligt sind. Dabei ist es nur in sehr schweren Fällen vordringlich, jemanden durch sofortige Herausnahme aus der Gruppe zu „retten" oder im Sinne von Leymann durch bedingungslose einseitige Parteinahme zu unterstützen. Solche Unterstützer oder Personen des Vertrauens sind natürlich sinnvoll, besonders wenn jemand ganz allein dasteht und sich niemandem anvertrauen kann. **Will man jedoch im Sinne des Win-win-Ansatzes tätig werden, wird man nur dann Ergebnisse erzielen, wenn man alle Beteiligten nicht nur zu Betroffenen macht, sondern in den Lösungsprozess mit einbezieht.** Hier liegt der schon erwähnte Unterschied zum Vorgehen Leymanns, der auf das öffentliche Bekanntmachen des Missstandes und Entscheidungen „von oben" setzte (der Vorgesetzte wird dazu gebracht, die Arbeitsorganisation erheblich zu verbessern und zugunsten des Mobbingbetroffenen einzugreifen).

Mediation und Coaching

Christopher Moore hat in seinem nicht übersetzten Buch „The Mediation Process" (Der Mediationsprozess) die bislang praktizierten **zehn Möglichkeiten der Konfliktaustragung** aufgelistet und sie nach der Zunahme des autoritären Vorgehens verbunden mit der zunehmenden Wahrscheinlichkeit von Gewinner-Verlierer-Ergebnissen geordnet:

1. **Konfliktvermeidung:** Hier „entscheiden" sich die Streitparteien, das Problem nicht zur Kenntnis zu nehmen. Das kann aber nur selten und bei relativ harmlosen Anlässen lange durchgehalten werden.
2. **Informelles Besprechen des Problems mit einer Lösung:** Das gelingt vor allem dann, wenn man sich verständigen will, die Beziehung gut und die Sache nicht allzu verzwickt ist.
3. **Verhandlung:** Hier müssen die Streitparteien bereit sein, sich fair auf eine längere, mit Geduld geführte Auseinandersetzung einzulassen.
4. **Mediation:** Alle Konfliktteilnehmer sitzen gleichberechtigt am „Runden Tisch", tragen für sich und die gemeinsame Sache Verantwortung und akzeptieren, dass der Mediator neutral und ergebnisoffen leitet.
5. **Administrative Entscheidung:** Hierbei greift ein Dritter, meist der Vorgesetzte, ein und bestimmt, wo es lang geht.
6. **Schiedsverfahren:** Ein außenstehender neutraler Fachmann, den die Konfliktparteien akzeptieren, entscheidet nach bestem Wissen, was gemacht werden soll.
7. **Juristische Entscheidung:** Die Konfliktparteien gehen mit ihren Anwälten vor das (Arbeits-)Gericht, das ihnen durch das für alle verbindliche Urteil die Entscheidung abnimmt.
8. **Gesetzesbeschluss:** Die Legislative eines Landes regelt per Gesetzeserlass einen strittigen Sachverhalt von übergeordneter Bedeutung.
9. **Gewaltfreie direkte Aktion:** Hier wird außergerichtlich eine Entscheidung erzwungen, zum Beispiel durch eine Demonstration, einen Streik.
10. **Direkte Gewalt:** Gemeint sind alle Abstufungen zwischen Drohungen, Schlägen bis hin zu Kriegen.

Die meisten der aufgelisteten Möglichkeiten brauchen keine weiteren Erläuterungen und kommen im Zusammenhang mit der Beendigung von Mobbing nicht infrage.

Deshalb konzentrieren sich die Ausführungen auf die Methodik der Mediation. Sie ist ein hoch strukturiertes eigenständiges Verfahren, bei dem ausdrücklich niemand (das Gesicht) verliert oder auf

Kosten des/der anderen gewinnt. Sie wird in der Praxis oft mit den verwandten Methoden der Teambegleitung, des Teamcoachings oder der Teamsupervision verwechselt. Diese Verfahren werden hier nicht beschrieben. Nur das Einzelcoaching für Vorgesetzte wird am Ende des Kapitels dargestellt, da es die einzige Möglichkeit ist, wie Vorgesetzte in die Lage versetzt werden, sich mutig und konstruktiv um die Konflikte ihrer Mitarbeiter zu kümmern.

Es muss noch betont werden, dass Mediation und Coaching keine psychotherapeutischen Methoden sind oder diese ersetzen können. Es gelten die folgenden Unterschiede:

(Psycho-)Therapie	**Mediation/Coaching**
Gefühlsebene	Interessensebene
Gefühle zentral	Gefühle sind auch wichtig
Aufarbeitung des Konflikts (Vergangenheit)	Aushandeln der Lösung (Zukunft)
Patientenzentriertheit	Gruppenzentriertheit
Konflikt als Symptom	Konflikt als „falsche" Lösung
Ziel ist Symptombeseitigung	Ziel ist Lösung des Konflikts

Für eine gelingende Mediation sind folgende Punkte zu beachten:

- Es handelt sich um persönliche Streitfälle und Gruppenkonflikte.
- Die Streitparteien wollen (oder müssen heutzutage) die (Arbeits-)Beziehung wahren.
- Es wird eine einvernehmliche Lösung angestrebt.
- Direkte Gespräche haben keine Lösung gebracht, man ist in einer Sackgasse.
- Alle am Konflikt Beteiligten machen freiwillig mit und können bei den Treffen anwesend sein.
- Nur in begründeten Ausnahmefällen sind Einzelgespräche zulässig.
- Alle Äußerungen in den Sitzungen müssen vertraulich bleiben.
- Es besteht ausreichend Zeit für das Verfahren.
- Alle Teilnehmer verfügen über ein Mindestmaß an Ausdrucksmöglichkeiten, das heißt, sie können sich artikulieren, sagen, was sie denken und was sie fühlen.
- Jeder darf Ideen und Vorschläge äußern, ohne dass sie bewertet werden dürfen („brainstorming").

- Bei Statusunterschieden müssen die Ranghöheren für die Zeit der Mediation bereit sein, „auf Augenhöhe“ zu gehen.
- Die wichtigsten „**Benimmregeln**“ in den Sitzungen lauten: einander ausreden lassen und aktiv zuhören (gegebenenfalls Gehörtes wiederholen und rückfragen, ob man es richtig verstanden hat); sprechen in der Ich-Form; keine gegenseitigen Beurteilungen, Beleidigungen oder Handgreiflichkeiten; Irritationen haben Vorrang (Stoppzeichen für den Fall, dass jemand sich schlecht zu fühlen beginnt, spürt, dass ein wichtiger Gedanke zu kurz kommt oder dass er wegen starker Aufregung nicht mehr aufpassen kann), denn jeder ist sein eigener „Anwalt“, achtet also auf die eigenen Bedürfnisse und Grenzen; gemeinsame Anrederegelung: Sie oder Du.

Das Mediationsverfahren besteht aus **drei Abschnitten**, die genau eingehalten werden müssen.
• **Abschnitt 1: Die Vorbereitung – die Konfliktparteien an einen Tisch bringen.** Hier geht es um Vorgespräche mit jedem zukünftigen Teilnehmer unter vier Augen und um das Wecken der Motivation für das gemeinsame Vorhaben.

• **Abschnitt 2: Die Mediationssitzungen – die Suche nach einem Konsens.** Dieser Teil besteht aus fünf Phasen, die im Idealfall einmal durchlaufen werden, oft aber nur mit „Rückkopplungsschlaufen“ (bei Problemen und Sackgassen zurück in eine frühere Phase) zu schaffen sind:
Phase 1: Der Rahmen – Einführung und das Festlegen/Bekanntgeben von Regeln
Phase 2: Das Sich-Mitteilen – Sichtweisen der einzelnen Konfliktparteien kennenlernen
Phase 3: Die Klärung – Offenlegen der verborgenen Gefühle und Interessen jedes Teilnehmers
Phase 4: Die Lösung – Sammlung, Sichtung und Bewertung der Lösungsvorschläge
Phase 5: Die Vereinbarung – Formulierung der für alle verbindlichen Beschlüsse und des Zeitrahmens

• **Abschnitt 3: Die Umsetzung – Überprüfung der erzielten Ergebnisse und gegebenenfalls (aber keine vorschnelle) Korrektur der Vereinbarungen.** Die gemeinsame Vereinbarung sollte vom Mediator immer schriftlich festgehalten und allen Teilnehmern als Kopie ausgehändigt werden. Es folgen zwei Beispiele für derartige Vereinbarungen:

Beispiel 1: Erste Beschlüsse für eine verbesserte Arbeitsorganisation

Anwesende (in alphabetischer Reihenfolge): Frau B., Frau G., Frau S., Frau W., Mediator

Die Anwesenden bekräftigen den Willen, das Arbeitsklima zu verbessern. Dazu werden die folgenden Beschlüsse gefasst:

1. *Alle Mitarbeiterinnen sind gleichrangig und arbeiten selbstverantwortlich.*
2. *Zur Verbesserung der Kommunikation wird verbindlich eine tägliche Arbeitsbesprechung zu einem festen Zeitpunkt von einer Dauer von zehn bis 15 Minuten eingeführt.*
3. *Zur Dokumentation und Kontrolle der Arbeitsaufträge für die Gruppe wird das Aufgabenbuch noch sorgfältiger geführt. Darin werden der Eingang aller Neuaufträge und das Wegbringen erledigter Aufträge mit Datum und Uhrzeit festgehalten.*
4. *Hat eine Mitarbeiterin während der Arbeitszeit etwas außerhalb der Arbeitsstelle zu erledigen, so wird vorher die nächsterreichbare Kollegin informiert, bei längerer Abwesenheit auch das Sekretariat.*
5. *Frau B. betreut hauptverantwortlich die Praktikanten, Frau S. ist ihre Vertreterin. Wenden sich die Praktikanten mit spezifischen Fragen an eine der anderen Mitarbeiterinnen, können diese darauf ausführlich antworten, soweit es ihre Zeit zulässt. Abrupte Unterbrechungen dieser Beratungen sind unzulässig, da sie die fachliche Autorität der Angestellten in den Augen der Praktikanten schädigen.*
6. *Bis zum nächsten Termin am (Datum) werden mit diesen Beschlüssen Erfahrungen gesammelt (Testzeit).*

(Bitte dieses Papier für jeden Mitarbeiter und den Vorgesetzten kopieren und verteilen. Danke)

Beispiel 2: Übereinkunft zur Verbesserung der Zusammenarbeit bei einem Teamkonflikt

Anwesende: Die Namen der Teilnehmer der Firma

1. *Jeder Mitarbeiter mit ganzer Stelle soll jeden Arbeitsplatz beherrschen, um gegenseitige Vertretungen sicherzustellen. Nach Absprache mit dem Vorgesetzten vertritt nur Frau X. den Arbeitsplatz nicht, bei dem mehrfach eine Leiter bestiegen werden muss. Die beiden Halbtagskräfte machen entsprechend weniger (muss noch genauer definiert werden, weil dazu dem Mediator die einzelnen Arbeiten nicht geläufig sind).*
2. *Die Arbeiten sind gemäß den Richtlinien, die an den Wänden hängen, durchzuführen. Abweichungen von den vorgeschriebenen Prozeduren (auch wenn sie zu gleich guten Ergebnissen führen) müssen begründet werden. Dies geschieht bei dem täglichen routinemäßigen Teamgespräch. Ergeben sich verlässlich Verbesserungen, können die Richtlinien in Absprache mit dem Vorgesetzten geändert werden.*
3. *Sind die Arbeitsergebnisse einzelner Mitarbeiter verbesserungsbedürftig, ist die Kritik freundlich und konstruktiv (ohne verletzende Herabsetzung der ganzen Person) anzubringen. Die derart angesprochene Person nimmt die Rückmeldung an und macht deutlich, dass sie sich damit auseinandersetzt.*
4. *Jeder, der an seinem Platz mit der eigenen Arbeit fertig ist und somit Zeit hat, bietet den anderen an ihren Plätzen Hilfe an. Jemand, der Hilfe braucht, wartet dieses Angebot nicht ab, sondern meldet sich, um weiterarbeiten und Fehler vermeiden zu können.*
5. *Allgemeine Arbeiten in der Firma, wie zum Beispiel Aufräumen, Pflanzenpflege und so weiter, werden im wöchentlichen Turnus von jeweils zwei Personen erledigt.*
6. *Für die einzelnen Arbeitsplätze werden im Hinblick auf Zustand, Materialien und Abläufe für folgende Bereiche Standards formuliert: Sauberkeit – Vorratshaltung – Haltbarkeit – Gerätewartung – Auftragskorb (bitte bis zum nächsten Treffen gegebenenfalls ergänzen und ausformulieren).*

(Bitte kopieren und an alle verteilen.)

Damit Vorgesetzte ihrer Fürsorgepflicht besser nachkommen können und nicht mehr vor den Niederungen der Teamkonflikte oder gar Mobbing unter ihren Mitarbeitern zurückschrecken, hat sich die **Methode des Coachings** als erfolgreich erwiesen. Es setzt aber Einsicht in die sozialen Defizite und die Bereitschaft, diskrete Hilfe in Anspruch zu nehmen, voraus.

Auch bei diesem Verfahren gliedert sich das Vorgehen im Prinzip in **fünf Phasen**:

Phase 1: Kontakt-/Einstiegsphase. Hier geht es um das gegenseitige Kennenlernen und die allgemeine Orientierung. Bei sehr offiziellen Aufträgen kann es zu einem Vertrag über die Zusammenarbeit und die zu erreichenden Ziele kommen.

Phase 2: (Ziel-)Vereinbarungen. Der Auftraggeber formuliert zusammen mit dem Coach Ziele und Vorgaben.

Phase 3: Dies ist die eigentliche Arbeitsphase. Hier geht es um die Hintergründe und die Analyse der eigenen, zu verändernden problematischen oder fehlenden Verhaltensweisen. Dann werden denkbare Lösungsmöglichkeiten gesammelt, gesichtet und bewertet. Dabei sind auch immer mögliche Folgen des neuen Verhaltens durchzuspielen. Die Erarbeitung und Erprobung von praktischen Lösungsschritten kann durch Verhaltensproben und -trainings, etwa im Rollenspiel, ergänzt werden.

Phase 4: Abschlussphase. Hier geht es um den Rückblick auf die geleistete Arbeit, weitere Perspektiven und die Festigung der neuen „Verhaltensbausteine“.

Phase 5: Auswertung. Die Rückmeldung der Erfahrungen an den Coach dient dazu, die Arbeit zu bewerten. Der Auftraggeber kann anschließend einen erweiterten Beratungswunsch formulieren.

Damit ist das Coaching in seiner Grundstruktur der Mediation sehr ähnlich, außer dass hier unter vier Augen gearbeitet wird. Manchmal kommt es auch vor, dass ein Vorgesetzter von seinem nächsthöheren Chef ein Coaching „verordnet“ bekommt. Einer Mediation würde dies nicht guttun.

Mit beiden Verfahren habe ich gute Erfahrungen gemacht. In einem Beratungsprojekt mit 339 Konflikt- und Mobbingbetroffenen (davon zwei Drittel Frauen, ein Drittel Männer, mehr als ein Viertel in leitender Position) konnte ich mittels Mediation in 46 Prozent der Fälle helfen (Team bleibt erhalten, Arbeitsklima verbessert, Konflikt entschärft). Bei 44 Prozent konnte der Vorgesetzte einbezogen werden und 75 Prozent der Vorgesetzten, die Coaching haben wollten, waren mit ihrem Ergebnis zufrieden.

Exkurs zum Stalking

Im Zusammenhang mit der Mobbingproblematik wird immer wieder die Frage gestellt, inwieweit auch das Stalking dazugehört. Stalking kann man als eine extreme, sexualisierte Form des Mobbings definieren. Wenn es sich dabei nicht um eine prominente Person handelt, geht es meist um eine zerbrochene Liebesbeziehung, die einseitig beendet wurde und bei der sich der (Ex-)Partner nicht mit der Trennung abfinden will. Die ursprünglich intensiven positiven Gefühle schlagen in genauso intensive negative Gefühle um, und das ganze Trachten des „Verlassenen“ kreist nur noch um Kränkung, Enttäuschung, Wut bis hin zu Hass und dem Verlangen, sich zu rächen. Dem Expartner wird nachgestellt, es kommt zu unzähligen Anrufen – auch mitten in der Nacht –, E-Mails, SMS, Drohungen, Bitten um Versöhnung oder zumindest eine letzte Aussprache. Gerade bei diesen „letzten Aussprachen“ schwebt mindestens einer der Beteiligten in Lebensgefahr: Bei diesen hochemotional zugespitzten Konfrontationen ist das Risiko hoch, dass einer (meist der Mann) den anderen (meist die Frau) im Affekt tötet – und sich manchmal anschließend selbst. Bei Stalking helfen die Strategien gegen Mobbing nicht weiter. Es kommt vielmehr darauf an, sich sofort und konsequent bei den ersten Anzeichen von Stalking abzugrenzen und auf keine Angebote für Treffen einzugehen. Werden die Verhaltensweisen bedrohlicher, sollte man ohne Rücksicht auf eigene Scham oder das Ansehen des Expartners die Polizei einschalten und um Schutz und Unterstützung bitten.

Das Problem des Stalkings scheint zuzunehmen oder die Betroffenen sind weniger bereit, dieses Verhalten wie eine verdiente Strafe für die Trennung hinzunehmen. 2007 liefen zum Beispiel in Hamburg 579 Ermittlungsverfahren wegen Stalkings. Ein Jahr später waren es bereits rund 900 Verfahren. In vielen großen Städten gibt es Hotlines bei häuslicher Gewalt und Stalking (siehe Anhang).

Alfred Fleissner

Wie sich menschliches Erleben und Verhalten zeigt und was sich unter Mobbing verändert

Jeder Mensch muss seine eigenen Erfahrungen machen

Menschen entwickeln in der langen Zeit ihres Heranwachsens eine höchst individuelle Weltsicht. Mittels Gesten, Mimik und Sprache versuchen sie, sich mit ihren Mitmenschen abzustimmen. Gewöhnlich gehen sie davon aus, dass ihr Gegenüber dasselbe wahrnimmt wie sie. Bei Meinungsverschiedenheiten finden sie in der Regel gute Gründe für die Richtigkeit ihrer persönlichen Anschauung. Daher fällt es ihnen immer wieder einmal schwer, gegenteilige Ansichten zu akzeptieren. Missverständnisse behindern auf diese Weise ein einvernehmliches Vorankommen. Die Bildung rivalisierender Gruppen, deren Mitglieder einander gut verstehen und vermeintliche Rivalen ausgrenzen, ergibt sich als nachvollziehbare Konsequenz.

Niemand ist davor gefeit, in eine Mobbingsituation zu geraten. Je weniger man damit rechnet, umso leichter wird man gegebenenfalls böswilligen Widersachern zum Opfer fallen. Und je friedlicher und wohlmeinender man selber eingestellt ist, umso größer ist erfahrungsgemäß das Risiko. In der Regel rechnet man bei seinen Mitmenschen nämlich mit einem der eigenen Grundhaltung entsprechenden Verhalten, solange man keine gegenläufigen Erfahrungen gemacht hat. Daher nehmen Mobbingbetroffene ihre Probleme gewöhnlich erst wahr, wenn das Kind schon in den Brunnen gefallen ist.

Geistige Fähigkeiten

Die hier angebotenen Erläuterungen zum menschlichen Denkvermögen sollen dazu beitragen, Stressmechanismen zu durchschauen und geeignete Gegenmaßnahmen zu kennen. Dabei ist es hilfreich, unterschiedliche Auffassungen grundsätzlich zuzulassen und Andersdenkende zu verstehen, ohne ihre Meinung gutheißen zu müssen. Das menschliche Gehirn erlaubt, eine ungeheure Vielfalt an Vorstellungen einzubeziehen.

Die Beantwortung folgender Fragen (siehe Kasten) wird den meisten Lesern leichtfallen. Wer aber die Probe aufs Exempel macht und seine Antworten notiert, wird sich über den einen oder anderen Fehler, der ihm wider Erwarten unterlaufen ist, sehr wundern.

Interessanterweise ärgern sich viele Menschen über gemachte Fehler dermaßen, dass sie ihnen nicht ein zweites Mal passieren. Andere fallen bei ähnlichen Fragen wiederholt auf die gleichen Tücken herein. Das macht einen deutlichen Unterschied in Intelligenztests aus, soweit diese auf derartigen Fragen aufgebaut sind.

Fragen, bei denen man ein wenig überlegen sollte, um nicht auf den Leim zu gehen (ein Beispiel: 13 Spatzen sitzen auf einer Stromleitung, von denen ein Jäger mit einer einzigen Schrotladung acht erschießt. Wie viele Spatzen sitzen noch auf der Leitung? Keiner, denn die fünf Überlebenden sind fortgeflogen):

1. Wenn hier drei Äpfel sind, und du nimmst zwei weg, wie viele hast du dann? (1; 2; 3)
2. Du nimmst an einem Wettlauf teil und überholst den Zweiten – an welcher Position befindest du dich jetzt? (Position 1; Position 2; Position 3)
3. Ein paar Monate haben 31 Tage. Wie viele haben 28? (1; 2; 3; 6; 9; 12)
4. Wie viel mal kannst du eins von zehn abziehen? (0; 1; 3; 5; 9; 10)
5. Ist es in Kalifornien einem Mann möglich, die Schwester seiner Witwe zu heiraten? (Ja; nein; nein, aber in Deutschland wäre es möglich).
6. Wie viele Geburtstage hat ein Mensch im Durchschnitt? (1; 2; 35; 78).
7. Wie viele Zwei-Cent-Briefmarken sind in einem Dutzend? (1; 3; 6; 9; 12).
8. Gibt es ein Tier, das höher springen kann als der Kölner Dom? (Ja; nein).

9. Ich zeige dir meine Hände. Es sind zehn Finger. Wie viele Finger haben zehn Hände? (50; 100; 200).
10. Im Keller sind drei Lichtschalter, einer davon schaltet das Licht im ersten Stock ein – du weißt aber nicht, welcher. Du darfst nur einmal in den ersten Stock gehen, um nachzusehen, ob die Lampe brennt. Wie findest du heraus, welcher der drei Schalter die Lampe schaltet?

Sofern man die Antworten (siehe Seite 59) weiß, erscheinen alle Fragen sehr leicht, ansonsten wird man aber ganz schön ins Schwitzen kommen.

Wie arbeitet das Gehirn?

Rückkopplungsprozesse der Nerventätigkeit im Gehirn verstärken im ununterbrochenen Abgleich mit der äußeren Wirklichkeit alles Passende. Störende Unvereinbarkeiten bleiben entweder unbeachtet oder sorgen für eine behutsame Annäherung der Auffassungen. Während der Evolution des Menschen haben sich neben den Reflexen aufwendigere Denkprozesse bewährt, die zu wohlüberlegten Entscheidungen führen. Indem die Analyse der jeweiligen Situation frühere Erfahrungen einbezieht, kann aus kleinen Missgeschicken gelernt werden. Schwerwiegende Fehler lassen sich so weitestgehend vermeiden. Bedeutsame Signale aus dem Reizangebot finden Beachtung, andere werden als unpassend verworfen und bleiben außen vor. Gelangen Gedächtnisinhalte ins Bewusstsein, scheinen die auslösenden Sachverhalte wichtig zu sein. Dabei spielen Erinnerungen aus der Kindheit in Form von Gefühlen eine wesentliche Rolle. Die Gefühlslage bestimmt (ganz im Sinne des Wortes Stimmung), wie die einwirkenden Reize interpretiert werden.

Die Möglichkeit der Einflussnahme von außen hängt davon ab, ob es überhaupt empfangsbereite Sensoren gibt, die mithilfe von aktivierten Nervenzellen entsprechende Impulse in das Gehirn weiterleiten. Erregende Nervenzellen sind gewöhnlich mit hemmenden Nervenzellen verschaltet, die eine Übererregung verhindern. Einerseits geschieht das durch bremsende Rückkopplung (analog dem mechanischen Fliehkraftregler bei der Dampfmaschine), andererseits durch verstärkte Hemmung, die vom Gehirn aufgrund spezifischer Vorerfahrungen ausgeht und eine Weiterleitung der Impulse erst bei massiver Reizeinwirkung zulässt. Reicht die Hemmung bei überstarken Reizen nicht aus und überfluten erregende Impulse das Gehirn, können Krampfanfälle auftreten.

Die einzelnen Nervenzellen werden erst bei überschwelliger Erregung aktiv. Somit entstehen im Gehirn Raum-Zeit-Muster von Impulsen, die starke von außen empfangene Signale mit den im Gehirn vorhandenen Informationen kombinieren. Erinnerungen sind auf diese Weise als dynamische Zustände von miteinander weiträumig vernetzten Nervenzellverbänden so verteilt, dass sie im Normalfall niemals spurlos verschwinden werden. Selbst durch den Ausfall einzelner Nervenzellen oder durch Modifikation der Verbindungen können gut verankerte Gedächtnisinhalte nicht verloren gehen. Nervenzellgruppen werden durch Lernprozesse in immer neuen Konstellationen verbunden, deren gemeinsame Aktivierung dann den jeweiligen Gedächtnisinhalt repräsentiert. Einzelne Nervenzellen sind an der Speicherung sehr vieler Inhalte beteiligt, nur die Zusammensetzung, in der sie aktiv werden, ist verschieden. Mit der Zeit gehören dieselben Nervenzellen also zu immer mehr unterschiedlichen Inhalten. Damit nimmt die „Zugriffsschärfe" notgedrungen ab, was sich umso störender auf das spontane Erinnerungsvermögen auswirkt, je mehr Zusammenhänge bereits gespeichert wurden. Schriftlich niedergelegtes Wissen, das jederzeit nachgelesen werden kann, trägt wesentlich zur Aufrechterhaltung der lebensnotwendigen Bedingungen bei und kann als kulturelles Gedächtnis betrachtet werden.

Interessengeleitet lernen wir andauernd hinzu. Beim erneuten Lesen eines Textes entdecken wir oft ganz andere Inhalte als beim ersten Mal. Das beruht auf dem kontinuierlichen Denkprozess in unserem Gehirn. Die Dynamik wird durch Dauerhaftes wie zum Beispiel die Lage der Fenster und Türen in unserer Wohnung stabilisiert. Der Hell-Dunkel-Wechsel in der Natur ist ebenso verlässlich wie die Schwerkraft, die Worte in diesem Text bleiben dieselben, wenn wir ihn morgen wieder lesen. Daher merken wir nicht, wie leicht unser Denken eigentlich aus dem Gleis geraten kann. Störeinflüsse, wie zum Beispiel ein Erdbeben, wirken sich äußerst destabilisierend und somit stark ängstigend aus und bedeuten extremen Stress.

Von der andauernden Informationsverarbeitung und den aktivitätsbedingten Veränderungen in unserem Gehirn nehmen wir gewöhnlich nichts wahr. Nur die Anteile, die aufgrund eines alarmierenden Erregungsniveaus von Bedeutung zu sein scheinen und die Bewusstseinsschwelle durch Aktivierung entsprechender Hirnregionen überschreiten (der Thalamus gilt als Tor zum Bewusstsein), können überhaupt beachtet werden. Mit wacher Aufmerksamkeit sorgen wir dafür, möglichst jede Unsicherheit bezüglich unserer unmittelbaren Umgebung zu beseitigen. Soweit uns das gelingt, ist dies mit erheblichem Lustgewinn und großer seelischer Beruhigung verbunden. Deshalb sind wir auch zu stumpfsinnigen Übungen bereit, solange wir Erfolge erkennen. Immer wieder dürfen wir unnachahmliche Leistungen bewundern, die nur durch beharrliche, zielgerichtete Förderung von Talenten zustande kommen konnten.

Wer sich beispielsweise an die erste Fahrstunde beim Erwerb seines Führerscheins erinnert und die damalige Situation damit vergleicht, wie er heute Auto fährt, kann ermessen, wie viele Abläufe mittlerweile bestens koordiniert unbewusst im Gehirn stattfinden. Als Autofahrer verlassen wir uns auf die Verkehrsregeln und sind sicher, dass wir bei grünen Ampeln fahren dürfen. Ausnahmesituationen verunsichern uns. Das spüren wir sofort, wenn die Feuerwehr sich durch eindringliche Signale die Vorfahrt verschafft. Aus selbstverständlichen Abläufen herausgerissen, sind wir plötzlich hellwach dabei, uns zu orientieren. Solange wir auf unwesentliche Unterschiede nicht zu achten brauchen, bestätigen sich die Gewohnheiten. Egal in welches Auto wir einsteigen, erwarten wir für unseren rechten Fuß unten rechts das Gaspedal und links daneben die Bremse. Nicht auszudenken, wenn das plötzlich umgekehrt wäre.

Machtstreben als Folge von Ängsten

Der äußerst starke unbewusste Wunsch nach Stabilität beeinflusst das Handeln in hohem Maße. Die größte Sicherheit wird verständlicherweise empfunden, wenn man bestimmen kann, was zu geschehen hat. Nicht das Gespräch, sondern die Debatte charakterisiert das Bestreben, die eigene Auffassung durchzusetzen. Hierarchische Strukturen entstehen automatisch, wenn sich die Fähigsten im wohlverstandenen Eigeninteresse Untergebene suchen, die sich gehorsam befehlen lassen und somit für stabile Verhältnisse sorgen. Einiges spricht für die Auffassung, dass erfolgreiches Handeln zu einem Selektionsvorteil führt und die heute lebenden Menschen Nachfahren von besonnenen und klugen Urahnen sind. Wenn man aber berücksichtigt, wie sich etwas für untauglich und fehlerhaft Gehaltenes in besonderen Situationen als nützlich erweisen kann, wird deutlich, dass theoretische Erwägungen generell auf groben Vereinfachungen beruhen. Die Entwicklung hin zu größeren und kräftigeren Menschen ist gewiss in vielerlei Hinsicht von Vorteil gewesen. Dennoch mag auch Minderwuchs dazu getaugt haben, sich vor feindlichen Angreifern zu verstecken und so zu überleben. Auch für die Erkundung einer Höhle mit winzigem Einstiegsloch war es besser, klein zu sein. So lassen sich viele Beispiele finden, wie sich etwas scheinbar Mangelhaftes in einer Krisensituation als ein glücklicher Umstand herausstellt. Während sich bei der Betrachtung der Vergangenheit kausale Zusammenhänge grundsätzlich nachvollziehen lassen, führen Erkenntnisse in der Atomphysik zu der Einsicht, dass die Zukunft nicht vorbestimmt sein kann. Beim radioaktiven Zerfall steht es keinesfalls fest, ob ein bestimmtes Atom heute oder in tausend Jahren zerfallen wird. Auch ein Lotteriespieler hofft immer wieder neu, dass die von ihm getippten Zahlen gezogen werden. Zufälle bestimmen unser Leben mit. Wenn wir uns nach einer Notlandung in der Wüste in der Nähe einer Oase, die wir aus der Luft noch gesehen hatten, zu entscheiden haben, ob wir einen Zehnliterkanister mit Wasser oder einen zehn Kilogramm schweren Goldbarren mit uns schleppen, kann sich das eine wie das andere als falsch erweisen. Treffen wir auf einen durstigen Beduinen, der uns erschlägt und das Wasser raubt, hätte ihn das Gold in seiner Situation möglicherweise nicht interessiert. Vielleicht wären wir vor dem Verdursten noch auf eine Karawane gestoßen, die uns für das Gold hätte fürstlich mitreisen lassen. Viel wahrscheinlicher dürfte aber sein, mit dem Wasser im Gepäck die Oase zu erreichen. Die Überlebensfähigkeit der Art beruht bei niederen Organismen auf einer ungeheuer großen Zahl an Nachkommen, von denen nur relativ wenige das Fortpflanzungsalter erreichen. Höhere Organismen weisen große Instinktsicherheit auf und zeichnen sich dadurch aus, dass sich die meisten ihrer Nachkommen, wie sie selbst auch, erfolgreich fortpflanzen, bevor sie sterben.

Willensfreiheit

In der Entwicklung hin zu menschlichen Gesellschaften scheint es sich bewährt zu haben, vorausschauend gerade auch im Sinne der Vorsicht zu handeln. Es lohnt sich offenbar, angesichts neuer, unerwarteter Situationen innezuhalten und nachzudenken, bevor eine Entscheidung getroffen wird. Zu diesem Zweck mussten sich die instinktiv festgelegten Auslösemechanismen lockern und dem frei bestimmenden Willen Platz machen. Weshalb sich manche Neurobiologen aufgrund von experimentellen Feststellungen zu der Ansicht verstiegen haben, es gäbe keinen freien Willen, bleibt deren Geheimnis. Auf die philosophischen Belehrungen kann hier nicht eingegangen werden, aber hinsichtlich der notwendigen Vermeidung von Mobbinghandlungen erscheint mir ein kurzer Kommentar erforderlich. Wer behauptet, jegliches Handeln sei determiniert (also unbeeinflussbar vorherbestimmt), und Übeltäter damit entschuldigen will, sie hätten nicht anders gekonnt (weil sie nur das ausführen, was sich in ihrem Gehirn ohne ihr Wissen schon angebahnt hat), belegt damit überzeugend in mehrfacher Hinsicht, welches Unheil man willentlich anrichten kann. Er straft diejenigen Lügen, die einen Straftäter wegen Vorsatz belangen wollen, ermutigt Bösewichte sogar zur eigennützigen Ausbeutung anderer und versucht selbst, bedeutungsvoll zu erscheinen und Macht zu gewinnen, indem er eine fragwürdige Ansicht durchsetzen will.

Die hier gewählte Argumentation gegen Verfechter des Fehlens jeglicher Willensfreiheit kann von diesen logischerweise nicht als willentliche Beleidigung und Herabsetzung begriffen werden. Klare Worte sind nötig, um Mobbern die Möglichkeit zu nehmen, ihr menschenverachtendes Tun zu verniedlichen oder als unbeabsichtigtes Malheur hinzustellen. Wer als Vorgesetzter auf Mobbing aufmerksam gemacht wird und nicht sofort eine Klärung herbeiführt, sondern, ohne einzuschreiten, dieses Verhalten weiterhin zulässt, begeht vorsätzlich eine Straftat.

Unser Gehirn verarbeitet viele Signale der Sinnesorgane, ohne dass wir dies bewusst wahrnehmen. Werden wir nach unseren

Motiven für bestimmte Handlungen befragt, die auf solchen unbewussten Prozessen beruhen, lassen wir uns eine Begründung einfallen, ohne es zu merken, wenn diese unzutreffend ist. Damit folgen wir dem unwiderstehlichen Bedürfnis, für alles und jedes die Ursachen zu erkennen. Aber weil wir keine lückenlose bewusste Kontrolle über unsere Motive und Begründungen haben, sind Wahrnehmungen und Erinnerungen häufig nichts anderes als datengestützte Erfindungen. Im Wachzustand können wir gleichwohl zu jedem Zeitpunkt frei bestimmen, welchem Gegenstand der Erinnerung wir unsere bewusste Aufmerksamkeit schenken wollen.

Gern picken wir aus einer Aussage die Sätze heraus, die uns bestätigen, während wir widersprechende übersehen. Wir konstruieren – jeder individuell als ein sich selbst erhaltendes System – unsere eigene Wirklichkeit. Da die Bevorzugung von unbewusst erwarteten Inhalten wichtige gegenläufige Signale ignoriert, haben Zeugenaussagen bei Weitem nicht die ihnen gewöhnlich zugemessene Beweiskraft. Hinzu kommt, dass der erinnernde Umgang mit Gedächtnisinhalten aktuelle neue Überlegungen mit abspeichert. Das sogenannte Einschreiben von Gedächtnisspuren geht mit mikrostrukturellen Veränderungen in einer sehr großen Zahl von Nervenzellen und deren Verbindungen einher, was zur Folge hat, dass beim erneuten Abrufen von Wissen nicht mehr unterschieden werden kann, ob die Erinnerung die ursprüngliche Wirklichkeit wiedergibt oder einen beeinflussten und plausibel zurechtgelegten Sachverhalt.

Indem wir uns mittels Sprache über das Weltgeschehen verständigen, entsteht der Eindruck, es gäbe eine von uns unabhängige Dinglichkeit. Dabei lassen wir aber unberücksichtigt, dass die erreichte Gemeinsamkeit bei der Benennung von Objekten beliebig gering ist. Aus der Fülle unseres Gedankenguts können wir jeweils nur eine Winzigkeit mitteilen. Das Einvernehmen über Zusammenhänge gaukelt uns unveränderbar bestehende Realitäten vor, die wir nicht beeinflussen, sondern nur beobachten können. Doch im Kleinsten völlig unbestimmte, nicht vorhersagbare Abläufe widerlegen diese Vermutung. Auch wenn es schwerfällt, diese theoretische Erkenntnis umzusetzen, die Zukunft ist nicht determiniert, nur die Vergangenheit können wir nicht rückgängig machen.

Alle Lebewesen, seien sie noch so winzig, beeinflussen zukünftige Abläufe. Am Wachstum einer Koralle lässt sich nicht erkennen, dass es Jahrtausende später zu einem Korallenriff geführt haben wird. **Auch jeder Mensch muss sich bewusst machen, dass er mit seinem Handeln die Welt verändert. Die menschlichen Gehirne erzeugen subjektiv verschiedene Wirklichkeiten. Sie lassen sich nicht in einer von ihnen unabhängigen einzigartigen Realität verschmelzen.** Von der Verständigungsbereitschaft hängt es ab, ob sich das Leben auf der Erde als ein Erkenntnis gewinnendes Geschehen in unserem Sinne weiterentwickeln wird. Die heutigen Menschen dürfen sich als Nachkommen derer betrachten, die klug genug waren, sich nicht schon in ihrer Jugend gegenseitig die Köpfe einzuschlagen, aber auch stark genug, tödliche Angriffe abzuwehren.

An der Menschwerdung waren unbewusste Reflexe und bewusstes Nachdenken wahrscheinlich gleichermaßen beteiligt. Je nach Situation kann es für einen auf dem Ast eines Baumes sitzenden Menschen beim Anblick eines näher kommenden Raubtieres richtig gewesen sein, abzuspringen und in Panik wegzurennen oder geduldig abwartend zu überlegen, welche Aktion als Nächstes sinnvoll sein dürfte, vielleicht sogar die leichte Beute zu spielen, um selbst im richtigen Moment mit dem Spieß zuzustoßen und so Nahrung zu ergattern.

Im Kinderspiel wird mit großer Lust gefoppt und nach schlechten Erfahrungen darauf geachtet, dass daraus nicht unversehens bitterer Ernst entsteht. Bei der gemeinsamen Jagd nach dem Ball in verschiedenen Mannschaftssportarten gelten strenge Regeln eines fairen Umgangs miteinander, die gelernt und eingehalten werden müssen. Entsprechend sorgen in der Arbeitswelt Verträge für klare Verhältnisse. Arbeitgeber und Arbeitnehmer verständigen sich im Vorhinein über Rechte und Pflichten, um einem bösen Erwachen in kritischen Situationen vorzubeugen.

Der Wunsch, Beschäftigte mit interessanten Herausforderungen zu aktivieren und Langeweile zu vermeiden, hat zu erheblichen Veränderungen am Arbeitsplatz geführt. Bedauerlicherweise haben die Erkenntnisse über gute Arbeit noch nicht überall positive Wirkung entfalten können, aber mithilfe von Gewerkschaften und Interessenvertretungen weiten sie sich kontinuierlich aus.

Was ist eigentlich Stress?

Ursprünglich wurde die Bezeichnung Stress von dem österreichisch-kanadischen Mediziner Hans Selye (1907–1982) gewählt, um die Schutzreaktion eines Organismus auf Anforderungen jeglicher Art zu benennen. Nach heutigem Verständnis ist Stress ein Ausdruck für Belastung und Anspannung des ganzen Organismus. Die hormonelle Reaktion auf Stressoren (Stress auslösende Faktoren) ermöglicht offenbar in feiner Abstimmung auf die Einschätzung der Lage beides, höchste muskuläre Aktivierung oder beste geistige Anspannung, ohne sich schädlich auszuwirken. Erst unkontrollierbar werdender Stress, wie er in Mobbingsituationen auftritt, kann zerstörerische Folgen für das Gehirn haben. Dann werden die typischen Stresshormone, zum Beispiel Adrenalin, im Übermaß produziert und freigesetzt. Neben einer Blutdrucksteigerung kommt es zu einer Reihe weiterer Reaktionen, die von Mensch zu Mensch verschieden sind. Am häufigsten werden Kopfschmerzen, Schlaflosigkeit, Herzbeschwerden und Kreislaufstörungen, Verspannungen, Magenschmerzen und Durchfall beklagt. Auch eine verstärkte Reizempfindlichkeit, Ängste und Allergien treten auf. Es ist wichtig, den Signalcharakter dieser Befindlichkeitsstörungen zu erkennen und ernst zu nehmen.

Belastende Situationen lassen sich grundsätzlich nicht völlig vermeiden. Aber die Beantwortung der Frage, weshalb man sich unbehaglich fühlt, lässt deutlich werden, auf welche Störfaktoren man sich besser einstellen sollte. Vielleicht kann man sich ein dickeres Fell zulegen und sich wirksam vor einer Dauerbelastung schützen. Selbstzweifel, die das vernünftige Denken blockieren, sind ebenso mithilfe von Vertrauenspersonen zu hinterfragen wie die Ursachen ungelöster Konflikte. Der Mensch verfügt über vielfältige Verhaltensmuster, die ihn Nein sagen lassen und die dafür sorgen, dass er notwendige Pausen einlegt. Verständnis und Anerkennung in stabilen sozialen Beziehungen geben ihm die Sicherheit, die er unbedingt braucht. Dann kann er selbstbewusst handeln.

Irreführendes Verhalten

Bereits bei den Menschenaffen gehören Tricks und Täuschungsmanöver zu den angeborenen Fähigkeiten. Ein junger Schimpanse, der beobachtet, wie von der Wildhüterin eine Staude Bananen zur Fütterung ausgelegt wird, stößt einen gellenden Alarmschrei aus. Während die Horde flüchtend das Weite sucht, macht er sich höchst genüsslich über die begehrten Früchte her. Wir brauchen nur unsere eigenen Überlegungen zu überprüfen, wenn wir interessante, aber knappe Güter haben wollen. An Einfällen, wie man andere ausstechen könnte, herrscht in der Regel kein Mangel. Aber die Erziehung zum Gemeinsinn zähmt einen übertriebenen Egoismus gewöhnlich mit der nötigen Überzeugungskraft.

In Mobbingsituationen kommen ausgeklügelte Gemeinheiten zum Tragen. Wenn alles, was tags zuvor noch sicher schien, plötzlich infrage gestellt wird, reagiert man zunächst ungläubig und denkt an einen üblen Scherz. Wird die Leistung auf einmal nicht mehr anerkannt und nicht weiterhin gelobt, sondern stattdessen als katastrophal schlecht kritisiert, rechtfertigt man sich zunächst noch. Wenn die Herabsetzung offenbar ernst gemeint ist, kommt man aber ins Grübeln. Irritiert vergewissert man sich in seinem sozialen Berufsumfeld, im Recht zu sein, und stößt selbst bei den bisher freundlich Zugewandten auf Reserviertheit. Wer „zum Abschuss freigegeben" wurde – das gilt nicht nur in der Berufswelt –, gerät zwangsläufig in eine Randposition, die der Ausgrenzung Vorschub leistet. Keiner will es sich mit den Mächtigen verderben, das müsse man doch verstehen, lautet die Rechtfertigung der von Leymann deshalb als Möglichmacher bezeichneten Feiglinge. Wenn man es genau nimmt, sind bei der Entstehung von Mobbing immer die Vorgesetzten beteiligt, die im Rahmen ihrer Fürsorgepflicht darauf zu achten haben, dass die Persönlichkeitsrechte gewahrt bleiben und die Menschenwürde nicht verletzt wird. An einer engagierten jungen Ärztin, die offen Kritik übte und sagte, was sie besser machen würde, statuierte ein Klinikchef ein entsprechendes Exempel, und niemand traute sich noch aufzumucken. Mit den Worten „Sie sind so schlecht, Sie merken es nicht einmal" hat er ihr geraten, den Beruf zu wechseln. In einer Welt, in der die Ideale so leicht mit Füßen getreten werden können, wollte sie nicht mehr leben und beging Selbstmord.

Zwei Beispiele

• *Eine Sachbearbeiterin beklagt sich über ihren Kollegen, mit dem sie sich das Büro teilt. Die Schreibtische stehen direkt gegenüber. Mit der Zeit kann sie einige seiner Angewohnheiten nicht mehr ertragen. Er schreit so laut ins Telefon, dass sie gezwungenermaßen zuhört und von ihrer Arbeit abgelenkt wird. Jeder Keks, den er geräuschvoll kaut, ist ihr zum Ärgernis geworden. Sie hat den Eindruck gewonnen, dass ihre Bitten an ihn, etwas leiser zu sein, nicht gefruchtet haben. Auch der direkte Vorgesetzte von beiden hat ihr klar gemacht, dass er sie für überempfindlich hält und nichts für sie tun kann. Inzwischen äfft ihr Kollege sie nach, sobald sie sich bei ihm beschwert. Völlig hilflos hat sie sich krankschreiben lassen müssen. Als sie erfährt, dass ihr Kollege für längere Zeit im Urlaub ist, meldet sie sich umgehend wieder als gesund und verrichtet ihre Arbeit zur vollen Zufriedenheit des Vorgesetzten. Sie nimmt sich vor, mit dem Kollegen darüber zu sprechen, mit welchen Verabredungen erreicht werden kann, gemeinsam erfolgreich im Interesse der Firma zu arbeiten. Gleich am ersten Tag nach seiner Rückkehr teilt sie ihm freudestrahlend mit, wie viel sie erledigt hat, da sie ungestört arbeiten konnte. Nach seiner Antwort, dass er auch das Doppelte geschafft habe, als sie nicht da war, verliert sie sofort wieder den Boden unter ihren Füßen. Demonstrativ reißt er mit der Bemerkung, es stinke, das Fenster auf. Sie möchte es schließen und den Vorgesetzten holen. Da stößt er sie beiseite und sagt grinsend halblaut zu ihr: „Du gehörst doch in die Klapse." Von einem Weinkrampf geschüttelt läuft sie zum Vorgesetzten, der ihr rät, einen Arzt aufzusuchen. Während dieser erneuten Krankschreibung gelangt sie zu der Feststellung: „Da kann ich nie wieder hin." Wider Erwarten ist es im Rahmen einer Mediation möglich, darauf hinzuwirken, dass der Kollege einen anderen Raum zugewiesen bekommt. Sie teilt sich das Büro jetzt mit einer Kollegin, mit der sie sich gut versteht.*

• *Einer Gruppenleiterin wird vorgeworfen, unfreundlich zu sein und einer Mitarbeiterin ungerechtfertigt mit Kündigung gedroht zu haben. Auf einmal macht sie angeblich ständig alles falsch. Unterlagen und Akten sind von einem Tag auf den anderen verschwunden. Bei ihrem Versuch, mittels Mediation eine Klärung herbeizuführen, erfährt sie von der Personalleiterin, dass eine Vielzahl an Beschwerden gegen sie vorliege und sie sich doch überlegen möge, das Unternehmen möglichst schnell von sich aus zu verlassen. Sie kann die Vorwürfe nicht fas-*

sen und bittet um Einblick in die angeblichen Beschwerdeschreiben. Mit dem Argument des Datenschutzes wird ihr das jedoch verweigert. Wie vor den Kopf geschlagen fährt sie nach Hause und entscheidet sich nach durchwachter Nacht, ärztliche Hilfe in Anspruch zu nehmen. Sie wird sofort für 14 Tage krankgeschrieben. Ihre Gedanken kreisen nur noch um die Situation am Arbeitsplatz. An erholsamen Schlaf ist nicht zu denken. Nach einer Woche fühlt sie sich dermaßen schlecht, dass ihr geraten wird, sich so schnell wie möglich um eine Kur zu bemühen. Einen Tag, nachdem sie der Personalleiterin telefonisch mitgeteilt hat, für längere Zeit auszufallen, wird ihr von einem Boten die Kündigung zugestellt. In ihrem Kündigungsschutzprozess, der erst nach ihrer Kur stattfindet, bekommt sie zwar Recht, aber an ihrem Arbeitsplatz wird sie fortan geschnitten. Bei einem privaten Treffen wird ihr von einer befreundeten Kollegin vertraulich gebeichtet, dass die nächste Kündigung verhaltensbedingt ausgesprochen werden solle und jeder Mitarbeiterin, die sie noch unterstütze, dasselbe drohe. Trotz der erfolgreich verlaufenen Kur und ungeachtet der hohen Wahrscheinlichkeit, dass sie in einem Mobbingprozess wohl gewinnen würde, entscheidet sie sich im Interesse ihrer eigenen Gesundheit, das Arbeitsverhältnis aufzulösen und finanzielle Einbußen bei einem neuen Arbeitgeber in Kauf zu nehmen.

Wahrheitssuche

Unser bescheidenes Denkvermögen kann nicht aus sich heraustreten. Wir sind – abhängig von unseren Begriffen und Einschätzungen – an einen bestimmten Raum, eine bestimmte Sprache gebunden. Die Sprache steht uns als Ausdruckssystem für die Befindlichkeit unseres Gehirns zur Verfügung. Unser Denken und unser Fühlen bilden sich in ihr ab. Wir haben es mit einem Wechselspiel zu tun, in dem die Erfahrung strukturierend auf die Sprache einwirkt und die Sprache ihrerseits die Erfahrung strukturiert. Jeder bestimmt selbst das Ausmaß, in dem er seiner Wahrnehmung traut und der Ansicht von Andersdenkenden widerspricht. Bei zwei unterschiedlichen Auffassungen gilt, dass wir den Splitter im Auge des anderen als störend erkennen, uns aber an den Balken im eigenen Auge gewöhnt haben und ihn gar nicht mehr wahrnehmen. Mit jedem Verständigungsversuch verändert sich durch neue ins Spiel gebrachte Gesichtspunkte zwangsläufig unsere Auffassung.

Wenn wir uns fragen, weshalb wir überhaupt neugierig sind und mehr wissen wollen, können wir eine einfache Antwort finden: Ungewissheit und Unsicherheit erzeugen Angstgefühle, die durch aktives Bemühen um Klärung gemildert oder sogar unterdrückt werden können und sich bei erfolgreichem Handeln in ein angenehmes Gefühl verwandeln. Auch bei vermeintlichem Erfolg stellt sich das erwünschte Wohlgefühl ein und bleibt bestehen, wenn nicht jemand die subjektive Gewissheit infrage stellt und mit schlüssiger Argumentation als Illusion entlarvt. Dann ist es meist mit unserer guten Laune vorbei, und wir reagieren schnell sogar übertrieben böse. Vordergründig ist daher leicht zu verstehen, weshalb der Überbringer schlechter Botschaften am liebsten geköpft würde.

Das Bestreben, die eigenen Überzeugungen allen Einwendungen zuwider durchzusetzen, treibt immer wieder skurrile Blüten. Es liegt schließlich in der Natur der Sache, dass selbstkritische Menschen für Rückmeldungen von anderer Seite empfänglicher sind, während Unbelehrbare mit subjektiv hundertprozentiger Sicherheit davon ausgehen, unabweisbar im Recht zu sein. Mit Ellenbogenmentalität und Durchsetzungsvermögen gelangen solche Besserwisser häufig in Führungspositionen, wo sie auf menschenverachtende Weise ihre Macht ausleben. Für sämtliche ihrer Fehler und Missgeschicke werden Sündenböcke ausgemacht. Wer auch immer im betrieblichen Umfeld Angst bekommt, dieser Bösartigkeit zum Opfer zu fallen, ist aus egoistischen Motiven nur zu gern bereit, Mächtige wider besseres Wissen in ihrer Ungerechtigkeit zu unterstützen.

Die soziale Kompetenz, Konfliktsituationen angemessen zu bewältigen, kann erworben werden, wenn eine konstruktive Streitkultur gepflegt wird. Dann muss man nicht immer nachgeben und Konflikten aus dem Weg gehen, verzichtet aber auch darauf, die eigenen Interessen aggressiv durchzusetzen. In einer Auseinandersetzung, in der sowohl das Bemühen um Verstehen als auch der Mut zur Konfrontation ausgewogen zum Tragen kommen, sind am ehesten sachgerechte Lösungen zu finden.

Wer sich darüber im Klaren ist, dass jede Botschaft neben dem Sachbezug auch Appellcharakter hat, eine Selbstkundgabe enthält und etwas über die bestehende Beziehung aussagt, wird entsprechend nachfragen, wenn er sich nicht sicher ist, wie der andere etwas gemeint hat. Der Sender teilt also vier verschiedene Ebenen gleichzeitig mit und der Empfänger hört dementsprechend „mit vier Ohren". So gesehen kann eine Nachricht nicht nur ein Satz sein, sondern eine ganze Rede oder auch eine bloße Geste. Konfliktträchtig und schädlich sind überempfindliche Ohren, die immer nur das Negative heraushören.

Ein Beispiel

Wenn der Ehemann seine Frau anspricht, „Es ist kein Bier mehr im Kühlschrank", besteht sein Appell darin, den Kühlschrank wieder mit einigen Flaschen zu füllen, die Selbstkundgabe deutet den bestehenden Durst an, hinsichtlich der Beziehung darf man von männlicher Dominanz ausgehen. Wie ist es nun zu verstehen, wenn die Ehefrau antwortet: „Ja, ich habe die letzte Flasche getrunken."? Neben der klaren Sachlage besagt der Appell an den Göttergatten, freundlicherweise selber für die Auffüllung des Kühlschranks zu sorgen. Hinsichtlich der Selbstkundgabe deutet sich ein gesundes Selbstbewusstsein an, und die Beziehung läuft nunmehr auf eine gleichberechtigte Partnerschaft hinaus.

Bei der Verarbeitung von Nachrichten lassen sich folgende drei Empfangsvorgänge unterscheiden. Zunächst nimmt man etwas wahr (sehen, hören etc.), danach gibt man dem Wahrgenommenen eine Bedeutung, und aufgrund dieser Interpretation entwickelt sich schließlich ein Gefühl. Bei Konflikten vermischen sich häufig Wahrnehmung und Interpretation.

Die Mobbingfalle

Wenn ungelöste Konflikte zu Mobbing ausgeartet sind und sich ein Mobbingopfer herauskristallisiert hat, steht dieses vor einer unfassbaren Situation. Alles, was bisher verlässlich Gültigkeit besaß, erscheint auf einmal infrage gestellt. Anstatt schlafen zu können, muss man grübeln. Überlegungen, was man wohl falsch gemacht hat und was man hätte anders machen sollen, lassen einen nicht mehr los. Die vergebliche Suche nach einer Lösung demoralisiert umso stärker, je besser man sich früher argumentativ durchsetzen konnte. Psychosomatische Erkrankungen verbunden mit schwindendem Selbstvertrauen sorgen für eine umfassende Einbuße an Leistungsvermögen. Aus dem entstandenen

Teufelskreis gibt es ohne externe Hilfe oft kein Entrinnen mehr. Folgendes Szenarium macht das vielleicht deutlich: Wer sich aktiv und energiegeladen auf die Suche nach optimalen Erfolgsaussichten begeben hat und dabei auf unwegsames Gelände geraten ist, hält nach zielführenden Informationen Ausschau und geht davon aus, eingedenk seiner guten Absichten nicht den Boden unter den Füßen verlieren zu können. Aus alten Überlieferungen weiß er zwar, dass Irrlichter ins Moor führen können und dass man im Sumpf umso schneller versinkt, je stärker man strampelt. Dennoch ignoriert er voller Selbstvertrauen viele klein und unwichtig erscheinende Warnzeichen auf seinem für richtig gehaltenen Weg, obwohl er zunehmend den festen Grund unter seinen Füßen vermisst. Erst als er erkennen muss, dass ihm inzwischen das Wasser bis zum Hals steht und er offenbar vergeblich nach einem Ausweg gesucht hat, realisiert er die hoffnungslose Lage und reagiert viel zu spät mit Hilferufen. Tragisch wird es, wenn ein Führer andere, die ihm vertrauen, ins Verderben zieht. Um es klar zu sagen: Die Führung jedes Unternehmens muss sich ihrer Verantwortlichkeit noch deutlicher bewusst werden, hellwach bleiben und stets dafür Sorge tragen, dass derartige Teufelskreise nicht entstehen.

Mobbingabwehr

Mobbinghandlungen stören immer den Betriebsfrieden und können nicht im Interesse des Arbeitgebers liegen. Vorgesetzte haben nicht nur das Recht, sondern auch die Pflicht, Mobbing zu verhindern. Bereits bei den ersten Anzeichen müssen sie einschreiten und gegen Täter vorgehen. Sofortiges Bemühen um Klärung des Sachverhalts und Lösung bestehender Konflikte erscheinen als vordringliche Maßnahme nötig und geeignet, die drohende Mobbinggefahr im Keim zu ersticken. Eine kleine Flamme lässt sich noch durch Pusten löschen, die größere wird dagegen sogar angefacht. Sobald tatsächlich von Mobbing geredet werden kann, sind in jedem Fall Vorgesetzte als beteiligt anzusehen. Entweder sind sie selbst aktiv oder sie kommen ihrer Fürsorgepflicht nicht nach.

Es erscheint vernünftig, Entscheidungen zu treffen, die zur Erhaltung und Verbesserung der Lebensumstände beitragen. Das

Beispiel „Angst am Arbeitsplatz" belegt, wie leicht Menschen unter Druck gesetzt und zum Ausharren genötigt werden können. Lange Zeit ist man im betriebswirtschaftlichen Wettbewerb von einer generell leistungssteigernden Wirkung der Angst ausgegangen und hat wenig getan, das Personal angstfreier arbeiten zu lassen. Allmählich findet ein Umdenken statt, das der überlieferten Weisheit: „Damit das Mögliche entsteht, muss immer wieder das Unmögliche versucht werden", Rechnung trägt. Jeder Verbesserungsvorschlag wendet sich gegen die Beibehaltung des Altbewährten und sollte geduldig immer wieder einmal versuchsweise ins Spiel gebracht werden. Eine Führungskraft tut gut daran, die Sicht sämtlicher fachkundigen Angestellten abzufragen, glaubhaft zur Kritik aufzufordern und begründeten Widerspruch bei ihren Entscheidungen ernst zu nehmen und einzubeziehen.

Wo bleibt die Zivilcourage?

Stets muss allerdings die Befangenheit abhängig Beschäftigter berücksichtigt werden. Aus welchem Grund sollte jemand einem Chef widersprechen, der von der Richtigkeit der eigenen Einschätzung überzeugt ist? Nach dem Motto „Im Zweifel für den Vorgesetzten" kann der willfährige Mitläufer getrost davon ausgehen, vergleichsweise wohlgelitten zu sein und gegenüber widerspenstigen Nörglern besser abzuschneiden. Mitläufer sind gewöhnlich auf der sicheren Seite. Erweisen sich die getroffenen Entscheidungen als erfolgreich, ist man als Beteiligter mit obenauf, anderenfalls müssen sowieso die Vorgesetzten die Verantwortung tragen, als Untergebener hatte man ja nichts zu sagen. So gesehen erscheint der oft beklagte Rückgang an Zivilcourage verständlich.

Durch gezielte Informationen, wie gegen Menschenrechtsverletzungen sinnvoll und ohne Selbstgefährdung vorgegangen werden kann, kann Zivilcourage wieder gefördert werden. Aktionen wie „Wer wegsieht, macht mit!" sollen auch in der Öffentlichkeit auf die mitmenschliche Verpflichtung aufmerksam machen, bei gewalttätigen Übergriffen einzuschreiten. Es hat sich herausgestellt, dass sich einzelne Zeugen angesichts einer offensichtlichen Notsituation zur Hilfe verpflichtet fühlen und handeln, während dieselben sich in einer Menschengruppe zurückhalten und denken würden, es gibt ja andere, die bestimmt besser helfen können.

Wer beispielsweise in der Anonymität einer vollbesetzten Bahn in Not gerät, sollte sich daher eine einzelne Person aussuchen und diese direkt um Hilfe bitten. Auf den Arbeitsplatz übertragen bedeutet das, sich bei auftretenden Schwierigkeiten sofort eine Person des Vertrauens auszusuchen, sie auf das Problem aufmerksam zu machen und um Unterstützung zu bitten. Sofern einem eine Abfuhr erteilt wird, hat es sich bewährt, den Sachverhalt genau zu dokumentieren und den ablehnenden Ansprechpartner davon in Kenntnis zu setzen. Eingedenk der geschilderten Fallstricke bei der Gedächtnisbildung ist ohnehin dringend anzuraten, ein sogenanntes Mobbingprotokoll zu führen, in dem die genauen Daten verzeichnet werden sollen.

Fehlerfreundlichkeit

Je diplomatischer man mit unkollegialen Zeitgenossen umgeht, umso weniger braucht man deren Zorn zu fürchten. Am besten ist es, Verständnis für den offenbar bereits überbeanspruchten Kollegen zu zeigen. Mit der Frage, an wen man sich denn stattdessen wenden könne, um dem Wunsch des Arbeitgebers nach reibungslosen Betriebsabläufen gerecht zu werden, warnt und entwaffnet man gleichermaßen. Es ist klug, sich um größere Fehlerfreundlichkeit im Betrieb zu bemühen. Wird die Kunst, aus kleinen Fehlern zu lernen und somit gegen schwerwiegendste gewappnet zu sein, erst einmal als erstrebenswert erachtet, kann man zuversichtlich loslegen: Wer arbeitet, macht Fehler, wer viel arbeitet, macht viele Fehler, wer keine Fehler macht, ist schlicht faul.

Ins Grübeln kommen wir, wenn das Buch, in dem wir abends noch gelesen haben, am nächsten Morgen nicht mehr da ist. Wir fragen uns, „ob wir noch alle beisammen haben“, wenn die Post, die wir dem Chef in sein Fach gelegt haben, einen Tag später in unserer Schublade wiedergefunden wird und der Chef bezweifelt, dass wir wirklich zuverlässig sind. Dem Chef, der die Macht hat, werden wir keinen Irrtum unterstellen, und dass liebe Kollegen, die uns das Leben zur Hölle machen wollen, dahinterstecken, erkennen wir normalerweise auch nicht auf Anhieb. **Sobald das Vertrauen in unsere eigene Wahrnehmung erst einmal infrage gestellt ist, lassen wir uns zunehmend leichter verunsichern.** Wir suchen vermehrt nach Bestätigung, dass wir im Recht sind. Für

Mobbingbetroffene erweist sich häufig gerade die Tatsache, recht zu haben und darauf zu bestehen, als besonders gefährlich. Am folgenden Vergleich lässt sich das verdeutlichen: Wer auf der Straße überfallen und niedergeschlagen wird, riskiert sein Leben, wenn er immer wieder aufsteht, um sich zu empören, anstatt die Opferrolle zu erkennen und besser liegen zu bleiben, um weitere Schläge zu vermeiden. Sobald es um Biegen oder Brechen geht, sollte man Gewalteinwirkungen geschickt ausweichen.

Aus Fehlern lernen

Bei sportlicher Betätigung wird besonders deutlich, wie sehr im Praktizieren, also im Ausüben, das Üben enthalten ist. Ein Wettkampf wirkt in der Regel leistungssteigernd, sogar wenn er mit Niederlagen verbunden ist. Das eigentlich unliebsame Geschehen muss allerdings klug analysiert werden, um gestählt daraus hervorgehen zu können. Wenn man sich um Lösung von Konflikten bemüht, bleiben Zerreißproben nicht aus. Aus eigener Erfahrung möchte ich betonen, wie wichtig es ist, in dieser Hinsicht flexibel zu bleiben. Die starre Tragfläche eines Flugzeugs würde brechen und zum Absturz führen, könnte eine auftretende Turbulenz nicht elastisch abgefedert werden. Und indem der Torero dem wütenden Stier geschickt ausweicht und ihn in das rote Tuch rennen lässt, übersteht er unbeschadet den gefährlichen Kampf.

Vor Missgeschicken und Enttäuschungen sind wir alle nicht gefeit. Wenn Personen, die wir für unsere besten Freunde gehalten haben, uns nicht länger unterstützen, fühlen wir uns in die Ecke gedrängt und reagieren dünnhäutig auf jeden vermeintlichen Angriff. Indem wir den uns freundlich Gesinnten Vorhaltungen machen und sie des Verrats verdächtigen, treiben wir sie schnell in das gegnerische Lager. Wir müssen uns vor Augen führen, dass wir unsere Ressourcen auf diese Weise weiter einschränken. Aber wenn wir uns erst einmal alleingelassen fühlen, kommen alle guten Ratschläge zu spät. Je mehr die Unterscheidung zwischen Unterstellung und Wirklichkeit erschwert wird, desto stärker sind wir im Stress und spüren psychosomatische Folgeerscheinungen wie Mundtrockenheit, Schwitzen, Magenbeschwerden oder Kopfschmerzen. Die Einstellung, sich ein dickes Fell zuzulegen und locker über die Meinungsverschiedenheiten hinwegzugehen, erfährt eine Zerreißprobe, sobald das von den Peinigern vorgeworfene Fehlverhalten geahndet werden soll. Als soziale Wesen brauchen wir mindestens einen Vertrauten, der uns unterstützt und zu uns hält.

Um eine Sache nur aufgrund überzeugender Argumente ohne Machteinsatz zu fördern, braucht man ungeheures Glück. Die Geschichte liefert einige Beispiele von verkannten Genies, die ihrer Zeit voraus waren und denen erst posthum Anerkennung zuteil wurde. Unter Verzicht auf eine glänzende Karriere, Ruhm und Ehre wendeten sie sich nach reiflicher Überlegung gegen angestammte Denkmuster. Als Gefahr für das liebgewonnene Bestehende wurden sie gefürchtet und abgelehnt, oft auch verachtet oder gehasst. Mitunter mussten sie öffentliche Verfolgung in Kauf nehmen oder wurden sogar hingerichtet.

So wichtig es für die Gesunderhaltung eines bestehenden Systems sein mag, die Schwachstellen aufzuzeigen und alternative Lösungen für bestehende Probleme anzubieten, so schwierig erweist es sich, unorthodoxe, bislang nie beschrittene Wege gehen zu wollen. Nehmen wir Ignaz Philipp Semmelweis (1818–1865), der ungarische Gynäkologe, der mangelnde Hygiene bei den Ärzten als Ursache für das Kindbettfieber erkannte. Obwohl damals unter seiner Maßnahme, dass die Ärzte ihre Hände desinfizieren mussten, kaum noch Wöchnerinnen starben, stieß er auf erbitterten Widerstand bei seinen Kollegen. Heutzutage ist es nicht sonderlich anders. Aufgrund einiger betreuter Fälle lassen sich abstruse Ausgrenzungsversuche bedauerlicherweise als ähnlich belegen: Wenn ein Arzt das Fehlverhalten von Krankenschwestern moniert und diese ihm gemeinschaftlich vorwerfen, er habe fehlerhafte Anordnungen gegeben, mag er zwar im Recht sein, wird aber gegen eine verschworene Gruppe nichts ausrichten können. In einem eskalierten Konflikt wird er den Kürzeren ziehen und durch eine Kündigung hinausgeworfen werden.

Ermutigung zum Mitdenken

Wer etwas verbessern will und nicht über ein großes Vermögen oder einen Machtapparat verfügt, muss berücksichtigen, dass jeglicher Einsatz von privaten Eigenmitteln, Zeit, Kraft und Nerven letztendlich vergebens bleibt, solange er keine Mitstreiter findet.

Eine Gesellschaft, deren System er durch seine Ideen ja gerade stört, wird kaum bereit sein, öffentliche Fördermittel und nachhaltigen wirtschaftlichen Rückhalt anzubieten. Niemand kann von einem Menschen, der sich in seinen Handlungsmustern wohlfühlt und allem Neuen gegenüber erst einmal skeptisch und reserviert gegenübersteht, ein Umdenken verlangen. Viele haben überhaupt kein Interesse an einer Veränderung, weil es ihnen unter den bestehenden Verhältnissen gut geht, sie ihre Profite einheimsen und andernfalls vielleicht gut verdrängte Probleme quälend zutage träten. Querdenker, die bestehende Missstände aufgreifen und nach Alternativen suchen, werden in jeder Gesellschaftsform gebraucht. Sie müssen das Interesse, die Neugier und den Mut haben, gewohnte Pfade des Denkens und Handelns zu verlassen, um substanzielle Erneuerungen und Veränderungen auszulösen. Für die menschliche Entwicklung ist es immer unerlässlich gewesen, dass sich Einzelne die gedankliche Freiheit erlaubt haben, vorgegebene Raster der Dogmen zu durchbrechen. Sie waren es, die über die Jahrtausende hinweg aus der Jäger- und Sammlergemeinschaft in die moderne Gesellschaft geführt haben. Die bequeme Stabilität des Bestehenden musste erheblich ins Wanken gebracht werden, um gewohnte Denkmuster infrage zu stellen und Mitmenschen zum Umdenken und Hinzulernen zu bewegen. Das Überkommene weist immer eine Beharrungstendenz auf, und der Ruf nach Veränderung löst bei den meisten Menschen Versagens- oder Verlustängste aus. Jeder versucht, im vermeintlich bewährten System zu bleiben, solange er irgendwie kann. Erst wenn unabweisbar klar geworden ist, dass es auf einen Abgrund zugeht, sucht die träge Masse nach einem Ausweg.

Jeder Verbesserung einer Situation steht der mögliche Missbrauch der notwendigen Maßnahmen entgegen. Noch so geniale Neuerungen sind immer auch der menschenverachtenden Profitgier von machthungrigen Nutznießern ausgesetzt und aus diesem Grund auch in Gefahr, inhuman vermarktet zu werden. Das kann die Bedeutung des Querdenkens für die Weiterentwicklung der Menschheit aber nicht schmälern. Wer den Nutzen nachdenklicher Infragestellung erkennt, sollte sich deshalb kritischen Verlautbarungen mit Neugier und Interesse nähern und versuchen, das eigene Weltbild zu überprüfen. Denn eine wachsende Zahl Gleichgesinnter wird erkannte Missstände mit Augenmaß beheben können. Da sich Querdenker allerdings nur durch Kooperieren durchsetzen können, müssen sie hinnehmen, dass der Erfolg am Ende viele Väter hat und die Unterstützer es sich zur Ehre anrechnen, lang gehegten eigenen Ideen zum Durchbruch verholfen zu haben.

Systemüberwindung

Ein Wissenszuwachs, der Menschen besser mit ihren Herausforderungen fertig werden lässt, muss erst einmal das Beharrungsvermögen und die Widerstände des Bestehenden überwinden. Solange sich die Verfechter überholter Ansichten nicht auf das Neue einlassen, sondern von der Richtigkeit ihrer Auffassung überzeugt sind, bleibt die Hoffnung auf längst fällige Änderungen vergebens. Fortgesetztes Nachfragen und Weiterdenken können für eine Beschleunigung des erkenntnisgewinnenden Prozesses sorgen. Sogenannte synergetische Effekte, die in einem erfolgreichen Zusammenspiel zahlreicher Komponenten zum Ausdruck kommen, führen zur Überlegenheit gegenüber einzeln ablaufenden Prozessen. Eingedenk solcher systemischen Zusammenhänge kann die dauernde Bereitschaft zu Vorleistungen entstehen. Das führt dazu, dass es irgendwann Hunderte gibt, denen man uneigennützig geholfen hat. Dann finden sich bei Bedarf immer Menschen, die ihrerseits bereit und in der Lage sind, für einen einzuspringen. Mit anderen Worten: Wenn ich andere, um mich selbst besser hervorzuheben, hinunterdrücke und mich auf sie aufstütze, bin ich kurzfristig oben. Aber auf längere Sicht stützen sich andere auf mich auf, und ich finde mich trotz Gegenwehr unterdrückt am Boden wieder. Bei meinen Vorleistungen ist es umgekehrt: Indem ich alle möglichen Emporstrebenden unterstütze, ist von mir wenig zu sehen. Erst wenn sich einige bemüßigt fühlen, es mir gleich zu tun, erfahre auch ich einen Aufschwung. Im Endeffekt ergibt sich ein hohes Niveau, das verlässlich deutlich über dem ursprünglichen liegen wird.

Angesichts der Mühe des Schwimmens gegen den Strom und der Endlichkeit des Lebens finden sich immer nur wenige bereit, vernunftgemäß zu handeln. Der prinzipiellen Überzeugungskraft der Argumentation steht der Wunsch nach Bequemlichkeit entgegen. Soweit Leben als ein erkenntnisgewinnender Prozess definiert wird, besteht jedoch Anlass zur Hoffnung. Angesichts offensichtlicher Widerstände hört man beispielsweise den Trost „Ein Drachen kann nur gegen den Wind steigen" und bemüht sich daraufhin unverdrossen weiter. Aber auch wenn sich die Entwicklung eines menschlicheren Miteinanders evolutionär als überlegen erweisen sollte, wird es dennoch einige Zeit brauchen, bis Konkurrenz durch Kooperation ersetzt sein wird. Missgünstiger Neid scheint äußerst tief im Menschen verankert zu sein.

Überlastungsreaktionen

Gerade einsatzfreudige Mitmenschen in ihren Berufen sind in der Gefahr, feindseliges, schikanöses Verhalten nicht rechtzeitig zu erkennen. Erst wenn sie krank geworden und deshalb eine Zeit lang arbeitsunfähig sind, realisieren sie auf die Frage hin, warum sie sich nicht gegen das offensichtliche Mobbing gewehrt haben, dass sie sich schon lange in einem Teufelskreis befinden. Häufig werden dann Selbstmordgedanken zu einer tödlichen Bedrohung. Oft berichten Betroffene, wie ihnen durch ein einzelnes Ereignis in einem längst in Gang gekommenen Mobbingprozess schlagartig bewusst wurde, was mit ihnen seit Wochen oder Monaten geschehen war. Wenn zum Beispiel die „beste" Freundin unter vier Augen lächelnd zugibt, aus Rivalität um den nächsthöheren Posten das Mobbing angezettelt zu haben. Das ist der Zeitpunkt, der vergleichbar ist mit dem Moment, in welchem der Lokführer das Gesicht des Selbstmörders hinter der Windschutzscheibe wahrnimmt, das er seitdem nicht mehr vergessen kann. Es ist wohl ziemlich egal, in welches immer gleiche Gesicht man voller Schrecken blickt, wenn man jede Nacht schweißgebadet aufwacht.

Aus dieser Sicht ist die Diagnose einer Posttraumatischen Belastungsstörung (PBS), unter welcher der Lokführer offenbar leidet, auch bei Betroffenen zu stellen, deren Symptome deckungsgleich erscheinen. Heinz Leymann hat bei vielen der von ihm behandelten Mobbingopfer eine PBS diagnostiziert. Traumatische Erlebnisse bedingen offenbar eine generalisierte physiologische Stressantwort. Indem die Erinnerung eines traumatischen Ereignisses zu Albträumen und sogenannten Flashbacks führt, könnte sich durch diese Rückkopplungsschleife eine subklinische PBS, die noch keine Zeichen einer Krankheit aufweist, zu einer klinischen, also krankheitswertigen PBS aufschaukeln, die behandlungsbedürftig ist. Subjektive Gewissheiten können sich derart verselbstständigen, dass unter normalen Bedingungen harmlose Vorfälle nun als gezielte Attacken empfunden werden. Aufgrund der daraus resultierenden Überreaktion, die für naive, arglose Beobachter nicht nachzuvollziehen ist, bestätigen die Betroffenen manchmal das negative Bild, das von ihnen im Vorhinein schon intrigant gezeichnet wurde.

Wenn man wissen möchte, ob man selbst bereits kurz davor ist, durch Überforderung zu erkranken, ist es sinnvoll, den Verlauf entsprechender Anzeichen zu verfolgen und abzuschätzen, ob sie sich verschlimmern. Im Normalfall können Kopfschmerzen, Muskelverspannungen oder Magen-Darm-Probleme ab und zu auftreten, verschwinden aber nach kurzer Zeit wieder. Eine Steigerung der Symptome ist dagegen als ein Alarmsignal aufzufassen.

Wehret den Anfängen!

Wenn sich eine Mobbingsituation entwickelt, gibt es Heinz Leymann zufolge, wie schon erwähnt, häufig zu Beginn sogenannte Möglichmacher, die sehenden Auges ungerechtfertigte Unterstellungen und Vorwürfe gegen einen Mitarbeiter tolerieren. Ohne in das Geschehen einzugreifen, lassen sie zu, dass sich die Schikane ausweitet und ein Mensch durch Psychoterror krank gemacht wird. Hinterher zur Rede gestellt, beteuern sie, sich aus Angst vor den Tätern zurückgehalten zu haben. Jeder, der sich derart aus eventuellen Konflikten heraushalten will, ist nach Leymann auf der Täterseite einzuordnen. **In einer zukünftigen Anti-Mobbing-Gesetzgebung ist zu erwägen, ob in schwerwiegenden Fällen nicht der Straftatbestand der unterlassenen Hilfeleistung als erfüllt zu gelten hat.** Voraussetzung dafür wäre allerdings, dass unmissverständlich auf einen in Gang gekommenen Mobbingprozess aufmerksam gemacht und verlangt worden ist, diesen zu stoppen. Die in gut durchdachten Dienst- oder Betriebsvereinbarungen vorgesehenen Stufen des Einschreitens von Vorgesetzten bis hin zum Einsatz eines externen Moderators erlauben in fast jedem Stadium des Konflikts eine angemessene Reaktion. Solange darauf verzichtet werden kann, von Tätern und Opfern zu sprechen, steht einer konstruktiven Verständigung nichts im Weg. Wer erst einmal als Täter angeklagt wird, kommt automatisch in eine Verteidigungshaltung. Mit Empörung wird die Unterstellung abgewehrt, man gehöre zu den ausgemachten Bösewichten. Da der Spielraum von Führungskräften nicht nur im Begehen von Schikanehandlungen, sondern auch in ihrem Einfluss auf die Beschäftigten nicht unterschätzt werden darf, muss die klärende Unterstützung durch eine neutrale Instanz vorgesehen werden. Betriebsräte, Schwerbehindertenbeauftragte und Gleichstellungsbeauftragte fühlen sich bei einem Vermittlungsansinnen schnell überfordert, sobald massive Mobbingvorwürfe im Raum stehen.

Es hat sich bewährt, Menschen in schwieriger Lage mit dem Bild des Freihandkletterers vertraut zu machen, der bei unsicherem Halt sein Leben riskieren würde, wenn er nicht innehält. Sobald er durch ein Sicherungsseil vor dem Absturz bewahrt wird, kann er getrost weiterklettern. Das Seil hängt dabei durch und zieht ihn nicht hoch. Gemäß diesem Bild bieten auch bei Mobbinggefahr externe Fachleute in der Regel (ohne eingreifen zu müssen) die Sicherheit, in verfahrenen Situationen bei der Lösungssuche erfolgreich voranzukommen. Das Wissen um eine Ausweichmöglichkeit wirkt sich stressmindernd und beruhigend aus und bringt Lösungen in Reichweite. Bei bedrohlicher Zuspitzung eines Konflikts kann man sofort aussteigen und den Beistand in Anspruch nehmen.

Der Mensch ist ein Neugierwesen, das seine Ängste durch aufmerksames Erkunden seiner Umgebung mindern kann und sich dann in vertrauter Atmosphäre wohlfühlt. Mit einem besseren Verständnis für die Vorgänge im Gehirn lässt sich schädlicher Stress vermeiden und das Selbstbewusstsein durch die freundliche Bekundung gegenseitiger Wertschätzung steigern.

Antworten auf die Fragen:

1. Wenn hier drei Äpfel sind, und du nimmst zwei weg, wie viele hast du dann? (2). Nämlich die, die du dir genommen hast!
2. Du nimmst an einem Wettlauf teil und überholst den Zweiten – an welcher Position befindest du dich jetzt? (Position 2). Der Erste bleibt Erster!
3. Ein paar Monate haben 31 Tage. Wie viele haben 28? (12). Nämlich jeder!
4. Wie viel mal kannst du eins von zehn abziehen? (1). Danach ziehst du von neun ab usw.!
5. Ist es in Kalifornien einem Mann möglich, die Schwester seiner Witwe zu heiraten? (Nein). Er lebt ja nicht mehr!
6. Wie viele Geburtstage hat ein Mensch im Durchschnitt? (1). Jeder wird ein einziges Mal geboren!
7. Wie viele zwei Cent Briefmarken sind in einem Dutzend? (12). Ein Dutzend besteht immer aus 12 Teilen!
8. Gibt es ein Tier, das höher springen kann als der Kölner Dom? (Ja). Der Kölner Dom kann nicht springen!
9. Ich zeige dir meine Hände. Es sind 10 Finger. Wie viele Finger haben 10 Hände? (50). Wer ist auf 100 gekommen?
10. Schalter 1 anmachen, warten, wieder ausmachen, Schalter 2 drücken, ins andere Stockwerk gehen, Birne brennt, Glück gehabt, Schalter 2 war es. Lampe brennt nicht, fühlen, ob sie warm ist, warm, Schalter 1 ist es, Birne ist nicht warm, Schalter 3 ist der richtige!

Gerd Arentewicz

Wie macht Psychostress krank und was kann man selbst für den Erhalt der Gesundheit tun?

Stressfolgen wie zum Beispiel Erkrankungen des Herz-Kreislauf- und des Verdauungssystems, Schmerzzustände und psychische Störungen stellen den Großteil der behandlungsbedürftigen Krankheiten dar. Unter den zehn häufigsten Krankheiten weltweit finden sich fünf psychische: Depressionen, Alkoholismus, bipolare Störungen (mal unangemessen hochgestimmt und aktiv, mal ohne ersichtlichen Grund extrem niedergeschlagen und passiv), Schizophrenie (Ausstieg aus der Realität mit verändertem Erleben und Verhalten) und Zwangsstörungen (z. B. Grübeln, Kontrollieren, Zählen). Im Jahr 2007 gaben in Deutschland die Krankenkassen und die privaten Haushalte 203 Milliarden Euro für Gesundheitsleistungen aus. Es ist zu vermuten, dass ein erheblicher Teil für die Behandlung von Stressfolgen aufgewendet werden muss.

Der Begriff „Stress“ und der Zustand „Gestresstsein“ wird heutzutage genauso oft gebraucht (und missbraucht) wie der Begriff „Mobbing“. Der alte Stressbegriff beschreibt nach Hans Selye die Antwort des Körpers als eine sinnvolle Anpassung an beziehungsweise Reaktion auf die in der Regel lebensbedrohliche Situation (Kampf-Flucht-Reaktion). Da unser heutiges Leben derartige Gefahren kaum noch mit sich bringt, bezeichnet **der moderne Stressbegriff jede Art von Belastung, die den Körper zu einer Anpassungsleistung (der sogenannten Stressantwort) zwingt**. Gemeint ist ein sehr breites Spektrum von ernsten Gefahren (etwa bei Mobbing) bis hin zur Entschuldigung eigenen Versagens („Ich hatte Stress und konnte nicht anders“).

In diesem Kapitel geht es um das Stresserleben bei Konflikten und Mobbing, seine Folgen für die Betroffenen in fünf typischen Reaktionsbereichen und was man dagegen tun kann. Ausgangspunkt der Darstellung sind die Erkenntnisse der Biologischen (früher auch Physiologischen) Psychologie, die ihrerseits die Basis für die Verhaltensmedizin darstellt. Die Verhaltensmedizin diagnostiziert und behandelt verhaltenstherapeutisch die körperlichen Folgeschäden (in der Fachliteratur und den Ratgebern auch als essenzielle oder funktionelle Störungen, psychosomatische Erkrankungen und somatoforme Störungen bezeichnet, Näheres siehe unten) unter lernpsychologischen Gesichtspunkten. Neuerdings werden unter Stresskrankheiten im engeren Sinne vor allem Schmerzzustände, Ängste und Depressionen sowie Suchterkrankungen und Essstörungen verstanden.

Für die Begriffe gilt folgende Regelung: Das auslösende Ereignis, die Situation, das negative Verhalten der anderen wird als Stressor bezeichnet. Die gedankliche, gefühlsmäßige und körperliche Reaktion des Betroffenen wird Stressreaktion oder -antwort genannt und erst die Folge ist Stress im engeren Sinne.

Welche Arten von Stressoren und welche subjektiven Bewertungen gibt es?

In der Literatur werden folgende **Arten von Stressoren** genannt:

- **Physikalische Stressoren:** Hitze, Kälte, Lärm, Chemikalien, Schmutz
- **Physiologische (körperliche) Stressoren:** Durst, Hunger, Schmerz, Verletzung
- **Soziale Stressoren:** Konkurrenz, Konflikte, Mobbing, Isolation und Verlust des Arbeitsplatzes
- **Psychische (anforderungsbezogene) Stressoren:** Versagen, Kontrollverlust, Zeitdruck, Über- oder Unterforderung, Entscheidungen unter Unsicherheit

Im Rahmen der Gegenmaßnahmen nehmen die Betroffenen eine subjektiv sehr verschieden ausfallende **Einschätzung** vor (in der Fachliteratur wird diese Einschätzung auch als Transaktion bezeichnet). Entscheidend dafür ist die individuelle Wahrnehmung. Sie stellt eine Verknüpfung einer Sinnesempfindung (z. B. Hören oder Sehen) mit Inhalten der Erfahrung und anderen Sinnesmodalitäten (z. B. dem Schmerzempfinden) dar. Entscheidend dabei ist das limbische System im Inneren des Gehirns (auch Zwischenhirn genannt), das direkt auf den Stressor reagiert und als „Sitz“ der Gefühle auch darüber entscheidet, dass bei einer Information die Form sechsmal wichtiger als ihr Inhalt ist.

Der Vorgang der Einschätzung umfasst **drei Stufen**:

1. **Die primäre Bewertung**: Hier fragt man sich „Was ist passiert? Wie schlimm ist die Situation?“ und kommt zu dem Ergebnis, dass es sich entweder um einen Schaden oder Verlust, eine Bedrohung oder eine Herausforderung handelt.
2. **Die sekundäre Bewertung**: Hier setzen Überlegungen ein, wie „Was kann ich dagegen tun? Kann ich das schaffen?“. Es geht also um die Möglichkeit, die Situation zu kontrollieren.
3. **Die Neubewertung**: Entweder lassen hinzugekommene Erfahrungen die Sicht auf neue Aspekte, einen neuen Blickwinkel zu und es findet eine befriedigende Anpassung statt oder es kommt zu Resignation, dem stillen Dulden des Missstandes verbunden mit gesundheitlichen Problemen.

Was geht im Körper vor, wenn man sich aufregt – warum reagiert man auf Konflikte und Mobbing physisch?

Die Erkenntnis, dass menschliches Erleben und Verhalten sich unter wechselnden Bedingungen und Anforderungen verändern, ist schon über 100 Jahre alt. Man weiß seit Langem, dass Aufmerksamkeit und Leistung eines Menschen bei positivem, anspornendem Stress (auch Eustress genannt) durch eine umfassende Aktivierung bis zu einem Maximum ansteigen können. Nimmt die Stressbelastung aber weiter zu und wird negativ (auch Disstress genannt), nimmt die Leistungsfähigkeit ab und es kann zu erheblichen psychischen und körperlichen Belastungsfolgen kommen.

Das Schaubild zeigt die typische „Glockenkurve“ der Stressentwicklung, wie sie die US-amerikanischen Psychologen Robert M. Yerkes und John D. Dodson schon 1908 veröffentlichten.

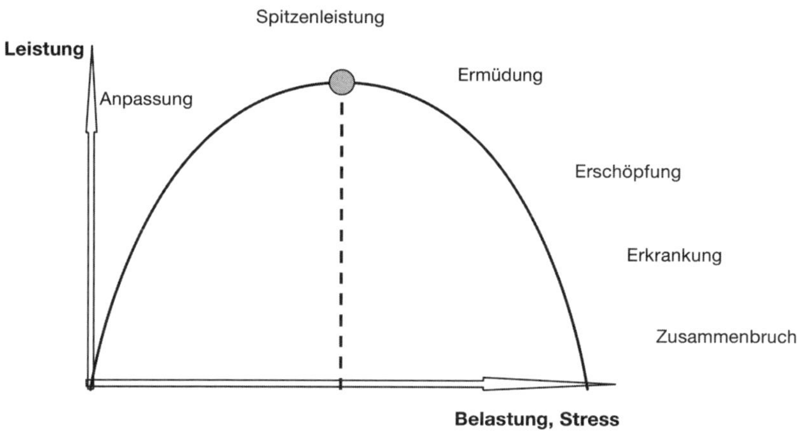

Glockenkurve der Stressentwicklung: Bei mittlerem Stress ist man zu Spitzenleistungen fähig. Nimm der Stress weiter zu, nimmt die Leistungsfähigkeit ab.

Wie sieht das biologische Stressmodell aus?

Das Modell geht grundsätzlich davon aus, dass der Stressverlauf drei Komponenten hat: Es beginnt mit einer äußeren Anforderung (dem Stressor), die einen Bewältigungsversuch (Fachbegriff: Coping) hervorruft, der entweder die Wiederherstellung des Gleichgewichts oder das Kippen der Balance bewirkt. Letzteres führt zu einer Befindlichkeitsstörung, die ihrerseits auch wieder als Stressor empfunden wird.

Die Vorgänge im Gehirn und den verschiedenen Körperbereichen stellt man sich am besten als die Aktivitäten einer biochemischen Fabrik vor. Das tief im Inneren des Gehirns liegende limbische System bezeichnet eine Anzahl von Hirnstrukturen, die untereinander verbunden sind und mit der Steuerung von Emotion und Motivation zu tun haben. Ein Teil (Modul) davon ist der Hypothalamus, der mit seiner Steuerung des **vegetativen Nervensystems** für das Stressgeschehen von Bedeutung ist. Im vegetativen Nervensystem wird unterschieden zwischen dem **Sympathikus**, der für die Leistungssteigerung, Anspannung und die körperlichen Aktivitäten zuständig ist, und dem **Parasympathikus**, der für Erholung, Entspannung und Ruhe sorgt. Der Sympathikus macht den Körper bereit für Kampf oder Flucht: Die Muskelspannung steigt, die Pupillen der Augen weiten sich, man beginnt zu schwitzen, Pulsfrequenz und Blutdruck steigen an, die Pumpleistung des Herzens nimmt zu, die Bronchialmuskulatur wird stärker aktiviert, damit die Atemfrequenz zunehmen kann, die Blutgerinnung erhöht sich, die Verdauung wird gedrosselt, aus dem Nebennierenmark werden **Adrenalin** und **Noradrenalin** ins Blut abgegeben und die Nebennierenrinde erzeugt **Cortisol**. Diese drei Substanzen sind die typischen Stresshormone („Stressprodukte") des Körpers, die je nach Dauer der Stressoren entweder den betroffenen Menschen aktivieren oder schädigen.

Vor allem eine allzu lange höhere Konzentration („Dosis") des Stresshormons Cortisol im Gehirn hat einen schädigenden Einfluss auf die Kognitionen und Emotionen eines zum Beispiel unter Mobbing leidenden Menschen: Es zerstört Nervenzellregionen im Hippocampus, einem weiteren Teil des schon erwähnten limbischen Systems, und führt damit zu Schwierigkeiten beim Lernen und zu Gedächtnisstörungen, im Gefühlsbereich führt es zu Ängsten, Schreckhaftigkeit und Depressionen. Im Extremfall sind die Schädigungen sehr stark, wie Befunde von Kriegsveteranen mit einer Posttraumatischen Belastungsstörung (deutsch PBS, englisch PTSD) zeigen.

Neben dem Hypothalamus ist der Thalamus als weiteres Modul des limbischen Systems von Bedeutung. Beide liegen dort eng umeinander, überlappen und ergänzen sich in ihren Aktivitäten:

Der **Thalamus** arbeitet als „Umschalter" für Informationen aus den verschiedenen Sinnesorganen und wird deshalb auch „Tor zum Bewusstsein" genannt. Er ist vor allem für die Koordination der Körperbewegungen und die Schmerzwahrnehmung zuständig. Schließlich steuert er die höheren psychischen Funktionen (zum Beispiel Motivation, Emotion, Kognition).

Der **Hypothalamus** ist die zentrale „Drehscheibe" für Signale zwischen dem Gehirn und dem Körper. Er steuert vor allem die vegetativen Funktionen wie Atmung, Kreislauf, Stoffwechsel, Körpertemperatur, emotionsbegleitende Körperprozesse und die schon erwähnten Funktionen von Sympathikus und Parasympathikus. Er hat zu diesem Zweck viele Botenstoffsysteme zur Verfügung.

Diese Botenstoffe (Fachbegriff: **Neurotransmitter**) sorgen dafür, dass sämtliche Informationen auf biochemischem Weg an den entsprechenden Schnittstellen, den **Synapsen**, von Zelle zu Zelle und damit in alle Bereiche des Körpers gelangen können. Man unterscheidet bei den Botenstoffen **fünf „Systeme"**, da sie unterschiedliche Auswirkungen auf Erleben, Verhalten und Gesundheit haben:

- Das **serotonerge System**, das nach dem Botenstoff **Serotonin** benannt ist. Es hat seinen „Sitz" im Hirnstamm mit vielen Verbindungen in alle Hirnteile, die entsprechende Andockstellen, die Rezeptoren, haben. Es hat sehr komplexe Auswirkungen auf das menschliche Erleben und Verhalten. Ein Mangel am Botenstoff Serotonin führt zu gravierenden Erkrankungen wie etwa Depressionen, Essstörungen und Zwangsstörungen. Es spielt auch bei der Entstehung der Schizophrenie, einer schweren Erkrankung aus der Gruppe der Psychosen, eine Rolle.
- Das **noradrenerge System**, das nach dem Botenstoff **Noradrenalin** benannt ist. Er wird im Mittelhirn gebildet und gelangt in viele Hirngebiete. Bei zu geringer Aktivität des Systems kommt es vor allem zu depressiven Erkrankungen.
- Das **dopaminerge System**, das nach dem Botenstoff **Dopamin** benannt ist. Ausgangsort ist ebenfalls das Mittelhirn. Balancestörungen des Systems, beispielsweise eine zu hohe Konzentration an Dopamin, können einen schizophrenen Schub auslösen.
- Das **cholinerge System**, das nach dem Botenstoff **Acetylcholin** benannt ist. Er ist besonders aktiv im jüngsten Teil der Großhirnrinde (Fachbegriff: **Neocortex**). Mangelzustände in diesem System führen zur Parkinsonkrankheit und zu Alzheimerdemenz.
- Das **GABAerge System**, das nach dem Botenstoff **Gamma-Amino-Buttersäure** benannt ist. Er ist im Gehirn an einem Drittel aller Synapsen als Botenstoff beteiligt. Bei ausreichender Konzentration wirkt er angstlösend, beruhigend, muskelentspannend. Bei Fehlsteuerungen kann es zu Gedächtnisstörungen, Ängsten und Panikattacken sowie zu Schizophrenie kommen.

Wie reagiert man auf anhaltende Stressoren bei Mobbing?

In Anlehnung an die anschauliche Aufstellung der Reaktionsarten von Sven Max Litzcke und Horst Schuh lassen sich bei Betroffenen **negative Veränderungen in fünf Bereichen** unterscheiden:

- **Die Kognitionen**, das beeinträchtigte Denkvermögen: Als Erstes nimmt die Kreativität ab. Man findet keine neuen Sichtweisen und Lösungen. Es kommt zu Störungen von Aufmerksamkeit und Konzentration. Man verliert beim Denken und Sprechen den roten Faden. Die Gedanken verharren in der Gegenwart, langfristiges Denken und Planen werden dadurch blockiert. Das Gedächtnis lässt nach, die Reaktionsgeschwindigkeit (wichtig etwa für die Schlagfertigkeit) nimmt ab. Es kommt zu Fehleinschätzungen und Verworrenheit. Leistungsabfall führt zu Fehlern, die dann mit zunehmendem Beharren auf Gewohntem vermieden werden sollen. Grübelei, eine negative Sicht der eigenen Person, der Umwelt und der Zukunft gegenüber beherrschen das Denken. Irrationale Überzeugungen verfestigen sich. Typische Äußerungen sind: „Ich kann nicht mehr", „Jetzt ist alles aus", „Es hat keinen Sinn mehr", „Alle sind gegen mich und keiner hilft mir".
- **Die Emotionen**, die ins Negative gewendete Gefühlswelt: Die Stimmung verschlechtert sich. Es kommt durch die Reizoffenheit zu vermehrten Befindlichkeitsstörungen und gesteigertem Krankheitsempfinden bis hin zu Hypochondrie. Empfindungen machen sich impulsiv Luft, Gefühlsausbrüche können nicht mehr kontrolliert werden. Gefühle der Unfähigkeit und Wertlosigkeit stellen sich ein. Die wahrgenommene Ohnmacht führt zu Resignation und Depression. Viele Mobbingbetroffene bemerken, dass sich ihre Persönlichkeit nachteilig verändert. Ängste und Ärger wechseln sich ab.
- **Das vegetativ-hormonelle System** gerät durcheinander: Das vegetative Nervensystem, die Stresshormone und die Aktivität der Botenstoffe sind in Dauererregung und aus dem Gleichgewicht. Eine Spannungsabfuhr ist nicht möglich. Vor allem bei einem Zuviel an Cortisol steigt das Risiko für viele Erkrankungen wie Diabetes, Bluthochdruck, Abbau von Muskelmasse, Verlust des sexuellen Interesses und Fruchtbarkeitstörungen, Wachstumshemmung bei Kindern, Schlafstörungen, Appetit-

losigkeit und Unterdrückung der Immunfunktion, also der körpereigenen Abwehrkräfte, mit der Folge einer gesteigerten Krankheitsanfälligkeit (z. B. für Infektionen).

- **Das Muskelsystem** wird angespannt: Die entwicklungsgeschichtlich sinnvolle Vorbereitung bei Stress auf Kampf (Verteidigung) oder Flucht kann nicht genutzt werden. Die Spannung bleibt, wird nicht abgebaut und führt zu Blockaden der natürlichen Körperfunktionen (z. B. bei reduzierter Blutzufuhr oder gedrosselten Stoffwechselprozessen). Es kommt zu Spannungsschmerzen, eckigen Bewegungen und einer verzerrten Mimik.
- **Die Verhaltensebene**: Das sprachliche Ausdrucksvermögen verschlechtert sich. Früher angenehme Aktivitäten und Interessen werden aufgegeben. Das Arbeitspensum wird nicht mehr geschafft, da das Energieniveau sinkt und mit ängstlicher Hast und Verkrampfung schlecht ausgeglichen wird, Fehler und Fehlzeiten häufen sich. Planung und Überblick gehen verloren. Pausen werden vermieden, um nicht noch weiter in Verzug zu geraten. Der Drang nach Alkohol, Kaffee, Tabak und Medikamenten nimmt zu und entgleitet der Kontrolle.

Welchen Zusammenhang gibt es zwischen „negativen" Gedanken und „schlechten" Gefühlen?

Eine der erkenntnistheoretischen Grundannahmen der Kognitiven Psychologie geht davon aus, dass Menschen in ihrem Erleben und Verhalten von lebensgeschichtlich gewachsenen und durch schlechte Erfahrungen geprägten Gedanken entscheidend beeinflusst werden: Überzeugungen wachsen und verfestigen sich in der Wechselwirkung des Menschen mit seiner (sozialen) Umgebung. Verändert sich diese Umgebung, beispielsweise am Arbeitsplatz, dauerhaft zum Negativen, werden die Gedanken ebenfalls bald negativ und führen zu andauernden Grübelfallen. Dadurch wird die Stimmung negativ, die Sichtweise schränkt sich zunehmend ein, die Konzentrationsfähigkeit ist nicht mehr verfügbar und die Gefahr, dass diese fruchtlose Form des Denkens im Laufe der Zeit chronisch wird, nimmt zu. Ist das Denken erst einmal von Pessimismus, Hilflosigkeit und Resignation geprägt, werden die Gefühle dies widerspiegeln, indem eine ängstliche, depressive und verbitterte Stimmung entsteht und schließlich vorherrscht. Der Schauplatz des Ganzen ist das menschliche Gehirn, das neurobiologisch als ein Beziehungsorgan gesehen wird: Menschen erleben und lernen Bedeutungen über Beziehungen. Die Identität eines Menschen und das Leben insgesamt werden auf diese Weise von einem ständigen Informationsaustausch geprägt. **Kommen bei ausgeuferten und nicht gelösten Konflikten oder bei Mobbing ausschließlich negative Informationen herein, werden diese bestimmte neurobiologische Bahnungen und Verschaltungen im Gehirn zur Folge haben, die bei anhaltenden Stressoren immer mehr verfestigt werden.**

Jeder Leser kann bei sich selbst ganz leicht überprüfen, wie rasch bestimmte negative Gedanken sich auf die Stimmung auswirken: Man ziehe sich zum Beispiel zurück und führe sich in allen Einzelheiten die letzte bittere Enttäuschung, den letzten großen Reinfall vor Augen. Schon nach ganz kurzer Zeit wird sich die Stimmung eintrüben und zu schlechter Laune führen. Häufen sich derartige Vorfälle (etwa am Arbeitsplatz, der ja andauernd aufgesucht werden muss), so wird das „Beziehungsorgan" schließlich überwiegend negativ denken und fühlen. Irgendwann kommt es zu „gelernter" Hilflosigkeit im Sinne von Martin E. P. Seligman (geb. 1942), der anhand vieler Untersuchungen in den USA zeigen konnte, dass in diesem Stadium sogar ursprünglich einmal erfolgreiche Verhaltensweisen nicht mehr angewandt werden. Passivität, Rückzug, Resignation, Depression und schließlich die „Übernahme der Krankenrolle" als halbwegs akzeptiertes Ausweichen sind dann die unvermeidliche Folge der negativen Erfahrungen.

Welche psychosomatischen Erkrankungen können durch Mobbing entstehen?

Die Psychosomatik geht von einem ganzheitlichen, also dem biopsychosozialen Ansatz aus. Das bedeutet in der Praxis, dass bei einem ratsuchenden Menschen nicht nur der Organbefund (also der Bio-Anteil), sondern auch das Seelische (der Psycho-Anteil) und das Soziale (der Sozio-Anteil des Ansatzes), etwa die Situation am Arbeitsplatz und in der Familie sowie im Freundeskreis, gleichberechtigt berücksichtigt und befundet werden müssen.

Ergibt die ärztliche Untersuchung eine bereits eingetretene Organschädigung (z. B. ein Magengeschwür) und hat diese keine äußere Ursache (z. B. Infektion, Verletzung, Unfall), wird der Patient zunächst in der Inneren Medizin behandelt. Dabei geht es um das Bakterium Helicobacter pylori, das in vielen Mägen „wohnt" und erst bei einem dauergestressten „Wirt" die Kraft entwickelt, die Magenschleimhaut entscheidend zu schädigen.

Sind die Organbeschwerden, über die als Befindlichkeitsstörung geklagt wird, mit den schulmedizinischen Methoden nicht auf einen feststellbaren Schaden zurückzuführen, spricht man von essenziellen (z. B. essenzielle Hypertonie, also Bluthochdruck ohne körperliche Grundlage) oder funktionellen Störungen (z. B. Herzstolpern trotz eines organisch gesunden Herzens). Der Ort der Beschwerden hängt von der persönlichen Veranlagung ab (Fachbegriff: **konstitutionsbedingte Disposition**). Hier steht nach der medizinischen Abklärung eine psychotherapeutische Behandlung im Vordergrund.

Seit den 1990er-Jahren schlägt die Weltgesundheitsorganisation (WHO) vor, die Begriffe „psychogen" und „psychosomatisch" nicht mehr zu benutzen, da sie in den einzelnen Ländern mehrdeutig verwendet werden. Deshalb müssen Mobbingpatienten damit rechnen, dass in ihrer Krankenakte der Begriff „somatoforme Störung" auftaucht. Dabei bleibt es bei der Grundforderung, dass die als körperlich erlebten Beschwerden nicht oder nicht hinreichend auf eine organische Erkrankung zurückgeführt werden können.

Die gesundheitlichen Folgen von Dauerstress durch Mobbing ergeben sich aus der nicht abgebauten Erregung (was das muskuläre und das Hormonsystem betrifft), der chronischen Belastung, dem geschwächten Immunsystem und aus ungesunden Lebensgewohnheiten (z. B. Bewegungsmangel, Genussmittel). Unter Letzteren muss man inzwischen auch die weit verbreitete (Selbst-)Verordnung von Medikamenten rechnen. Laut dem Gesundheitsreport 2009 zum Thema „Doping am Arbeitsplatz mit legalen Medikamenten" hat eine Umfrage der Deutschen Angestellten-Krankenkasse (DAK) an 3000 Personen im Alter von 25 bis 50 Jahren ergeben, dass bei Männern wachhaltende und leistungssteigernde und bei Frauen beruhigende und stimmungsaufhellende Mittel weit verbreitet sind.

Die aus dem Gleichgewicht geratene Aktivität der geschilderten Botenstoffe und die nicht abgebauten Konzentrationen der Stresshormone führen zu einer Fülle von gesundheitlichen Störungen und Erkrankungen. Im Zusammenhang mit der Darstellung der Funktionen der „biochemischen Fabrik" sind schon viele mögliche Krankheiten erwähnt worden. Vier Grundübel stehen dabei im Vordergrund:

- Die geschädigte Gehirnanatomie (z. B. Absterben von Zellverbänden des limbischen Systems)
- Die geschädigte Immunfunktion (z. B. verminderte Zahl und Aktivität der Helfer- und Killerzellen)
- Das negative Denken, das zu spezifischen Bahnungen und Verschaltungen im Gehirn (die ihrerseits weiteres negatives Denken begünstigen) führt
- Schädliche Lebensgewohnheiten (wer Probleme hat, vernachlässigt sich, isst falsch, trinkt zu viel, schläft schlecht, missbraucht Medikamente, bewegt sich weniger usw.)

Die folgende Liste stellt die bislang in der Fachliteratur im Zusammenhang mit körperlichen Stressreaktionen erwähnten Erkrankungen zusammen:

Die eher psychosomatischen (somatoformen) Erkrankungen

- Herz-/Kreislauf-Erkrankungen (Koronare Erkrankungen)
- Magen-/Darm-Erkrankungen
- Muskelverspannungen und Schmerzzustände
- Kopf-/Nackenschmerzen, Migräneattacken
- Rückenschmerzen
- Phantomschmerzen (in fehlenden Gliedmaßen)
- Nächtliches Zähneknirschen (Bruxismus)
- Infektionsanfälligkeit
- Hauterkrankungen, Juckreiz, Nesselsucht
- Kalte, feuchte Hände und Füße
- Kloßgefühl im Hals
- Schwindelanfälle
- Schlafstörungen
- Essstörungen
- Menstruationsstörungen, Prämenstruelles Syndrom (PMS)

- Chronische Müdigkeit (Chronic fatigue syndrome, CFS) und Erschöpfungszustände
- Verlust des sexuellen Interesses
- Substanzmissbrauch (Alkohol, Tabak, Medikamente, Drogen)

Die eher psychischen Erkrankungen
- Depressionen
- Angstzustände
- Panikattacken
- Verlust des Selbstwertgefühls
- Selbstmordgedanken
- Nervosität, Konzentrationsstörungen, Vergesslichkeit
- Zwangserkrankungen
- Psychosen

Eine Sonderrolle nimmt die **Posttraumatische Belastungsstörung** (PBS) ein. Heinz Leymann war zu Lebzeiten bestrebt, die an seinen Klienten und Patienten vorgefundenen psychischen Folgen und Erkrankungen in diese Diagnosekategorie einzuordnen: Seiner Meinung nach bewirken lange, destruktive Mobbingverläufe mit den in „Worum es geht, Wie wird aus alltäglichem Streit, ungelösten Konflikten und Konkurrenz Mobbing?" geschilderten zusätzlichen Kränkungen der Betroffenen (beim Psychiater, vor dem Arbeitsgericht) einen ähnlichen Endzustand wie bei Menschen, die Opfer von Gewaltverbrechen, Naturkatastrophen, Flugzeugabstürzen, Bergwerksunglücken und Ähnlichem wurden. Gemeinsames Merkmal dieser unterschiedlichen Ereignisse ist eine einmalige Katastrophe, die folgendes klinisches „Bild" hervorruft:
- Zwanghaftes Wiedererleben (Fachbegriffe: Intrusion, Flashback)
- Chronische körperliche Übererregung
- Vermeidung der emotionalen Auseinandersetzung, Betäubung der Gefühle
- Feindselig-misstrauische Grundeinstellung
- Innere Leere und Hoffnungslosigkeit
- Entfremdung (erlebte Sinnlosigkeit, Kontrollverlust, Fremdsteuerung)

Viele Mobbingbetroffene werden sich mit ihren Problemen und Beschwerden in den drei Auflistungen wiedererkennen. Dennoch konnte es bislang nicht erreicht werden, dass ein mobbingspezifisches Krankheitsbild, das als Posttraumatische Belastungsstörung bezeichnet werden kann, medizinisch-psychiatrisch und juristisch allgemein anerkannt wird, obwohl lange Mobbingverläufe durchaus als Straftaten und menschliche Katastrophen für die Betroffenen angesehen werden können. In Einzelfällen sind allerdings von den Gerichten Mobbinghandlungen schon als Körperverletzung geahndet und damit als schmerzensgeld- und schadenersatzpflichtige Straftaten gewertet worden (siehe auch „Wie bekommt man Recht?"). In psychiatrischen Fachkreisen stößt Leymanns Ansinnen, Mobbing in die Liste der Auslöser einer Posttraumatischen Belastungsstörung aufzunehmen, auf Ablehnung, da das (Haupt-)Merkmal – die „einmalige lebensbedrohliche Katastrophe" – nicht gegeben sei. **Dennoch erleben viele Mobbingbetroffene die fortgesetzten Demütigungen, Schikanen und Anfeindungen in ihrer Wiederholung und Aufsummierung letztlich als gleichermaßen existenziell bedrohlich wie ein einmaliges Verbrechen mit schwerer seelischer und/oder Körperverletzung.**

Neun Möglichkeiten der kognitiven Stressbewältigung

Nach all den deprimierenden, problembezogenen Ausführungen soll es jetzt darum gehen, was man selber für sich und seine Widerstandskraft tun kann. Der folgende Überblick orientiert sich an dem Selbsthilfebuch „der personal coach für kopf und seele" der Autorengruppe „mindgym". Dabei ist zu beachten, dass die Autoren, die ihr Programm auch als Kurse im angloamerikanischen Bereich anbieten, nicht in erster Linie Mobbingbetroffene im Blick haben, sondern allgemein den Umgang mit Stressoren verbessern wollen.

1. Man kann versuchen, die Bedeutung einer Situation (des Auslösers) vor sich selber herunterzuspielen und ihren Ernst zu relativieren (Beispiel: „Es hätte viel schlimmer kommen können").
2. Man kann versuchen, die Wahrscheinlichkeit des Eintretens negativer Folgen (durch den Auslöser) herunterzuspielen (Beispiel: „Es wird schon nicht so schlimm enden").

3. Man kann die Situation (den Auslöser) mit „anderen Augen" sehen (Beispiel: Der neue Rahmen/Bildausschnitt/Blickwinkel ermöglicht die Sicht auf eventuell Gutes an der Lage).
4. Feiern – positiver Ausklang: Abends auch die positiven Anteile des (Arbeits-)Tages zulassen, anstatt sich zum Beispiel ausschließlich mit dem Mobbingtagebuch zu befassen und über die befürchteten Probleme des nächsten Tages zu grübeln.
5. Mit den eigenen Kräften haushalten (Beispiel: „Was bringt es mir, mich jetzt verrückt zu machen, mir all diese Sorgen zu machen?").
6. (Denk-)Pausen machen, die im Kreis drehenden Grübeleien stoppen, den Gedankenstrom abschalten, Ablenkungen suchen.
7. Freunde um Hilfe bitten (ohne gleich mit Bedenken, Befürchtungen und den automatischen „Wenn und Aber" die Hilfe von vornherein zu verhindern).
8. Die „richtigen" Fragen stellen (Beispiel: Nicht sich selbst fragen „Wie konnte ich nur so blöd sein?", sondern „Was hilft mir jetzt, den ersten kleinen Schritt zu tun?").
9. Offen zum Problem/Fehler stehen (Beispiel: Man bekommt eher Respekt, wenn man nicht beschönigt, sondern direkt sagt: „Ja, da habe ich mich falsch verhalten").

Entspannungsverfahren gegen die Angst: Progressive Muskelrelaxation, Autogenes Training, (Selbst-)Hypnose

Seit den frühen 1950er-Jahren machen sich die verhaltenstherapeutischen Verfahren gegen Ängste (etwa vor Menschenmassen, auf Brücken, im Fahrstuhl oder Bus, aber auch vor Hunden und Infektionen) die Erkenntnis zu Nutze, dass Angstzustände immer mit starken Muskelverspannungen einhergehen und dass dementsprechend körperliche Entspannung mit Angstreaktionen unvereinbar ist. Wenn man die angstauslösenden Situationen vom Patienten in der Vorstellung sammelt und auf Karten notiert, von ihm dann diese Situationen in die Rangfolge ihrer Bedrohlichkeit bringen lässt und ihm nach Beherrschung der tiefen Entspannung allmählich (wiederum in der Vorstellung) präsentiert, kann man eine Gewöhnung oder Anpassung im Sinne des oben geschilderten Stresskonzeptes erzielen: Die Intensität der Angstreaktion sinkt allmählich ab, die Situationen verlieren ihre Bedrohlichkeit bis auf ein erträgliches Maß, und die persönlichen Freiräume nehmen zu. Dies wurde in Fachkreisen **„systematische Desensibilisierung“** genannt.

Geblieben ist von diesem inzwischen veralteten Verfahren der Wert der Entspannungstechnik. Das bekannteste Verfahren ist die **Progressive Muskelrelaxation (PMR)** nach Edmund Jacobson (1888–1983), einem US-amerikanischen Arzt, und dem südafrikanisch-amerikanischen Psychiater Joseph Wolpe (1915–1997). Dieses Verfahren, dessen Anfänge bis in die 1930er-Jahre zurückreichen, hat den Vorteil, dass man sich die Instruktion selbst auf Band sprechen oder als Übungs-CD kaufen kann. Den vollständigen Text finden Sie ab Seite 76 in diesem Kapitel.

Aus derselben Zeit stammt das **Autogene Training** (AT) von Johannes Heinrich Schultz (1884–1970). Durch Selbstsuggestion wird ein Zustand tiefer Entspannung und Ruhe und damit auch der Erholung und des verbesserten Allgemeinbefindens erreicht. Dieses Verfahren ist sehr anspruchsvoll und kann nur in entsprechenden Kursen (etwa an der Volkshochschule, in einem Sportverein) gelernt werden. Um „am Ball zu bleiben“, ist eine hohe Motivation, gespeist aus einem großen Leidensdruck, erforderlich. In den Kursen werden in erster Linie die Grundkenntnisse vermittelt, bei denen nach der Einstimmung die Schwere- und Wärmeübungen sowie die Organübungen und die Vorsatzbildungen trainiert werden. In den weiterführenden Kursen – die seltener angeboten werden – erleben die Fortgeschrittenen angenehme Fantasiebilder, Farben oder Kindheitserlebnisse mit vertrauten Menschen, die an Meditation oder Imagination erinnern. In diesem Kapitel werden auf Seite 80 beispielhaft sieben Übungsformeln genannt.

Zunehmend beliebt werden einfachere Methoden der Selbsthypnose. „Einfacher“ deshalb, weil es sich im Grunde um eine „abgespeckte“ Form der seit Mitte des 19. Jahrhunderts eingesetzten (Fremd-)Hypnoseverfahren und des Autogenen Trainings handelt. Geht es beim Autogenen Training um eine umfassende Verbesserung des Befindens, so will die Selbsthypnose ein Verfahren sein, das konkret bei Sorgen, Ängsten und Schmerzen sowie zur Unterstützung bei Raucherentwöhnung und Gewichtsabnahme hilft. Man kann sich selber einen positiven Text formulieren, der sich an der Gegenwart orientieren soll. Viele Ratgeberbücher bieten dazu Anleitungen (z. B. Gertrud Teusen „Energiegeladen durch Hypnose und Selbsthypnose. Selbsthilfe in Trance").

Möglichkeiten der zusätzlichen Selbsthilfe in den Bereichen Ernährung, Bewegung, Atmung und Schlaf und angeleitete Selbsthilfegruppen

Die meisten psychologisch orientierten Therapeuten und die vielen Selbsthilfebücher sind sich heutzutage einig, dass bei existenziellen Problemen die ausschließliche Erörterung und Behandlung der psychischen Ebene zu kurz greift. Sie beziehen auch immer die Pflege der körperlichen Grundbedürfnisse nach richtiger Ernährung (wobei saubere Luft und Trinkwasser als die beiden wichtigsten Lebensmittel nicht vergessen werden dürfen), nach ausreichend körperlicher Bewegung und Betätigung, nach erholsamem Schlaf und nach Unterstützung durch wohlgesonnene Menschen mit ein.

Leider schaffen es die wenigsten Menschen mit Problemen allgemeiner Art oder bei Mobbing, sich in den Bereichen, auf die sie Einfluss haben, bewusst Gutes zu tun und auf den Erhalt ihrer Gesundheit zu achten. Sie haben den Kopf voller Probleme und können deshalb an diese scheinbaren Kleinigkeiten weder denken noch sie bewusst einplanen. Viele Betroffene berichten beispielsweise, dass sie schnell und nebenbei essen, dass sie – aus Geldmangel oder Gleichgültigkeit –, ohne nachzudenken, minderwertige Nahrungsmittel kaufen, dass sie oft dem Heißhunger auf Süßigkeiten und Imbissgerichte nachgeben.

Ein wichtiger Bestandteil für das Wohlbefinden ist eine gewisse körperliche Fitness. Gerade durch sie können auch Schmerzzustände aufgrund verkürzter Muskeln sowie Erschöpfung und Schlaflosigkeit vermieden oder zumindest gemildert werden. Viele Sportvereine bieten entsprechende Kurse an (die dort meist Konditionstraining, Ausdauertraining, Cardiofit, Rückenfit oder ähnlich heißen).

Die Denkstörungen und Erschöpfungszustände haben auch etwas mit vernachlässigter Atmung zu tun. Je weniger Sauerstoff über das Blut ins Gehirn transportiert wird, desto schlapper und müder wird man sich fühlen. Unter dem Motto „Der erfahrbare Atem" bieten Volkshochschulen entsprechende Kurse an. Eine erste Anleitung bietet das Buch „Bewusster Leben durch Autogenes Training und richtiges Atmen“ von Else Müller.

Schlafstörungen sind ein ebenfalls im Gefolge von Mobbing und anderen seelischen Belastungen auftretendes Problem. Viele Ratgeber der Krankenkassen befassen sich mit dem Thema und sind dort erhältlich.

Die meisten Betroffenen neigen in den ersten Stadien des Mobbings dazu, immer wieder über ihre negativen Erfahrungen und Probleme zu reden, und gehen im Laufe der Zeit Angehörigen und Freunden auf die Nerven. Ziehen die sich dann zurück, hat man keine Ansprechpartner mehr. Es ist aber gerade bei negativen Grübeleien besonders wichtig, sich mit anderen Menschen zu besprechen, um andere Sichtweisen kennenzulernen und Rückzug, Resignation und die immer gleiche Selbstbestätigung zu vermeiden. Bewährt haben sich angeleitete Selbsthilfegruppen, bei denen man Gleichbetroffene und Gleichgesinnte kennenlernen kann. Sie sollten auf jeden Fall von einer neutralen Fachperson begleitet werden, die darauf achtet, dass alle zu Wort kommen können, wenn sie das wollen, dass die Vertraulichkeit des gesprochenen Wortes gesichert ist und dass Stille und Schwache ausreichenden Schutz und Unterstützung erhalten. In vielen Städten sind solche Gruppen im Telefonbuch oder in den Verzeichnissen und Informationsbroschüren der sozialen Einrichtungen zu finden (siehe auch Anhang).

Der vollständige Text der Progressiven Muskelrelaxation von Jacobson
Leicht modifizierte Übersetzung der Originalinstruktion

Man sitzt auf einem bequemen Stuhl mit hoher Lehne, damit der Kopf gestützt wird. Für Menschen, die bislang wenig Kenntnisse über ihre Muskelzustände haben, beginnt die Anleitung mit dem Muskelsinntraining: Man spannt z. B. den linken Arm an und tastet mit der rechten Hand die Muskelgruppen ab. Dann wird der Arm entspannt und wieder abgetastet. Dies wird so oft wiederholt, bis der Unterschied deutlich erlebt werden kann. Parallel geht es um das Erfassen des Entspannungs- und Wärmeempfindens im ganzen Arm.

Lehnen Sie sich zurück und machen Sie es sich so bequem wie möglich. Lassen Sie die Arme ganz gelöst nach unten hängen. Strecken Sie die Beine locker aus und bringen Sie den Kopf in eine beque-

me und entspannte Lage. Schließen Sie die Augen und lockern Sie die Muskeln, so gut Sie können. Atmen Sie dabei ganz unbeschwert ein und aus, ruhig und entspannt, ein und aus, ruhig und entspannt. Spüren Sie die Erleichterung, wenn Sie ausatmen. Bleiben Sie weiterhin so bequem wie möglich sitzen.

Konzentrieren Sie sich jetzt auf Ihren **rechten Arm**. *Heben Sie ihn hoch und ballen Sie die Hand ganz kräftig zur Faust. Halten Sie die Faust ganz fest geschlossen und achten Sie auf die harte Spannung im Arm und in der Hand. Kräftiger und noch kräftiger.*

Nun lassen Sie den Arm wieder fallen. Lockern Sie die Finger. Lassen Sie den Arm ganz schwer werden. Fühlen Sie, wie die Entspannung zunimmt im Arm, in der Hand und in den Fingern. Ihre Hand ist ganz warm und entspannt. Lassen Sie die Muskeln im rechten Arm einfach gehen und genießen Sie das angenehme Gefühl im ganzen Arm.

Atmen Sie ganz unbeschwert ein und aus, ruhig und entspannt, ein und aus, ruhig und entspannt.

Konzentrieren Sie sich jetzt auf Ihren **linken Arm**. *Heben Sie ihn hoch und ballen Sie die Hand ganz kräftig zur Faust. Spannen Sie dabei den Unterarm ganz fest an und spüren Sie, wie die Spannung im ganzen Arm zunimmt. Kräftiger und noch kräftiger.*

Nun lassen Sie den Arm wieder fallen. Lassen Sie den Arm ganz locker werden. Lassen Sie die Entspannung ausströmen auf die Hand und die Finger. Spüren Sie die angenehme Entspannung im Arm, in der Hand und in den Fingern. Ihre Hand ist angenehm schwer und warm.

Atmen Sie ganz unbeschwert ein und aus, ruhig und entspannt, ein und aus, ruhig und entspannt.

Konzentrieren Sie sich jetzt auf **beide Arme**. *Heben Sie beide Arme an und beugen Sie sie zu sich. Spannen Sie die Oberarme ganz fest an. Ballen Sie die Hände zu Fäusten. Kräftiger und noch kräftiger.*

Nun lassen Sie die Arme wieder fallen. Die Spannung weicht aus den Armen, den Händen und den Fingern. Vertiefen Sie die Entspannung und spüren Sie die Wärme in den Händen. Lassen Sie die Schultern ganz locker hängen und empfinden Sie die Schwere der Arme.

Atmen Sie ganz unbeschwert ein und aus, ruhig und entspannt, ein und aus, ruhig und entspannt.

Konzentrieren Sie sich jetzt auf Ihre **Gesichtsmuskeln**. *Ziehen Sie die Stirn in Falten und entspannen Sie sie wieder. Ziehen Sie die Augenbrauen hoch und spannen Sie dabei die Kopfhaut an und entspannen sie wieder. Beißen Sie die Zähne fest zusammen, ziehen Sie* *die Mundwinkel kräftig auseinander und pressen Sie dabei die Lippen fest zusammen. Runzeln Sie die Augenbrauen und pressen Sie die Muskeln um die Augen fest zusammen. Kräftiger und noch kräftiger.*

Nun entspannen Sie alles. Fühlen Sie, wie sich die Entspannung ausbreitet über das ganze Gesicht, die Stirn, die Augenbrauen, die Wangen und den Mund. Halten Sie den Kopf ganz bequem und locker. Das Gesicht ist angenehm gelöst und entspannt.

Atmen Sie ganz unbeschwert ein und aus, ruhig und entspannt, ein und aus, ruhig und entspannt.

Konzentrieren Sie sich jetzt auf Ihren **Hals**. *Falten Sie die Hände und legen Sie sie hinter den Kopf. Drücken Sie die Hände jetzt ganz kräftig gegen den Kopf. Fühlen Sie die harte Spannung im Nacken und in den Oberarmen. Fester und noch fester.*

Nun lassen Sie die Arme wieder fallen. Halten Sie die Augen weiterhin geschlossen und bringen Sie den Kopf in eine bequeme und entspannte Lage. Spüren Sie die angenehme Schwere Ihres Kopfes. Lassen Sie die Entspannung ausströmen auf die Schultern und die Arme. Vertiefen Sie die angenehme Ruhe in Ihren Muskeln.

Atmen Sie ganz unbeschwert ein und aus, ruhig und entspannt, ein und aus, ruhig und entspannt.

Konzentrieren Sie sich jetzt auf Ihre **Schultern**. *Heben Sie sie ganz kräftig nach oben und noch kräftiger. Rollen Sie sie jetzt nach vorne, dann nach hinten und pressen Sie sie noch einmal ganz kräftig nach oben. Achten Sie dabei auf die harte Spannung in den Schultern und im Hals.*

Nun lassen Sie die Schultern wieder fallen. Die Schultern sind jetzt angenehm locker und entspannt. Lassen Sie die Arme ganz schwer und warm werden. Vertiefen Sie die Entspannung im Gesicht, im Nacken, in den Schultern, den Armen, den Händen und den Fingern. Genießen Sie die Entspannung, die Gelöstheit in den Muskeln und die unbeschwerte Ruhe.

Atmen Sie ganz unbeschwert ein und aus, ruhig und entspannt, ein und aus, ruhig und entspannt.

Konzentrieren Sie sich jetzt auf das **Ein- und Ausatmen**. *Achten Sie darauf, wie die Spannung entweicht, wenn Sie ausatmen. Atmen Sie jetzt tief ein, pumpen Sie die Lungen voll mit Luft und halten Sie dann den Atem an. Achten Sie darauf, wie angespannt Ihr Brustkorb ist.*

Nun atmen Sie aus. Lassen Sie die Wände des Brustkorbes zusammenfallen. Genießen Sie das Gefühl der Erleichterung. Lassen

Sie die Entspannung übergreifen auf die Schultern, den Hals und die Arme. Lassen Sie die Schultern und Arme ganz locker und entspannt hängen. Versuchen Sie die Entspannung noch weiter zu vertiefen.

Atmen Sie ganz unbeschwert ein und aus, ruhig und entspannt, ein und aus, ruhig und entspannt.

Konzentrieren Sie sich jetzt auf Ihre **Bauchmuskeln**. *Bleiben Sie dabei ganz bequem sitzen und drücken Sie den Bauch ganz kräftig heraus. Pressen Sie den Bauch kräftig nach vorne, kräftiger und noch kräftiger. Und nun entspannen Sie wieder. Ziehen Sie jetzt die Bauchmuskeln fest ein, sodass der Bauch ganz hohl wird.*

Nun entspannen Sie wieder. Lassen Sie die Arme locker hängen und spüren Sie, wie die Entspannung zunimmt in den Schultern, den Armen und den Händen.

Atmen Sie ganz unbeschwert ein und aus, ruhig und entspannt, ein und aus, ruhig und entspannt.

Konzentrieren Sie sich jetzt auf Ihre **Beine**. *Die Fersen ruhen auf dem Boden. Spannen Sie die Gesäßmuskeln und Oberschenkelmuskeln an und drücken Sie das Gesäß fest gegen den Sitz. Heben Sie jetzt beide Beine hoch, pressen Sie die Beine fest zusammen und beugen Sie die Füße fest zu sich hin. Höher und noch höher.*

Nun lassen Sie die Beine fallen. Die Beine werden schwer, angenehm locker und entspannt. Lassen Sie die Beine ganz schlaff werden.

Atmen Sie ganz unbeschwert ein und aus, ruhig und entspannt, ein und aus, ruhig und entspannt.

Ihr Körper ist jetzt ganz ruhig und entspannt. Konzentrieren Sie sich jetzt noch einmal ganz auf die Entspannung. Lassen Sie noch einmal die Arme ganz schwer werden, entspannen Sie die Schultern noch mehr, lassen Sie die Entspannung ausströmen auf den Hals, vertiefen Sie die Entspannung im Gesicht. Die Beine sind jetzt angenehm schwer. Genießen Sie noch eine Weile den angenehmen, ruhigen und gelösten Zustand der Entspannung.

Sagen Sie sich beim Einatmen „Ich bin ganz ruhig …" und beim Ausatmen „… und entspannt". (Dies ist gleichzeitig die Kurzformel für Fortgeschrittene)

Nun beenden Sie die Entspannung, öffnen die Augen, richten sich auf und strecken einmal kurz und kräftig Arme und Beine aus.

Beispiele für die Übungsformeln des Autogenen Trainings

Man sitzt auf einem bequemen Stuhl in der Kutscherhaltung oder liegt auf dem Rücken am Boden.

1. **Ruhetönung**: Ich bin ruhig, ganz ruhig und entspannt. Ich stelle mir etwas Angenehmes und Beruhigendes vor. Gedanken, Geräusche und alle äußeren Einflüsse sind jetzt ganz gleichgültig. Ich bin ganz ruhig.
2. **Schwereübung**: Mein rechter (linker) Arm ist ganz schwer, oder: Mein rechter (linker) Arm ist angenehm schwer, später: Arme und Beine sind ganz (angenehm) schwer.
3. **Wärmeübung**: Mein rechter (linker) Arm ist strömend warm, oder: Mein rechter (linker) Arm ist angenehm warm, später: Arme und Beine sind ganz (angenehm) warm.
4. **Atemübung**: Meine Atmung ist ruhig und regelmäßig, oder: Atmung ganz ruhig, oder: Es atmet mich.
5. **Herzübung**: Mein Herz schlägt ruhig und gleichmäßig, oder: Herz ruhig und gleichmäßig, oder: Herz ruhig und kräftig, oder: Brustraum weit und warm.
6. **Bauchübung**: Das Sonnengeflecht ist strömend warm, oder: Bauch strömend warm, oder: Bauch angenehm warm.
7. **Stirnübung**: Stirn angenehm kühl, oder: Kopf leicht und frei.

Weitere Anleitungen:
Die einzelnen Übungsformeln **sechsmal wiederholen**.
Zwischenformel (nach jeder Übung ein- bis zweimal wiederholen): Ruhe kommt von selbst, oder: Ich bin ganz ruhig.
Abschlussformel (vor dem Zurücknehmen der Instruktion und damit der Beendigung der Übungseinheit): Ich bin ruhig, ganz ruhig und entspannt, oder: Ruhe und Entspannung tun mir wohl.
Zurücknehmen: Atmung tief – Arme fest – Augen auf.

Alfred Fleissner
Fairness und Unterstützung im Betrieb

Voraussetzungen für ein gutes Miteinander

Wo Menschen in Betrieben zusammenarbeiten, entstehen Konflikte, deren Lösung bei fairem Umgang miteinander in der Regel bald gefunden ist. Sofern es aber an der Bereitschaft zur Klärung der Probleme fehlt, wird das Betriebsklima erheblich beeinträchtigt. Darunter hat dann nicht nur das Wohlbefinden der Angestellten zu leiden, sondern auch ihre Arbeitsleistung. Tägliche Reibereien und Ärgernisse am Arbeitsplatz zermürben und wirken sich gesundheitsschädigend aus. Das Arbeitsschutzgesetz trägt dieser Erkenntnis Rechnung. Die Beschäftigten eines Arbeitgebers, der unnötige psychosoziale Belastungen vermeidet, sind besser motiviert und weniger krank. Nicht nur Überforderung, sondern auch ein zu geringer Handlungs- und Entscheidungsspielraum können zu psychosomatischen Erkrankungen führen. Eine wertschätzende Unternehmenskultur mit klaren organisatorischen Strukturen und zielorientierter Koordination der einzelnen Arbeitsabläufe wird dagegen von zufriedenen, gesunden Menschen aufrechterhalten. Ein kluger Chef wird dies wissen, die besonderen Fähigkeiten jedes Einzelnen kennen und verstehen, um diese optimal einzusetzen.

Gesundheit ist als körperliches, geistiges, soziales und berufliches Wohlbefinden zu definieren. Neben genügender Ernährung, annehmbaren Wohnverhältnissen und guter Ausbildung zählt auch „sichere Arbeit“ zu den Voraussetzungen für ein gesundes Leben. Unter sicherer Arbeit wird sowohl die Sicherheit während der Arbeit als auch die Sicherheit des Arbeitsplatzes verstanden. Von betrieblichen Maßnahmen zur Gesundheitsförderung profitieren nicht nur die Mitarbeiter, sondern auch die Arbeitgeber. Aus der positiven Beantwortung folgender Fragen lässt sich ableiten, wie man arbeitsplatzbedingten Erkrankungen vorbeugen kann:

- Wie bewusst pflegen Sie die Arbeitsbeziehungen?
- Engagieren Sie sich für die Mitbestimmung?
- Was können Sie von anderen lernen und wie erreichen Sie deren Unterstützung?
- Ist es für Sie selbstverständlich, Ihre eigenen Fähigkeiten und Ihre Arbeitsleistung wie auch die der Kollegen und die der Vorgesetzten zu achten?
- Sprechen Sie mit Ihren Arbeitskollegen über die Arbeit und ihre organisatorischen Abläufe?
- Nehmen Sie an Vorträgen und Workshops über konstruktives Konflikt- und Stressmanagement sowie an Gruppengesprächen über organisatorische Arbeitsabläufe und Gesundheitszirkel teil?
- Teilen Sie Ihre Gefühle (angenehme wie auch unangenehme Gefühle) mittels Ich-Botschaften mit?
- Geben Sie positive Rückmeldung, wenn Sie ein Verhalten gefreut hat?
- Bemängeln Sie, wenn Kollegen zu Unrecht angegriffen oder gar fertiggemacht werden?
- Achten Sie bei der Besprechung von Problemen auf die Trennung der sachlichen und persönlichen Ebene?
- Sprechen Sie bestehende Unklarheiten durch Nachfragen an?
- Gestehen Sie sich selbst oder anderen Personen gegenüber Schwächen oder Fehler ein?
- Sind Sie sich Ihrer Grenzen bewusst und akzeptieren Sie diese, da niemand perfekt ist?
- Mögen Sie sich selbst und anderen Personen bei Missgeschicken vergeben?
- Suchen Sie sich professionelle Hilfe, wenn klärende Gespräche verweigert werden?
- Gibt es schriftliche Betriebsvereinbarungen bzw. Dienstvereinbarungen für alle Angestellten zum Schutz vor Diskriminierungen, sexuellen Belästigungen und Mobbinghandlungen sowie Einführung des Beschwerderechts?
- Gibt es eine betriebsinterne Anlaufstelle zur Klärung, Schlichtung bzw. Lösung von Konflikten am Arbeits-

platz unter Beauftragung von Personalfachpersonen?

- Werden die Angaben von Ratsuchenden vertraulich und ohne Eintrag in die Personalakte behandelt?
- Kann über alle betriebsinternen Maßnahmen und Konzepte offen gesprochen werden?

Wie lässt sich hoher Kostendruck vermindern?

Maßnahmen der Personalpflege und betrieblichen Gesundheitsförderung sind als lohnenswerte Investitionen für langfristige betriebswirtschaftliche Rentabilität anzusehen. Stärkeres Konkurrenzdenken in wirtschaftlich schwierigen Zeiten kann eine Zunahme innerbetrieblicher Konflikte bewirken, zumal durch voranschreitende Technologisierung, Globalisierung, Fusionen sowie Sparmaßnahmen der Druck auf Arbeitgeber und Arbeitnehmer angestiegen ist. Damit sind erhöhte psychische Belastungen und Anforderungen verbunden. Auch die andauernde Reiz- oder Informationsüberflutung führt bei vielen zu unerträglichem Stress. Wenn bei zunehmender Arbeitsverdichtung und Komplexität mit weniger Personal in geringerer Zeit immer mehr geleistet werden soll, bleibt kaum noch Zeit, Meinungsverschiedenheiten auszudiskutieren oder Unstimmigkeiten auf den Grund zu gehen. Hinzu kommt, dass aus Angst vor Arbeitslosigkeit andere schlechtgemacht werden, um die eigene Position zu sichern. Alltägliche kleine Ärgernisse oder Spannungen wirken auf Dauer nervenaufreibend. Wenn es gelingt, bei Kollegen moralischen Rückhalt zu finden und die Probleme offen anzusprechen, kann eine persönliche Stabilisierung wieder erreicht werden. Indem die eigenen Gefühle in der Ich-Form an- und ausgesprochen werden, gelingt es eher, das Erlebte zu beschreiben, anstatt emotional und anklagend andere Personen zu beschuldigen und abzuwerten. Neu ins Gespräch gebrachte Sichtweisen können dann Lösungsschritte aufzeigen. Dabei sind auch detaillierte chronologische Aufzeichnungen nützlich, wenn sie bei erneuter Betrachtung im anderen Licht erscheinen. Dann kann das Mobbingtagebuch oder -protokoll dazu beitragen, gemeinsame Strategien gegen krank machende Arbeitsbedingungen zu entwickeln. Die Einplanung kurzer

Besprechungstermine, zum Beispiel in Form einer Teepause, hilft dabei, Missverständnisse nicht zu verschleppen. Soziale Unterstützung, Anerkennung und Wertschätzung sowie konstruktive Kritik wirken motivierend und sorgen auch in schwierigen Zeiten für Leistungsbereitschaft und wirtschaftliche Erfolge.

In vielen Fällen sind es Missverständnisse, die Konflikte auslösen, weil nicht genügend kommuniziert, nicht mehr miteinander geredet wird. Da nützt es wenig, über die Grundlagen des menschlichen Denkens oder Lernens Bescheid zu wissen, wenn man auf wenig Verständnis oder gar auf taube Ohren stößt, denn die Bewertung einer Botschaft bestimmt nicht der Sender, sondern der Empfänger. Jede in bester Absicht vorgenommene Handlung birgt in sich das Risiko, missverstanden zu werden, jede Äußerung kann in den sprichwörtlichen falschen Hals geraten. Wer sich gegen einen vermeintlichen Angriff wehrt und mit einem Gegenangriff reagiert, sieht wahrscheinlich das Recht unbezweifelbar auf seiner Seite und bemerkt nicht den entstehenden Teufelskreis. Sobald die nunmehr aufgrund des Missverständnisses angegriffene Seite erkennt, dass ihre in guter Absicht unternommenen Klärungsversuche nicht beschwichtigen, sondern die Aggressivität der gegnerischen Seite sogar steigern, mag sie sich aus ihrer Verteidigungsposition heraus zu erneuter Rechtfertigung bemüßigt fühlen, die von der anderen Seite als weiterer Angriff aufgefasst und mit erneuten Gegenattacken beantwortet wird. Daneben gibt es selbstverständlich auch die gezielten Anfeindungen. Trotz gut gemeinter Ansätze lässt sich nicht verhindern, dass böswillige Kollegen eine Mobbingsituation herstellen, in der sie sich auf Kosten eines Opfers besser fühlen.

Wird nach den Ursachen von Mobbing gefragt, steckt gewöhnlich die Suche nach den Schuldigen dahinter. Aus der theoretischen Erwägung, dass sich bei katastrophalen Entwicklungen – als solche sind Mobbingverläufe anzusehen – mehrere Fehler schicksalhaft überlagern, und aus der Erfahrung, dass niemand sich als Täter mit dem angerichteten Schaden brüsten und die Verantwortung dafür übernehmen wird, ist es angemessen, von komplexen Wirkungszusammenhängen auszugehen. Was immer als eine denkbare Ursache angesehen werden mag, hätte allein für sich genommen nicht zur Mobbingsituation führen können.

Mobbingprozesse können und müssen rechtzeitig erkannt werden

Zu Recht hat Heinz Leymann arbeitsorganisatorische Mängel als notwendige Bedingung für die Entstehung eines Mobbingprozesses angeführt. Eine durchdachte Arbeitsorganisation und umsichtige Führung heben die Arbeitsmoral und sorgen für rechtzeitige Lösungssuche bei unvermeidlich immer wieder auftretenden Konflikten, die zu Mobbing ausarten könnten. In gut geführten Betrieben kann es tatsächlich kaum einmal zu Mobbing kommen, weil vorbeugende Maßnahmen wirksam greifen und Streitereien verhindern. Selbstverständlich können auf der Täterseite egoistische Motive und Neid ebenso ursächlich beteiligt sein wie die Aggressionen eines psychisch Instabilen. Immer spielen auch Persönlichkeit, soziale Kompetenz und Qualifikation beim Mobbingopfer eine Rolle. Aber ein Arbeitgeber, der seine Fürsorgepflicht ernst nimmt, kann rechtzeitig aufmerksam werden und den Betriebsfrieden sichern. **Spätestens, wenn einem Vorgesetzten von irgendeiner Seite eine Beschwerde über Mobbing in seinem Verantwortungsbereich zu Ohren kommt, wird er zum Mittäter, sofern er nicht sofort wirksam einschreitet.**

Aus der Haltung, Wichtigeres zu tun zu haben, neigen Führungskräfte häufig dazu, sich um eskalierende Konflikte nicht rechtzeitig zu kümmern. Die Streitpunkte werden als Kinderkram abgetan, und die Betroffenen werden aufgefordert, sich wie Erwachsene zu benehmen und die „Mätzchen" zu lassen.

In Not geratene Beschäftigte tun gut daran, in kleinen Schritten vorzugehen, um nicht über das Ziel hinauszuschießen. Zunächst ist es sinnvoll, sich im Kollegenkreis umzuhören, wie andere mit der Situation umgehen würden. Bei der Sammlung von Ideen wird deutlich, wie viele Ansichten ins Spiel gebracht werden. Es genügt eine einzige Person, die sich im Interesse der in Not geratenen Person um eine Herbeiführung von Klärung bemüht. Vorteilhaft ist, falls vorhanden, ein Betriebsratsmitglied zu kontaktieren, aber noch ohne Einbeziehung des Gremiums. Wenn sich keine Lösung finden lässt, kann man den direkten Vorgesetzten um Rat fragen. Erst bei vergeblichem Bemühen ist die offizielle Einschaltung des Betriebsrats oder der Geschäftsführung notwendig. Davon sollte allerdings auch der höhere Vorgesetzte informiert werden. Bei schwelenden oder offen ausgetragenen

Konflikten unter Mitarbeitern sollte ein verantwortungsbewusster Vorgesetzter zu einem Mitarbeitergespräch einladen, in dem eine gegenseitige Wertschätzung angestrebt wird.

Das Ansinnen guter Zusammenarbeit lässt sich besonders effektiv verwirklichen, wenn Verständnis für das Empfinden anderer geweckt wird. Dann kann nachvollzogen werden, wie schlimm die Erfahrung ist, trotz der Gewissheit, sich nicht falsch verhalten zu haben, in die Isolierung geraten zu sein und schließlich allein dazustehen. **Wird mithilfe einer Betriebsvereinbarung eine Anlaufstelle zur Lösung von Personalkonflikten am Arbeitsplatz eingerichtet, können Betroffene Verständnis und Unterstützung finden.** Da nun einmal Konflikte und Entscheidungssituationen den privaten und den beruflichen Alltag prägen, ist es sinnvoll, Regeln zur Konfliktbearbeitung einzuüben. Dann braucht man beim Aufeinandertreffen von einander widersprechenden Absichten und Interessen nicht gleich aufzugeben.

Soweit man durch eine negative Entwicklung zu befangen für konstruktive Vereinbarungen ist, reicht es gewöhnlich aus, die Sicht Unbeteiligter in die eigenen Erwägungen einzubeziehen. Auch der Versuch, sich in die andere Seite hineinzuversetzen und zu erkennen, wie man dann entscheiden würde, hat sich schon oft als nützlich erwiesen. Die Hilfe zur Selbsthilfe kann wie beim Tanz auf dem Hochseil als straff gespanntes Auffangnetz erachtet werden, das der Seiltänzer normalerweise nicht benötigt. Aber es gibt ihm die nötige Sicherheit, mit der ihm dann seine Übung perfekt gelingt.

Konstruktive Kritik ist erwünscht

Das Verständnis für eigene Bestrebungen, die von persönlichen Erfahrungen und widersprüchlichen Gefühlen ebenso mitbestimmt sind wie von rationalen Erwägungen, ist ebenso wichtig wie das Verständnis für die Motive der gegnerischen Partei. Konflikte bringen uns dann weiter, wenn wir einander mit Achtung und Wertschätzung begegnen und im gegenseitigen Wahrnehmen miteinander sprechen. Indem Ärger und Kummer nicht verschwiegen und alle Beteiligten einbezogen werden, wird durch rechtzeitige Klärung jeglichem Mobbing vorgebeugt. **In großen Unternehmen wird mit der Einrichtung einer Beschwerdestelle**

signalisiert, dass frühzeitige Warnsignale erwünscht sind. Schulungen in Gesprächsführung und zum Umgang mit Mobbing schaffen ebenso Vertrauen wie eine möglichst transparente Entscheidungsvorbereitung und -findung. Zu einer vertrauensvollen, teamorientierten Unternehmensführung gehört auch, auf Leistungsabfall und Fehlzeiten zu achten und Kundenbeschwerden nachzugehen. Interne Verstrickungen lassen sich durch **externe Supervision** lösen.

In Gruppenangeboten kann am Beispiel der Schilderungen Einzelner analysiert werden, wie aus einem durchaus immer gegebenen Anlass, so nichtig er auch sein mag, eine Mobbingsituation entsteht und wie man ihr begegnen kann. Vor allem wird hier geübt, nicht jede als Mobbinghandlung empfundene Reaktion im Kollegenkreis übel zu nehmen, sondern sich mit offenen Fragen nach dem Hintergrund zu erkundigen. Das Beispiel einer schwatzenden Gruppe, die ihr Gespräch jäh abbricht und sich mit den Worten „dann wollen wir mal" gerade dann auflöst, wenn man den Raum betritt, hätte mit Mobbing überhaupt nichts zu tun für den Fall, dass die Leute schon vor einer halben Stunde wieder an die Arbeit gehen wollten und nun mit schlechtem Gewissen beim Öffnen der Tür dachten, es könnte der Chef sein. Indem man einer nicht als feindlich gesonnen eingeschätzten Person dieser Gruppe rückmeldet, wie befremdlich man dieses Verhalten empfand, und danach fragt, wie man das wohl verstehen sollte, erfährt man den Zusammenhang und kann beruhigt sein. An diesem Beispiel wird deutlich, wie sehr das eigene Verhalten den Verlauf der Entwicklung mit beeinflusst.

Wer durch im betrieblichen Umfeld erlittene Schikane schwer erkrankt ist, mag sich oftmals nicht mehr erneut dem Psychoterror am Arbeitsplatz aussetzen. Dann erscheint es sinnvoll, sich während der Krankschreibungszeit nach einem neuen Arbeitgeber umzusehen. Wenn man seinen Arbeitsplatz bereits verloren hat, beschäftigen einen ganz andere Probleme. Das Selbstbewusstsein kann so schwer beeinträchtigt sein, dass man sich gar nicht mehr traut, nach einer neuen Arbeitsstelle zu suchen. Wer nicht aufstecken möchte, sondern seine Chancen auf dem Arbeitsmarkt wahrnehmen will, kann sich in Treffen mit Gleichgesinnten darauf vorbereiten, in einer Bewerbungssituation gut zu argumentieren und gegenüber Konkurrenten im Wettstreit um die angebotene neue

Stelle vergleichsweise vorteilhaft aufzutreten. Um bei der möglichen Frage nach den Gründen, weshalb der vorherige Arbeitsplatz aufgegeben worden ist, nicht die Fassung zu verlieren und nach Ausflüchten suchen zu müssen, sollte man sich im Rollenspiel darin üben, souverän und gelassen mit einer passenden Antwort aufzuwarten. Bedauerlicherweise gibt es noch nicht genügend Anlaufstellen für Mobbingbetroffene, in denen professionelle Unterstützung angeboten wird.

Recht zu haben bedeutet keineswegs, auch Recht zu bekommen

Bisher ist es oft unmöglich gewesen, durch Nachweis der Kausalzusammenhänge dafür zu sorgen, dass geschehenes Unrecht erkannt und wiedergutgemacht wird. Im Gegenteil, weil sich wehrhafte Betroffene nicht geschickt genug zurückhalten, können sie leicht als Querulanten abgestempelt werden. Da sie mit ihren Behauptungen meist allein stehen und die Mobber mit ihren gegenteiligen Aussagen eine klare Mehrheit bilden, wird zudem alsbald eine psychiatrische Erkrankung unterstellt. Die verzweifelten Bemühungen um Anerkennung und Gehör unterstützen dann diese Fehldiagnose. Gegen das nicht von der Hand zu weisende Argument, dass Menschen psychotisch werden können, traut sich so schnell niemand etwas einzuwenden. Dabei ist aus statistischen Erwägungen ziemlich unwahrscheinlich, dass in mehr als fünf Prozent aller Konfliktfälle eine Psychose ursächlich war.

Die Mehrzahl der Betroffenen, denen eine psychiatrische Diagnose angedichtet wurde, kann sich wie im beschriebenen typischen Fall nicht wehren: Es fehlt das Geld, einen guten Anwalt zu bezahlen, der Mut, die gesundheitsschädlichen Bedingungen am Arbeitsplatz anzuprangern, die physische und seelische Konstitution, unter diesen Umständen nicht zu erkranken, die Unterstützung, mit der verständnisvolle Kollegen der Schikane am Arbeitsplatz Einhalt gebieten müssten, und die Einsicht von Vorgesetzten, die den Teufelskreis durch klärende Gespräche unterbrechen könnten.

Aufgrund der Erfahrungen mit Mobbingbetroffenen im Staatsdienst ist zu bedauern, dass diesen gegenüber häufig zu viel Macht in unberechtigter Form ausgeübt wurde. Auffällig oft gerieten fähige Leute, die sich durch ein starkes Rechtsbewusstsein auszeichneten, in Misskredit. Von dem Beamtenapparat, den sich ein Gemeinwesen leistet, werden Vertrauenswürdigkeit, rechtsstaatliche Einstellung und uneigennützige Dienstbereitschaft erwartet. Besonders große Anforderungen an Fitness und Disziplin stellt der Dienst in Polizei, Zoll und Grenzschutz. In einer klar strukturierten Hierarchie entwickelt sich hier der sogenannte Korpsgeist, jeder muss sich auf den anderen in kritischen Situationen hundertprozentig verlassen können. Menschliche Schwächen dürfen dementsprechend möglichst nicht offenbart werden; wer aus der Reihe tanzt, findet sich schnell in einer Mobbingsituation wieder. Vorgesetzte, die sich ihrer offenkundigen Fehler durchaus bewusst sind und daher von leistungsfähigeren Untergebenen in ihrer weiteren Karriere bedroht fühlen, werden vermeintlichen Rivalen nicht kampflos das Feld überlassen wollen, das sie ohnehin nicht aufgrund von Leistung, sondern durch Ränkespiel erobert haben. Im Gerangel um die knappen höher dotierten Stellen liegen Versuche durchaus auf der Hand, gegen – berechtigte Kritik äußernde – Konkurrenten zu intrigieren und sie zu provozieren, damit sie sich wehren und so zu Außenseitern werden.

Unwahrheiten werden in die Welt gesetzt, damit Kritikern mit disziplinarischen oder sogar strafrechtlichen Konsequenzen gedroht werden kann. Wenn es nicht gelingt, sie zum Schweigen zu bringen, werden sie als krank hingestellt. Nur wenigen gelingt es, rechtzeitig die eigene Machtlosigkeit erkennend den Rückzug anzutreten und wieder zum „funktionierenden" Mitglied der Behörde zu werden. Unter sanftem politischem Druck ist es sogar gelungen, dass ein Polizist, der massivem Mobbing ausgesetzt war, nicht zu Kreuze kriechen musste, sondern nach Pensionierung des Verursachers rehabilitiert und ohne gravierende Vorurteile wieder eingesetzt werden konnte. Während der Wiedereingliederungszeit an verschiedenen Dienststellen konnten Kollegen sich nicht verkneifen zu sagen: „So schlimm bist du ja gar nicht." In der Regel eilt die üble Nachrede aber so wirksam voraus, dass ein normaler Mensch den aufgestellten Fallen nicht entgehen kann und zum chancenlosen Opfer einer sich selbst erfüllenden Prophezeiung wird.

Als unliebsame Kritiker abgestempelte Beamte können es meist nicht fassen, dass man das im Grundgesetz verbriefte Recht zur freien Meinungsäußerung intern gerade dann nicht in Anspruch nehmen darf, wenn es Missstände zu korrigieren gilt. Die Botschaft von ihren wohlwollenden „Bärenführern", dass der herrschende Korpsgeist Unterwerfung verlangt, war auf Recht und Gesetz abgestimmt verstanden worden. Wie soll man auch als junger engagierter Idealist nachvollziehen, dass nach einiger Zeit jeder Kollege genügend „Dreck am Stecken" hat, um auf den guten Willen seiner Kumpel angewiesen zu sein. Wer bei kleinen Verfehlungen nicht richtig mitmacht, wird geschnitten, mit unsinnigen Aufträgen überhäuft, der mangelhaften Durchführung einfachster Aufgaben bezichtigt, als Lügner hingestellt und als Charakterschwein beschimpft, bis er nicht mehr dienstfähig ist.

Ist es beispielsweise schwierig zu verstehen, dass ein alkoholkranker Vorgesetzter einen Fitnessraum in einen Bierkeller umfunktionieren lässt, in dem die Truppe nach Dienstschluss ihren Feierabend genießen kann? Liegt es nicht auf der Hand, dass jene Kollegen, die sich gern an den Gelagen beteiligen, lieber gesehen und eher gefördert werden als solche, die keinen Alkohol mögen? Nach kurzer Zeit haben sich viele Freunde eines guten Tropfens zusammengefunden und sämtliche Abstinenzler diesen verschworenen Haufen verlassen. Entweder konnten sie sich in andere Dienststellen versetzen lassen, oder sie haben das nach ersten kritischen Bemerkungen einsetzende Mobbing nicht lange verkraftet und sind dann als vollzugsdienstuntauglich vorzeitig pensioniert worden.

Hintergründige Gegenmaßnahmen bei Mobbing

Sowohl in staatlichen als gerade auch in Betrieben, die Gewinne erwirtschaften sollen, ließe sich mit Präventivmaßnahmen gegen Mobbing und durch ein ernsthaft betriebenes betriebliches Eingliederungsmanagement gemäß dem im Mai 2004 geänderten § 84, Absatz 2 im Sozialgesetzbuch IX viel Geld einsparen. Darin geht es um die Pflicht des Arbeitgebers, bei Beschäftigten, die länger als sechs Wochen erkrankt waren, arbeitsplatzbedingte Ursachen auszuschalten und somit nach Möglichkeit einer erneuten Arbeitsunfähigkeit vorzubeugen. Jedem vernünftigen Zeitgenossen ist die zerstörerische Wirkung menschenverachtender Maßnahmen bestens bekannt. Dennoch werden die durch Mobbing hervorgerufenen Erkrankungsfolgen in ihrer Tragweite nicht angemessen gewürdigt. Würden die Verantwortlichen das geltende Arbeitsschutzgesetz beachten, bräuchten die Krankenkassen nicht die Solidargemeinschaft für Milliardenschäden aufkommen zu lassen.

Die in den letzten Jahren zu verzeichnende Zunahme der psychosomatischen Erkrankungen hat bereits ein beachtliches Ausmaß erreicht. Während die nach einem Mobbingvorfall durch Intervention wieder voll rehabilitierten Beschäftigten ihren Erfolg zu Recht nicht an die große Glocke hängen, weil sie ihren Arbeitgeber nicht in die Verlegenheit bringen wollen, das Gesicht zu verlieren, bietet sich bei uneinsichtiger Fortsetzung des menschenfeindlichen und gesundheitsschädigenden Verhaltens dessen Offenlegung geradezu an. Nur wer gleich einer samtpfötigen Katze notfalls von den Krallen Gebrauch machen kann, darf auf friedliche Koexistenz bauen. Es macht einen Unterschied, ob man mit der Veröffentlichung skandalöser Zustände droht oder versucht, diese mit gemeinsamer Anstrengung zum Guten zu wenden.

Hinweise geben und Alarm schlagen (Whistleblowing)

- Betriebliche Missstände sind im öffentlichen und unternehmerischen Interesse aufzudecken.
- Informationen zur Risikofrüherkennung und Missstandsbekämpfung sind zu begrüßen.
- Whistleblower sind keine Denunzianten und müssen geschützt werden.
- Whistleblowing basiert auf dem Menschenrecht der freien Meinungsäußerung, das auch im Arbeitsverhältnis zur Wirkung kommen muss.
- Eine unabhängige Aufklärung der Vorwürfe und die Bekämpfung der aufgezeigten Missstände ist anzustreben.
- Es ist betrieblich zu regeln, wie auf die Kommunikation kritischer Informationen angemessen reagiert werden soll.
- Wo Vertuschungsmöglichkeiten bestehen, dient Whistleblowing dazu, Verantwortliche zur Rechenschaft zu ziehen.
- Autoritätsgläubigkeit und Vorverurteilung muss durch zügige Schadensbekämpfung begegnet werden.

Zur Gefährdungsanalyse gehört die Einschätzung der Rachsucht

Selbst in industriellen Großunternehmen mit funktionierendem Sozialdienst ist niemand vor Mobbingaktionen gefeit, auch wenn man sich schwertut, das zuzugeben. Berichte von boshafter Schikane gegen Kollegen, die mit größerem Schaden für das Umfeld verbunden waren, reichten vom Verstellen des Thermostats in einem (nunmehr heizenden) Kühlhaus oder unmerklichem Lockern des Steckers einer (somit während der Osterfeiertage ausfallenden) Tiefkühltruhe bis zum Abstellen des Kühlwassers bei einer (dadurch nicht mehr kontrollierbaren) chemischen Synthese. Sabotage durch einen unzufriedenen Mitarbeiter kann den ganzen Betrieb lahmlegen.

Nicht selten bedarf es (jahre-)langer einfühlender Gespräche, Selbstmord- und Rachegedanken abzuwenden und das Opfer den schlimmen Erlebnissen zum Trotz auf eine in die Zukunft gerichtete Planung umzustimmen.

Vorteile eines fairen Miteinanders

Da mit dem Begriff Gewalt in erster Linie körperliche Gewalt verbunden wird, ergibt es Sinn, auf die bei Mobbing ausgeübte psychische Gewalt aufmerksam zu machen. Weil sich die Vergangenheit nicht mehr ändern lässt, aber beliebig viele Wege in die Zukunft ab sofort zur Verfügung stehen, sollten alle Beteiligten anstelle von Schuldzuweisungen umfassende Informationen über die Situation bekommen. Wenn jeder unter Berücksichtigung sämtlicher Interessen seine Entscheidungen verantwortungsvoll treffen kann, enden gutwillig geführte Verhandlungen über den künftig zu beschreitenden Weg gewöhnlich mit einem für alle akzeptablen Kompromiss. Niemand muss das Gesicht verlieren, keiner darf einem anderen letztlich eine Niederlage zugefügt haben.

In dem Maße, in dem von Entscheidungsträgern in Betrieben erkannt wird, wie viel Geld gespart und für nützliche Unternehmungen eingesetzt werden kann, werden die vergleichsweise geringen Summen für Konfliktberatung problemlos zur Verfügung gestellt. **Brauchte es bisher großen Mut, sich an Vorgesetzte mit der Bitte zu wenden, die krank machenden Bedingungen gestörter**

Verhältnisse festzustellen und für Abhilfe zu sorgen, führt nunmehr die Einrichtung von Anlaufstellen zur Lösung von Personalkonflikten am Arbeitsplatz zu einem Umdenken. Personen des Vertrauens helfen, zu einer Dialogkultur zu gelangen, bei deren fortwährender Weiterentwicklung jedes unerwünschte Ereignis zu konstruktivem Hinzulernen aller Beteiligten führt. Nicht nur die Kostenersparnis aufgrund geringerer Reibungsverluste und erhöhter Leistungsbereitschaft, sondern auch die mit gesteigerter Motivation einhergehende Qualitätsverbesserung und die damit verbundenen Wettbewerbsvorteile sprechen für sich.

Wenn nicht mehr die Suche nach Schuldigen im Vordergrund stünde, sondern eine interessengeleitete klärende Verständigung mit dem Ziel, aus kleinen Fehlern zur Vermeidung von künftigen Katastrophen zu lernen, würden Fehlervertuschung und Korpsgeist ihre scheinbare Notwendigkeit verlieren. Bei materiellen Gütern gibt es immer Gewinner und Verlierer. Das Geldstück, das ich ausgebe, habe ich zwangsläufig nicht mehr zur Verfügung. Aber bei individuellen Wertvorstellungen lassen sich grundsätzlich Win-win-Lösungen finden, man muss nur wollen. Informationen gehen nicht verloren, wenn man sie weitergibt. Im Gegenteil!

Vielleicht fehlt es bisher an Mut machenden Beispielen, wie man sich als Mobbingopfer mit Gleichgesinnten zusammenschließen und zunächst Unbeteiligte dazu bringen kann, sich zu solidarisieren. Die angeregte Suche nach Win-win-Lösungen kann eigentlich gar nicht scheitern. Ein Unternehmen, das sich aktiv gegen ein Schikanieren oder Drangsalieren von Mitarbeitern wendet und verstärkt für deren Gesunderhaltung einsetzt, wird durch die Verhinderung von Mobbing Vorteile im Wettbewerb erzielen, denn

- die Fehlzeiten verringern sich (Gemobbte sind oft krank)
- die Fluktuation nimmt ab (Gemobbte kündigen häufiger)
- die Arbeitsleistung steigt (Gemobbte sind wenig motiviert)
- die Kreativität nimmt zu (Gemobbte haben keinen Mut zu neuen Ideen)
- das Know-how wächst (Gemobbte geben ihr Können nicht weiter)
- das Image wird aufpoliert (Gemobbte reden nicht gut über die Firma).

Realismus bewahrt vor Fehleinschätzungen

Wenn es in einem eskalierenden Konflikt irgendwann heißt, „Reden hilft nicht mehr, jetzt müssen Taten folgen“, können eventuelle interne Lösungsversuche als gescheitert angesehen werden. In der Entschlossenheit, seine verletzten Rechte zu schützen, werden auf beiden Seiten Unterstützer gesucht, mit deren Hilfe man sich durchsetzen möchte. Gegenseitige Vorwürfe werden zunehmend mit Drohungen untermauert. Irgendwann kommt ein Einlenken für keine Seite mehr infrage, weil es als eine Niederlage gewertet wird, die mit einem schmählichen Gesichtsverlust verbunden ist.

Kritisch wird die Situation dann, wenn oberste Führungskräfte mit in einen Konflikt verstrickt sind und gar nicht daran denken, auf die Warnungen neutraler Beobachter zu hören. Mobbing ist durch menschenfeindliches Verhalten charakterisiert, in dem die Stimme der Vernunft ignoriert wird.

Vor dem Hintergrund erfolgreicher Interventionen durch neutrale Instanzen in vielen Kleinkriegen am Arbeitsplatz kann dargelegt werden, unter welchen Umständen vermittelt werden kann und wo derartige Versuche zum Scheitern verurteilt sind. Relativ leicht lässt sich belegen, dass jeder Konflikt rasch zu beenden ist, solange Abhängigkeit in einer gut organisierten und fair handelnden Hierarchie besteht. **Wie ein Richter kann eine vorgesetzte Führungskraft sich ein Urteil bilden und ein Machtwort sprechen. Wer als Arbeitnehmer seiner Loyalitätspflicht nicht genügt und den Arbeitsprozess empfindlich stört und nachhaltig beeinträchtigt, schadet letzten Endes nur sich selbst, indem er die folgerichtige Kündigung hinnehmen muss.**

Reagiert ein Vorgesetzter gegenüber einem kritischen Mitarbeiter, der bei Unkorrektheiten Einwendungen macht, bösartig und rachsüchtig, indem er in seiner Funktion mit Schikane und Herabsetzung antwortet, sind die Ungerechtigkeiten gewöhnlich weder zu verhindern noch zu ahnden. Selbst bei guter Dokumentation in einem Mobbingtagebuch scheitert ein Untergebener meistens an der Weisungsmacht des Chefs, der alles ganz anders gesehen und gemeint hat.

Wenn argumentiert wird, dass bei Mobbing in jedem Fall Vorgesetzte beteiligt sind, müssen sie nicht immer als Täter in

Erscheinung treten. Bei einem schwachen Chef oder ungeregelten Verantwortlichkeiten werden rechtzeitige Maßnahmen vermieden („Lasst mich damit in Ruhe“ oder „Macht das unter euch aus“). Unsicherheit und Ängste werden bei Mobbingbetroffenen so nicht abgebaut, sondern verstärkt.

In vielen größeren Unternehmen sind sogenannte hoffnungslose Fälle bekannt, die mit schlimmsten menschlichen Schicksalen verbunden waren und wo die Opfer in der Psychiatrie oder mit dem Selbstmord endeten. Die extremen Erkrankungsformen der Betroffenen belasten sogar die professionellen Helfer schwer und verführen zu der leichtfertigen Überzeugung, es müsse sich um frühe Persönlichkeitsstörungen handeln, bei denen keine Hilfe möglich sei. Wenn man sich vor derartigen Fehldiagnosen hütet, lassen sich Klärungsprozesse behutsam und langfristig in Gang bringen. Selbstverständlich sind die folgenden Beispiele anonymisiert und so verfremdet, dass sie nirgends hundertprozentig, aber auf viele Situationen dennoch recht gut passen.

Beispiel

Eine kleine Gruppe von Lehrern einer Schule mit gutem Ruf kommt völlig verunsichert in die Beratung und fragt, wie die als Mobbing empfundenen Schwierigkeiten, mit denen sie zunehmend zu kämpfen hätte, überwunden werden könnten. Ursache für die Entstehung des langjährigen Eskalationsprozesses zu immer unerträglicher werdenden Schikanen war anscheinend die fehlende Bereitschaft dieser Gruppe, der Schulleitung kritiklos in allem Recht zu geben. Eine Polarisierung zwischen einer in jeder Hinsicht bevorzugt erscheinenden Gruppe, die der Schulleitung auffällig nach dem Munde redete, und einer konstruktiven, aber kritischen Außenseitergruppe wurde relativ lange von einer sich nicht äußernden Mehrheit abgepuffert. Mit der Zeit wurde der Kreis der untertänigen Gefolgsleute um die Schulleitung herum immer größer und die Gruppe der sich neutral Verhaltenden immer kleiner. Auch die Außenseitergruppe selbst schrumpfte allmählich durch Weggang derjenigen, die wegen erheblicher Selbstmordgefahr umgesetzt wurden oder sich erfolgreich woanders beworben hatten. Wer aus der neutralen Gruppe mit den Verbliebenen Kontakt aufnahm, wurde argwöhnisch beäugt.

Der wegen der Schwierigkeiten eingeschaltete Schulrat erwies sich als hilflos und im Zweifel grundsätzlich der Schulleitung verbunden.

Verschiedene vertrauliche Gespräche kamen der Schulleitung seltsamerweise zu Ohren und führten zu intriganten Hetzkampagnen. Auch Beschwerdebriefe von besorgten Eltern, die auf die extremen, einer Vorbildfunktion völlig zuwider laufenden Ungerechtigkeiten aufmerksam geworden waren und deren Behebung forderten, wurden der Agitation der mittlerweile verfemten Gruppe angelastet. Als ein vertrauliches Schreiben an den Personalrat, das auf dessen Wunsch konkrete Beispiele der Mobbinghandlungen enthielt, über den Schulrat zur Schulleitung gelangt war, wurde es hier empört als Gipfel der Hinterhältigkeit bezeichnet und öffentlich als unverzeihliche Entgleisung angeprangert. Nach und nach reagierten die Ausgegrenzten auf den unerträglich gewordenen Stress des nunmehr täglichen Spießrutenlaufens mit längeren Erkrankungszeiten, was ihnen weitere Ablehnung einbrachte.

Nachdem der Personalrat, die Gleichstellungsbeauftragte und der Vertrauensmann der Schwerbehinderten von einer Betroffenen über die Aktivitäten der Hamburger Konfliktlösungsinitiative KLIMA e. V. informiert worden waren, organisierten diese gemeinsam einen Vortrag zum Thema Mobbing auf einer Personalversammlung, damit das Kollegium Fragen stellen und sich ein Bild darüber machen konnte, auf welche Weise die dringend notwendigen konfliktlösenden Verständigungsversuche unternommen werden sollten.

Aus den Fragen wurde deutlich, welche Ängste auf Seiten der des Mobbings Bezichtigten herrschten. Viele wären offensichtlich froh, wenn die schlimmsten Zuspitzungen rückgängig gemacht werden könnten. Einigen half die Vermittlung der Sicht einer komplex vernetzten Welt, wo es in der Natur der Sache liegt, dass wir immer wieder auf Unvereinbarkeiten stoßen. Erleichtert wurde zur Kenntnis genommen, dass wir allzu leicht das wahrnehmen, was unserer Erwartung entspricht, und wenig dagegen tun können, wenn wir Widersprüchliches ignorieren und Ungerechtfertigtes stabilisieren. Wir deuten nun einmal kontextabhängig, was sich vor unseren Augen abspielt (Morgenstern, Abendstern, Zwergelstern).

Wenn dann ein externer Moderator Verständnis für getroffene Entscheidungen zeigt, die offenbar wohl besser anders ausgefallen wären, liegt es nahe, dass erneute Überlegungen und die Suche nach Alternativen, die von allen unterstützt werden können, problemlos auch auf einen gemeinsamen Weg führen sollten (statt Zwergel-stern wird jetzt Zwerg-Elstern gelesen). Aus einem „Kampf bis aufs Messer" kann sich eine konstruktive Kooperation mit sogenannten Win-win-Lösungen ergeben.

Natürlich gibt es immer Gründe, weshalb man lieber auf externe Hilfe verzichtet. Aber aufgrund der bei dem Vortrag gehörten Argumente wurde nachdrücklich verlangt, endlich einen „Konfliktlöser" einzuschalten. Die vorgesetzte Behörde bekräftigte das Bestreben, diesem Wunsch zu folgen, entschuldigte sich aber damit, dass keine Gelder zur Verfügung stünden, um so einen Experten zu bezahlen. Da der Referent jedoch seine Unterstützung ohne weitere Kosten anbot, konnte er umgehend als Mediator beauftragt werden und die Situation damit entschärft werden.

Lösungsansätze durch Mediation

Trotz vielfältiger situationsabhängiger Unterschiede lassen sich grundlegende Gemeinsamkeiten feststellen, zur Bewältigung der bestehenden Probleme geeignet erscheinende Verfahren anwenden und die Ergebnisse allgemeingültig beschreiben. Hinsichtlich der Einschaltung als Externer in Behörden hat es sich bewährt, als Wissenschaftler unentgeltlich der Frage nachzugehen, wie es trotz aller beamtenrechtlichen Vorgaben zu ausgeuferten Konflikten kommen konnte. Erstens spielt dann das fehlende Geld keine Rolle, zweitens kann vom Untersuchenden gut glaubhaft gemacht werden, dass ihn beide Konfliktparteien ohne jegliche Schuldzuweisung gleichermaßen interessieren, drittens kann sich der in der Verantwortung stehende Dienstherr damit gut verkaufen, viertens können von einem unbeteiligten Dritten sämtliche ins Feld geführten Argumente und Gegenargumente vorurteilsfrei aufgegriffen und näher beleuchtet werden, fünftens ist die Fantasie für neue Lösungen noch nicht auf der Strecke geblieben und sechstens kann man als nicht Verwickelter den Prozess unabhängig von seinem Ausgang sehr lange begleiten. Sollte sich eine Seite klärenden Gesprächen verweigern wollen, verstößt das gegen die Loyalitätspflicht der Beschäftigten, die wie der Dienstherr daran interessiert sein müssen, den Betriebsfrieden aufrechtzuerhalten.

Um erfolgreich gegen eine beabsichtigte Mediation vorzugehen, genügt bereits die offen bekundete Verweigerungshaltung eines Beteiligten. Hier soll dargelegt werden, dass sich dennoch der Boden für eine Konfliktlösung bereiten lässt. Mit dem Angebot eines regelmäßigen Termins für freiwillige Besprechungen von Teilproblemen kann eine Mediation bereits ansatzweise in Gang kommen, während für Widerwillige die Gespräche dienstlich angeordnet werden. Die Möglichkeit verpflichtender Dienstgespräche löst natürlich erheblichen Unmut aus.

Da im Beispiel die Schulpsychologin eine Problemlösung als aussichtslos angesehen und dies der Dienststelle gegenüber geäußert hatte, kam es zu dem vorgeschlagenen für alle Beteiligten verpflichtenden Dienstgespräch, das mit dem Ziel moderiert wurde, von der Debatte wegzukommen und zu einer lösungsorientierten Dialogkultur zu gelangen. Relativ schnell wurde klar, dass ungeklärte gegenseitige Vorwürfe zwischen der Schulleitung und einer Lehrperson das Aufeinanderzugehen blockierten. Die Bereitschaft zu einem Mediationsversuch zwischen diesen beiden, die jeweils eine Person ihres Vertrauens dabei haben sollten, wurde mit allgemeiner Erleichterung aufgenommen.

Die Schulleitung hatte zwar signalisiert, kein Interesse an dem klärenden Gespräch zu haben, aber angesichts der Alternative, sich sonst beim Schulrat zu einer als Dienstgespräch deklarierten Sitzung einfinden zu müssen, doch die Mediation bevorzugt. **Ob Mediation oder Dienstgespräch im kleinen Kreis, durch die Konstruktion, dass jede Seite sich einen Fürsprecher aussuchen kann, der jeweils parteilich die Sicht der Gegenseite infrage stellt, kann der externe Moderator dafür sorgen, dass die unterschiedlichen Standpunkte wenigstens einmal von verschiedenen Seiten beleuchtet werden.** Der Moderator muss selbstverständlich genau darauf achten, dass er sich nicht auf eine Seite ziehen lässt, sondern strikt neutral bleibt. Er muss in der Lage sein, die unterschiedlichsten ins Spiel gebrachten Gesichtspunkte nachzuvollziehen und zu verstehen, um dann einen denkbaren Weg hin zu mehr Gemeinsamkeit aufzeigen zu können. Selbstverständlich ist er nicht gezwungen, offenbar Fehlerhaftes zu billigen. Verständnis für die Situation zu zeigen bedeutet nicht, dass man sie auch gutheißt. Die Kunst besteht darin, zu erkennen, wie es zur Konflikteskalation kommen konnte. Für eine Analyse muss man beide Seiten anhören. Wenn der jeweiligen Gegenseite die Gelegenheit gegeben wird, zu überlegen, welche eigenen Reaktionen auf der anderen Seite für sinnvoll gehalten würden, ergibt sich in vielen Fällen neben dem wachsenden Verständnis für die andere Seite auch eine zunehmende Kompromissbereitschaft.

Ein unvermeidliches Problem besteht bei Mobbingfällen in der natürlichen Verleugnungstendenz auf der Arbeitgeberseite. Es kann nicht sein, was nicht sein darf: Der mit festgestelltem Mobbing verbundene Vorwurf einer schlechten Arbeitsorganisation darf aus Angst vor Imageschäden einfach nicht ohne Weiteres zugelassen werden. Hier könnte sich irgendwann die einfache Überlegung bewähren, dass irgendwelche Vorhaltungen in einem gut geführten Betrieb gar nicht abgewehrt zu werden brauchen, sondern sich bei gemeinsamer Betrachtung relativieren und aus der Welt schaffen lassen. Das Verweigern einer inhaltlichen Auseinandersetzung und das Abstreiten bestehender Probleme aufgrund einer über Gebühr in Anspruch genommenen Entscheidungsbefugnis erscheinen da höchst bedenklich und legen die Vermutung nahe, dass die Vorwürfe wahrscheinlich sogar eher nur auf die Spitze eines Eisbergs zutreffen und anderes noch sehr viel mehr im Argen liegen dürfte. Da hilft wieder ein praktisches Beispiel aus dem wirklichen Leben: Es ist keine Schande, irgendwoher Läuse zu bekommen und das nicht sofort zu bemerken. Aber es ist verwerflich, das Ungeziefer nicht wieder loszuwerden und weiter zu übertragen.

In vielen Unternehmen kommt Mobbing vor. Ausgrenzungsverhalten findet immer in einer Gruppe statt, in der ein Vorteil des einen zum Nachteil für den anderen wird, zum Beispiel was Leistungsprämien oder Aufstiegschancen betrifft. Gerade engagierte Führungskräfte, die mit zusätzlichen Belohnungen für eine noch größere Motivation sorgen wollen, sehen nur die wunschgemäß gesteigerte Arbeitsleistung und behaupten voller Stolz: „Seitdem ich hier die Verantwortung trage, habe ich von Mobbing nichts bemerkt.“ Wie soll man so einer Führungskraft vermitteln, dass man gerade von einem Betriebsratsmitglied vertraulich auf Mobbing in ihrer Abteilung aufmerksam gemacht worden ist mit der Bitte, vorsichtig zu vermitteln?

Man kann die Führungskraft darauf hinweisen, dass man die Qualität nur verbessert, wenn man Fehler erkennt. Als Nächstes kann behutsam nachgefragt werden, an welchen Symptomen der Vorgesetzte eine Mobbingsituation festmachen würde. So lässt sich vielleicht das Bewusstsein für die verdrängte Problematik wecken. Man kann auch darauf hinweisen, dass auf die kategorische Aussage „Bei mir gibt es kein Mobbing!“ deshalb verzichtet werden sollte, weil sie erfahrungsgemäß gerade für extreme Fälle typisch ist und jeden Sachverständigen alarmieren wird. Wegen der unvermeidlichen Vertuschungsmentalität von Leuten, die „etwas im Schilde führen“, können nur vorsichtige, in allgemeiner Form angebotene Informationen verhüten, dass ein entstandener Kontakt nicht sofort wieder abbricht. Jede als Angriff oder Drohung deutbare Äußerung wird empört dazu genutzt, alles Vertrauen zu entziehen und die Kommunikation sofort mit eindeutiger Schuldzuweisung zu beenden.

Häufig überwiegt bei kritikwürdigem Verhalten in den Chefetagen der Versuch, den inkompetenten Umgang mit ernsthaften Konflikten zu verharmlosen und die bereits entstandenen Schäden weitestgehend zu ignorieren. Vor allem scheint sich in den vergangenen Jahren in staatlichen Einrichtungen eine Wagenburgmentalität entwickelt zu haben. Wer als Untergebener wegen geäußerter Kritik in Ungnade gefallen ist und zur Mobbingabwehr nicht über ausgezeichnete Beziehungen zu obersten Instanzen verfügt hat, ist entweder ausgeschieden, vorzeitig in den Ruhestand versetzt worden oder dauerkrank. Eine Klärung der Mobbingsituation durch Mediation wird meistens strikt als nicht möglich abgelehnt. Nur wenige haben den sprichwörtlich langen Atem und das Geschick, ihren Dienstherrn immer wieder auf seine Versäumnisse hinzuweisen, ohne sich selbst dabei angreifbar zu machen. Hier ist nicht der Ort, einzelne Dienststellen zu „outen“, aber die Gelegenheit, in aller Deutlichkeit auf einen vernünftigen Lösungsweg hinzuweisen. **Es gibt inzwischen viele Bereiche, in denen vom Dienstherrn zu Rate gezogene Amtsärzte Mediation als zielführend und erfolgversprechend eingeschätzt und empfohlen haben.**

Zu den Beispielen, mit denen man versuchen kann, seinen Gesprächspartner dahin gehend zu überzeugen, Konflikte möglichst rechtzeitig wahrzunehmen und schnell zu lösen, gehört zweifellos die Frage, wie er ein kleines Feuer löscht. Selbstverständlich wird er es erfolgreich auspusten. Sofort wird ihm klar, was aber passiert, wenn er die Flammen um sich greifen lässt und erst dann pustet, wenn sie ihm unangenehm heiß erscheinen. Er wird sie dadurch anfachen. Im übertragenen Sinne macht der

Arbeitgeber häufig den Fehler, den kleinen Konflikt zu ignorieren und nach dessen Eskalation zu verlangen, alle müssten jetzt aber schleunigst wieder nett zueinander sein. Er werde jetzt das Verhalten der Mitarbeiter im Auge behalten und sofort intervenieren, wenn jemand den Betriebsfrieden stört. Selbstredend begegnen die Mobber jetzt mit übertriebener Freundlichkeit ihrem Opfer, das sich für den Arbeitgeber leicht erkennbar ablehnend und unkooperativ verhält und deshalb abgemahnt werden muss.

Aus dem Repertoire eines Arbeitsschützers in einem Gewerbeaufsichtsamt, der wegen seiner im Arbeitnehmerinteresse engagierten, aber unkonventionellen Vorgehensweise in Ungnade gefallen ist und über reichliche Mobbingerfahrungen verfügt, stammt der Vergleich mit der Verpflichtung, Feuerlöscher zu installieren. Niemand würde auf die Idee kommen, diese Präventivmaßnahmen vehement abzulehnen, weil es bei ihm gewiss nicht brennen werde. Aber bisher wird nicht wahrgenommen, dass es der Abschaffung von Feuerlöschern entspricht, wenn der Wunsch, krank machendem Psychoterror am Arbeitsplatz vorzubeugen, ins Lächerliche gezogen wird. Die Verweigerung von jeglicher Unterstützung bei diesem Anliegen hat gezeigt, wie wenig Fingerspitzengefühl bei den vorgesetzten Beamten hinsichtlich der psychischen Gesundheit bestehen kann, obwohl im Arbeitsschutzgesetz neuerdings auch auf die Erhaltung des psychischen Wohlbefindens Wert gelegt wird.

Ein Arbeitgeber, der von einem intern nicht mehr lösbaren, zu Mobbing ausgearteten Konflikt erfährt, kann seine Angestellten trotz massiver Widerstände (gewöhnlich vonseiten der des Mobbings Bezichtigten) zu einer Arbeitsbesprechung unter externer Moderation verpflichten, bei der geeignete Schritte zur Mobbingprävention thematisiert werden. In der Diskussion über den Umgang mit Konflikten können dann die Vorteile einer Mediation herausgestellt werden. Wer es schafft, als Moderator das Vertrauen beider Seiten zu gewinnen, wird in den Pflichtgesprächen mit der Zeit sämtliche Steine aus dem Weg räumen können, die eine Zustimmung zur Mediation bislang verhindert haben.

Zum Angebot eines Vortrags mit dem Thema „Anbahnung von Mediation bei Mobbing“ (vergleiche Arentewicz/Fleissner: Arbeitsplatzkonflikte) mit anschließender Diskussion gehört, in absehbarer Zeit allen Mitarbeitern eine Gelegenheit zur vertiefenden Diskussion zu geben. So ein zweiter Diskussionstermin ist sinnvollerweise als freiwillige Ergänzung am selben Ort wie das letzte Mal vorzusehen und erlaubt, in der Zwischenzeit aufgetretene Fragen zu behandeln. Bei einem schwierig lösbar erscheinenden Einzelkonflikt kann man bereits eine Mediation dergestalt beginnen, dass innerhalb von drei Terminen Klarheit geschaffen wird, ob und wie eine Lösung erfolgen könnte. Je ein einzeln absolut vertraulich geführtes Gespräch mit den beiden Konfliktparteien und ein drittes, zunächst ausschließlich über den Mediator laufendes gemeinsames Gespräch zum Kennenlernen der „gegnerischen" Sicht schaffen gewöhnlich eine zufriedenstellende Entscheidungsgrundlage für das weitere Vorgehen. Es hat sich bewährt, sich von den einzelnen in irgendeiner Weise am Konflikt Beteiligten den Ablauf aus subjektiver Sicht schildern zu lassen und die so entstehenden Bilder im Kopf miteinander abzugleichen. Widersprüchlichkeiten fallen dann extrem auf. Mit einer hier ansetzenden Klärung wird meistens das Übel bereits an der Wurzel gepackt. Mit katalytischer Wirksamkeit ermöglicht der Mediator, Schiefgegangenes neu zu ordnen.

Häufig sind viele Probleme darauf zurückzuführen, dass zwischen zwei Angestellten „die Chemie nicht stimmt". Ein neutraler, allparteilicher Mediator muss für verschiedene Seiten gleichermaßen als Ansprechpartner taugen. Wer auch immer von einer Seite angesprochen wurde, um als Vermittler zu fungieren, muss sich das Vertrauen der anderen Seite erst erwerben. Die Erfahrung zeigt, wie leicht es Störenfrieden fällt, auf der anderen Seite Misstrauen zu schüren, wenn man auf der einen Seite bereits tätig geworden ist. Nur unter der Voraussetzung weitestgehender Transparenz in allen wesentlichen Fragen sollte sich ein Vermittler dem Risiko aussetzen, für irgendwelche Fehlschläge verantwortlich gemacht zu werden. Am besten wird die Transparenz erreicht, wenn auf jeder Seite eine zusätzliche Person des Vertrauens versucht, sich möglichst unbefangen ein Bild von der anderen Seite zu machen.

Auf den Vorschlag, in gemeinsamer Runde sämtliche Vorbehalte anzusprechen und denkbare Verständigungswege zu erörtern, wurde durchaus schon mit Unterschriftensammlungen reagiert: „Hiermit erklären wir, dass wir nicht bereit sind, an weiteren Sitzungen teilzunehmen." Hier ist nachzufragen, weshalb es bei einer freiwilligen Angelegenheit den Kollektivzwang zu geben scheint, fernzubleiben. Ebenso ist klarzustellen, wie wenig davon zu halten ist, wenn eine solche Aktion mit Nachteilen für diejenigen verbunden ist, die sich nicht bereit erklären, mit zu unterschreiben. Diese Reaktion auf pauschalisierte Aussagen führt in der Regel zu vertraulichen Rückmeldungen derjenigen, die sich in der entsprechenden Lage befunden haben. Indem man vermittelt, dass man von jeder einzelnen Person sehr gern erfahren würde, weshalb sie als Individuum von der angebotenen Hilfe nichts hält, und bisher noch niemand beklagt hätte, beim Gedankenaustausch nicht verstanden worden zu sein, kann man dazu ermutigen, es auf einen Versuch ankommen zu lassen.

Bei einer Ablehnungsfront hinsichtlich externer Mediation wurden zum Beispiel folgende Begründungen vorgebracht:

- Es ist alles klar geregelt,
- die angeblichen Mobbingopfer sind die eigentlichen Mobber,
- ein Mediator kann jetzt nicht mehr helfen,
- die Unstimmigkeiten sind möglicherweise dem System anzulasten und
- Fehler wurden nicht adäquat besprochen, sondern stattdessen Feindbilder geschaffen.

Daraufhin konnte rückgemeldet werden, dass der letzte Punkt genau den Anlass dargestellt hat, weshalb von der Führungsspitze nach vergeblichen internen Lösungsversuchen die Notwendigkeit der externen Mediation gesehen wurde. Gegenseitige Anerkennung ist bei gegensätzlicher Auffassung schwierig und wird unter externer moderierter Diskussion der Konflikte erleichtert, wenn sichergestellt werden kann, dass jeder mit seiner individuellen Wahrnehmung ernst genommen wird.

Der Mediator muss von den Sachthemen nicht unbedingt etwas verstehen, sondern von der Beseitigung bestehender Hindernisse, die einen konstruktiven Dialog bisher erschwert haben. Bei in sich widersprüchlich erscheinenden Aussagen kommt ein Verständigungsprozess durch Nachfragen leicht und schnell in Gang. Eine regelmäßig stattfindende Erörterung noch bestehender Probleme der Vergangenheit sollte aber niemanden daran hindern, Gespräche auch in anderer Zusammensetzung anzuregen, falls er diese möchte.

Im Interesse einer raschen Deeskalation könnte auf der Vorgesetztenseite angeregt werden, von allen bereitwilligen Personen schriftliche Statements zur derzeitigen Situation zu erbitten, die in einem für alle verpflichtenden extern moderierten kleinen Workshop vorgestellt und diskutiert werden sollten. Wenn alle sich bemühen wollen, Missverständnisse auszuschließen und Verabredungen verlässlich einzuhalten, und man sich einig ist, dass grundsätzlich derjenige Probleme bekommen wird, der sich klärenden Gesprächen verweigert, entsteht ein Klima, in dem Intrigen und Hinterhältigkeiten nicht mehr gedeihen können.

Gerd Arentewicz

Was habt ihr gegen mich? Mobbing und Gewalt in der Schule

Die Schule als Arbeitsplatz für Schüler und Lehrer

In diesem Kapitel geht es um Mobbing als gezielte seelische („Psychoterror“) und körperliche Gewalt im schulischen Bereich, um einen Schüler, eine Schülerin oder eine Lehrkraft zu demütigen, also in der Würde zu verletzen, zu unterwerfen, auszugrenzen und ganz aus dem Klassenverband auszuschließen – und wie Schulleitung, Lehrer, Eltern und aufmerksame, mutige Mitschüler den Anfängen wehren können.

Zunächst sollen einige Zahlen zeigen, in welchem Rahmen sich die in diesem Kapitel geschilderte Problematik bewegt. Zu Beginn des Jahres 2009 besuchten rund neun Millionen Kinder und Jugendliche in Deutschland allgemeinbildende Schulen (bei übrigens gleichzeitig vier Millionen Analphabeten aller Altersbereiche). Ein immer größer werdender Anteil dieser Schulkinder wächst in Verhältnissen auf, in denen der Lebensunterhalt staatlich gesichert werden muss: 40 Prozent der alleinerziehenden Eltern leben von Hartz IV (also von Arbeitslosenhilfe oder Sozialhilfe). Das sind nach der letzten Statistik der Bundesregierung 660 000 Mütter und Väter mit insgesamt etwa einer Million Kindern, wovon die meisten schulpflichtig sind. Im Jahr 2007 sind offiziell von deutschen Schulen fast 90 000 Prügeleien gemeldet worden, die so folgenschwer waren, dass die Verletzungen ärztlich behandelt werden mussten. Es besteht eine Meldepflicht für derartige Vorfälle. Seit dem Jahr 2008 müssen die Schulen Gewalthandlungen bei Polizei und Jugendämtern anzeigen. Oft weigern sich die entsprechenden Ämter, die Zahlen der Öffentlichkeit bekannt zu geben, da man den betroffenen Schulen einen schlechten Ruf ersparen will. Deshalb ist das wahre Ausmaß der Problematik unbekannt. Dabei muss davon ausgegangen werden, dass die subtil und „hinter dem Rücken“ der Lehrer stattfindende körperliche und seelische Gewalt, die durch Prügel und Psychoterror nach der Schule, auch mittels SMS und in Chatrooms des Internets vorgenommen wird, diese Ziffer noch deutlich nach oben korrigieren würde. Neben Gewalt- und Mobbinghandlungen, die in der direkten Konfrontation zwischen Schülern stattfinden, werden zunehmend die Möglichkeiten der neuen Medien (Handys und Internet) genutzt. Das Nachrichtenmagazin Der Spiegel schreibt in Heft 10/2009 dazu: „Plötzlich entgleisen viele Streitigkeiten. Das kommt, weil ein Streit, der online geführt wird, rasch Kreise zieht. Auf dem Schulhof bleiben die Kontrahenten meist unter sich, und irgendwann erschöpft sich der Konflikt von selbst. Springt er aber ins Online-Medium über, sind die Auswirkungen ungleich heftiger: Die Zerstrittenen schreiben einander Bosheiten an die Anschlagbretter, veröffentlichen peinliche Fotos, verbreiten Gerüchte. Dies geschieht vor aller Augen, und es ist oft nicht mehr zu tilgen. (...) Zudem gehen den Tätern online leicht die Beißhemmungen verloren. Erstens erleben sie die Tränen und Nöte ihres Opfers nicht mit und zweitens schlagen sie oft zu aus der Deckung der Anonymität." In diesem Zusammenhang hat eine Studie des Medienpädagogischen Forschungsverbundes Südwest herausgefunden, dass jeder vierte Jugendliche mit Internet-Erfahrung einen Bekannten hat, der auf diese Weise „fertiggemacht" wurde.

Erhebungen zeigen, dass eine Minderheit der Schüler zunehmend gewaltbereit wird. Die Vorfälle werden spektakulärer (z. B. Amokläufe), kommen in die Medien und erzeugen den Eindruck einer breiten Zunahme von Aggressivität. Tatsächlich gibt es keine verlässlichen Daten über das Ausmaß des Problems. Lehrer berichten, dass Gewalt und Mobbing sehr unterschiedlich verbreitet sind: Betroffen sind vor allem Haupt- und Gesamtschulen in den sogenannten sozialen Brennpunkten – also Stadtteile mit einem hohen Anteil von Bewohnern mit (nach einer neuen Studie vor allem türkischem) Migrationshintergrund, Eltern(-teilen), die bildungsfern, arbeitslos und auf Transferleistungen angewiesen sind (teilweise schon in der dritten Generation) und sich wenig um die schulischen Belange ihrer Kinder kümmern wollen oder können. Fast 300 000 Haushalte befinden sich in Deutschland in einer derart desolaten Situation, dass gemeindenahe soziale Dienste engmaschig nach dem Rechten sehen müssen, um Verwahrlosung zu vermeiden. Kinder, die in den beschriebenen Verhältnissen aufwachsen müssen, werden je nach ihrer Konstitution entweder schwächliche, gesundheitlich angeschlagene Außenseiter, die krank werden oder eines Tages „explodieren", oder Einzel-„Kämpfer", die sich dank ihrer Körperkraft und Dominanz mit Gewalt nehmen, was ihnen zuzustehen scheint – und dabei oft kriminell handeln.

Hochrechnungen gehen davon aus, dass jeder sechste Schüler von Mobbing betroffen ist. Das wären nach der vorher genannten Zahl 1,5 Millionen Schulkinder. Wie im Erwachsenenleben kann es prinzipiell jeden treffen, dennoch spielen Hautfarbe, Körpergröße und -gewicht, Religion, Behinderung oder auch Hochbegabung eine Rolle. Die meist vordergründig selbstbewusst auftretenden Mobber suchen und finden bei den potenziellen Opfern eine verwundbare Seite und nutzen diese Schwäche aus. Die meisten stabilisieren damit ihre Selbstwertproblematik.

An Haupt- und Realschulen handelt es sich bei den Vorfällen meist um körperliche Gewalt, an Gymnasien findet dagegen Psychoterror statt – ausdrücklich ohne sichtbare Spuren zu hinterlassen.

Der erweiterte pädagogische Auftrag der Schulen

Alle Experten sind sich darüber einig, dass **Geist und Klima,** d. h. die internen Strukturen und die Schulkultur der einzelnen Schule entscheidend sind für die Entstehung von Gewalt oder die Bereitschaft, Konflikte sofort und friedlich zu regeln. Die Schulleitung muss dazu Regeln, die für alle verbindlich sind, aufstellen, diskutieren und im Konsens mit allen Beteiligten verabschieden.

Grundsätzlich gilt – genauso wie bei Mobbing am Arbeitsplatz –, dass jeder Schüler unter bestimmten Umständen sowohl zum Mobber als auch zum Gemobbten werden kann. Allein das soziale Klima einer Schule sowie die spezifische Aufmerksamkeit und Zivilcourage der Lehrer und sonstigen Mitarbeiter an der Schule können Mobbing verhüten.

Die Aufgaben der Schulen werden zunehmend anspruchsvoller und komplexer. Dabei spielen vor allem folgende Aspekte eine Rolle:

Traditionelle Wissensvermittlung. Die Schule steht vor der Notwendigkeit, in kürzer werdender Zeit (z. B. durch das Abitur nach zwölf Jahren) immer mehr Wissen zu vermitteln und abzuprüfen. Dieses Vorgehen begünstigt Schüler, die rasch auswendig lernen und den Wissensstoff der einzelnen Fächer unter Stressbedingungen kurzfristig reproduzieren können.

Förderung der sozialen Kompetenz. Die Schule muss mehr als früher „regulierend" und fördernd auf das Sozialverhalten der Schüler Einfluss nehmen, vor allem, wenn sie aus „Restfamilien" oder „bildungsfernen" Elternhäusern stammen, die die Erziehung weitgehend an die Schule abgeben. Dabei sind vor allem der angemessene Umgang mit starken Gefühlsaufwallungen in „aufgeladenen" Situationen und das Lernen von Respekt und Einfühlung bezüglich der Gefühle und Bedürfnisse anderer Menschen vorrangig. Es geht dabei um die verbale „Bearbeitung" von intensiven Gefühlen anstelle des impulsiven Losschlagens.

Ausgleich von häuslichen (elterlichen) Erziehungsdefiziten. Ganz allgemein muss immer stärker damit gerechnet werden, dass die Elternhäuser aus den verschiedensten Gründen ihrem Erziehungsauftrag nicht (mehr) nachkommen und die Schule/die Lehrer dies irgendwie kompensieren müssen, worauf sie nicht vorbereitet sind und was auch oft als Überforderung oder gar Zumutung angesehen wird. Josef Kraus, der Präsident des deutschen Lehrerverbandes, weist ausdrücklich auf die zunehmenden Erziehungs- und gesellschaftlichen „Reparaturaufgaben" der Lehrer hin. Es besteht die Notwendigkeit, neben der Einhaltung des Lehrplans einzelne Schüler gezielt zu fördern – ohne die anderen aus den Augen zu verlieren. Viele Lehrer fragen sich, wie sie bei ihrer gegenwärtigen Ausbildung gleichzeitig auch Erzieher sein können. Entsprechend fühlen sich 60 Prozent der Lehrer gesundheitlich gefährdet, erschöpft und „ausgebrannt". Fast 90 Prozent erreichen nicht die Pensionsgrenze, weil sie vorher berufsunfähig werden oder aus anderen Gründen aus dem Schuldienst ausscheiden.

Umstände, die Gewalt und Mobbing in Schulen begünstigen

In der pädagogischen Fachliteratur für Lehrer werden vor allem die folgenden Aspekte genannt:

Die meisten Berufe mit Zukunftsperspektive setzen ein gutes Abschlusszeugnis voraus. Dadurch kommt es viel häufiger als früher zu einer einseitigen **Betonung von Leistung und Zensuren** mit ihrer entscheidenden Auswirkung für das weitere Leben. Die Kehrseite dieser Entwicklung bedeutet für viele Schüler, die aus welchen Gründen auch immer nicht mithalten können, eine „Produktion" von Verlierern. In manchen sozialen Brennpunkten deutscher Großstädte verlassen fast 30 Prozent der Hauptschüler die Schule ohne Abschluss. Diese Jugendlichen, die dann keinen Ausbildungsplatz bekommen, finden sich immer weniger damit ab, überflüssig zu sein, und stauen Wut auf diejenigen an, die es geschafft haben und an ihnen vorbeiziehen.

Im Rahmen des internationalen Wettbewerbs und der Globalisierung kommen Schulreformen in immer kürzeren Abständen und stellen für alle Beteiligten eine zusätzliche Belastung dar.

Die von vielen Schülern bevorzugten **Unterhaltungsmedien** (Videofilme, PC-Spiele, Rapmusik) werden härter, um die Aufmerksamkeit der jugendlichen Kunden zu wecken. Der oft einseitige Konsum lässt viele Erlebens- und Verhaltensalternativen verkümmern. „Anspruchsvolle" (Ausgleichs-)Hobbys wie Unterricht in Reiten, Segeln, Tennis, einem Musikinstrument oder Ballett dagegen sind sehr teuer und häufig mit „logistischem" Aufwand verbunden („Die Mutter als Taxifahrerin").

Wegen der sich wandelnden sozialen und familiären Bedingungen suchen und finden Schulkinder zunehmend **problematische Rollenmodelle** (in und außerhalb der Schule) in Cliquen, die mit der Anwendung von Gewalt schnell Erfolg und Respekt erhalten. Gleichzeitig hat sich für viele Schüler die häusliche Situation verändert: Es herrscht Vereinzelung, es ist niemand in der Wohnung, wenn das Kind nach Hause kommt. Es gibt immer öfter keine Geschwister, mit denen man sich auseinandersetzen muss, stattdessen immer mehr alleinerziehende Elternteile, die vor der Notwendigkeit stehen, Beruf und Kinderbetreuung zu vereinbaren. Oft ist hier das Schulkind in der Rolle des Partnerersatzes mit den damit verbundenen Erwartungen und Überforderungen.

Schließlich besagen Krankenstatistiken, dass zehn bis zwölf Prozent der Schüler (also etwa eine Million) **psychische Probleme** haben, die sich auf den Leistungsbereich, die „Regulierung" ihrer Gefühle und den Sozialbereich auswirken. Dabei ist aber nichts darüber bekannt, ob sie damit schon in die Schule eingetreten sind oder erst im Laufe der Schuljahre erkrankten.

Theorien zu Mobbing und Gewalt an Schulen

In der Fachliteratur wird eine ganze Reihe von Theorien (mindestens zehn) zur Entstehung von Gewalt beschrieben. Breite Akzeptanz findet die Kombination aus den folgenden drei Komponenten:

Soziale Desintegration (Anomie). Dieser soziologische Ansatz geht davon aus, dass die (westlichen) Gesellschaften – vor allem in den städtischen Ballungszentren – zunehmend einen fast grenzenlosen Individualismus fördern: Fast alles ist erlaubt, man darf sich nur nicht erwischen lassen. Stützende Strukturen wie z. B. Familie, Nachbarschaft, Verein oder Kirchengemeinde lockern sich oder werden lästig für den „Egotrip". Die Medien erhalten eine Übermacht durch ihre ständige Präsenz, wobei immer stärker die anspruchslose Unterhaltung angeboten wird, weil sie scheinbar so beliebt ist. Denn es wird schließlich via Einschaltquote abgestimmt. Und virtuelle Sozialkontakte in der Anonymität eines Chatrooms sind einfacher zu „managen" als im direkten persönlichen Beisammensein. Dies führt zu einem Leben „aus zweiter Hand".

Die zweite Komponente ist das sozial- und entwicklungspsychologische Modell des sogenannten **Beobachtungslernens**: Eine Person übernimmt (imitiert) eher die Verhaltensweisen, mit denen ein eindrucksvoller, der beobachtenden Person aber relativ ähnlicher Mensch im Sinne eines Vorbildes Erfolg hat – also sich in einer sozialen Situation durchgesetzt hat, Lob oder eine andere Belohnung erhalten hat –, aber auch nicht erwischt und bestraft wurde. Schüler mit unangemessenen oder fehlenden Vorbildern oder vernachlässigte, abgelehnte Kinder mit sehr wenig Blick- und Körperkontakt zu Bezugspersonen werden eher zu antisozialen Verhaltensweisen tendieren, da sie wenig Gelegenheit hatten, Einfühlung zu lernen. Ihnen bleibt fremd, was in anderen Menschen vorgeht. Sie lehnen Normen ab und orientieren sich eher an aggressiven „Vorbildern" mit ihrem (zumindest kurzfristigen) äußerlichen Erfolg.

Die dritte Komponente ist das psychologische Modell des sogenannten **Urteilskompetenz-Defizits**. Dabei handelt es sich um Personen, die – vor allem in emotional aufgeladenen, krisenartigen Situationen – nicht bereit oder in der Lage sind, die Dinge kritisch abzuwägen. Sie halten sich nicht mit Unsicherheit oder Zweifel auf, halten das für Schwäche und Zeitverschwendung und treffen ihre Entscheidungen ausschließlich impulsiv aus dem Affekt und unter Gewaltanwendung. Schüler, die zu Hause, in der

Schule und in der Freizeit vor allem in problematischen Verhältnissen und mit „Vorbildern" der geschilderten Art aufwachsen, werden bei Konflikten eher aggressiv agieren und reagieren.

Mobbing unter Schülern: Mit dem kann man es machen!

Bei Mobbing unter Schülern geht es – wie im Arbeitsleben der Erwachsenen – darum, dass ein Schüler oder eine Gruppe von Schülern sich gezielt feindselig gegen einen einzelnen anderen Schüler (und gegebenenfalls gegen seine Unterstützer) richtet, mit dem Ziel, diesen in seiner Würde zu verletzen, zu dominieren, zu isolieren oder sogar aus dem Klassenverband auszuschließen. Noch wichtiger als bei Erwachsenen ist es hierbei, dass man erkennt, was hinter dem Mobbing steht, was mit dem Mobbing ausgedrückt wird.

Bei dem mobbenden Schüler ist neben den schon skizzierten Besonderheiten des Elternhauses, also dem sozialen Hintergrund, seine Persönlichkeit zu beachten. Dachte man lange, dass Impulsivität und Aggressivität Ausdruck von geheimer Unsicherheit und Schwäche sind (analog dem Angstbeißen bei Hunden), zeigen systematische Befunde, dass es sich in der Regel um robuste selbstbewusste Typen handelt, bei denen Gewaltbereitschaft und Impulsivität positiv „besetzt" sind und selbstverständliche Ausdrucksmittel darstellen, über andere Menschen zu herrschen. Dies gilt vor allem für Jungen und bezieht sich nicht nur auf ihr Verhalten gegenüber Mitschülern, sondern auch auf ihren Umgang mit ihren Lehrern und Eltern. Diese Schüler entscheiden selbstherrlich, wer dazugehören darf, wer also in die Mannschaft kommt und mitspielen darf und wer wegen der richtigen, weil angesagten Kleidung, Handys und Klingeltöne akzeptiert und damit zumindest in Ruhe gelassen wird. Stehen wenig andere Mittel zur Verfügung, wird bei Meinungsverschiedenheiten, Streitigkeiten und Konflikten schnell „rumgepowert" und Gewalt angewendet, bis die typische Mobbingspirale beginnt: Der Meinungsführer handelt entweder allein oder schart Gleichgesinnte, schwache Mitläufer und Zuschauer um sich und drängt den jetzt offen Gemobbten immer mehr ins Abseits. Ein Begleitmoment dabei ist, dass dadurch eine ansonsten eher labile Gruppe geeint wird. Lehrer berichten über zunehmende körperliche Gewalt (im deutlichen Gegensatz zum Mobbing im Arbeitsleben) sowohl im Bereich der Schule als auch im Umfeld, das heißt zwischen mehreren Schulen. Dies gilt in sozialen Brennpunkten immer öfter auch für Mädchen.

Noch bevor es zu direkter Gewalt kommt, fallen die Störer häufig durch Lachen und Umherlaufen während des Unterrichts auf. Sie werfen mit Gegenständen und reagieren nicht auf die Ermahnungen der Lehrer. Die Belohnung dafür sind der Respekt der anderen Schüler und in der Pubertät dann vor allem die Bewunderung seitens der Mädchen. Die Schüler lernen bei fehlender rechtzeitiger Intervention, dass sie sehr weit gehen dürfen, und testen die Grenzen mehr und mehr aus. Vor allem jüngere Lehrerinnen werden von den „Jungmachos" nicht nur nicht akzeptiert, sondern provoziert und lächerlich gemacht, bis sie nervlich am Ende sind („Von so einer lass ich mir doch nichts sagen. Die gehört mal so richtig rangenommen"). Wird erst einmal wiederholt die Erfahrung gemacht, dass derartige Verhaltensweisen nur schwachen verbalen Protest nach sich ziehen, kann das als Ermutigung aufgefasst werden, weiterzugehen. Zum verbalen Ausgrenzen und Lächerlichmachen kommen rasch körperliche Übergriffe: Markenklamotten, Sportschuhe, MP3-Player, Handys, Schmuck, Geld und anderes werden Mitschülern abgenommen und weiterverkauft. Ohne Sanktionen wächst das Gefühl der Macht als Ausgleich für Kränkungen in anderen Bereichen. Der schlechte Schüler, der Schulversager genießt plötzlich Respekt, und Gefolgsleute suchen seine Nähe. Ein besonders kränkendes Mittel entsteht aus den zunehmenden Funktionsmöglichkeiten der Handys, mit denen zu Boden gestoßene, im Sportumkleideraum oder auf der Toilette befindliche Schüler gefilmt werden, um das Ganze zum Gespött aller dann noch ins Internet zu stellen („Cybermobbing"). Oder wenn sich eine zehnjährige Schülerin mit ihrer Handynummer in einer Kleinanzeige als „3-Loch-Nutte, die es dauernd braucht", wiederfindet.

Früher ist man davon ausgegangen, dass eher die Jungen offen aggressiv sind und durch Körperkraft dominieren, während die Mädchen sich indirekt durch Intrigen und die Verbreitung von Gerüchten gegenseitig fertigmachen. Lehrer beobachten zunehmend Schülerinnen, die sich zu „Gangs" zusammenschließen, um so ihre körperliche Schlagkraft und ihr Einschüchterungspotenzial zu erhöhen, und die dann im Hinblick auf Gewalttätigkeit den Jungen in nichts mehr nachstehen. Auch hier sind es wieder die eher schlechten Schülerinnen aus sozialen Brennpunkten, die diesen „Ausgleich“ wählen.

Der gemobbte Schüler hat bei näherem Hinschauen oft bestimmte Merkmale, die von den Mitschülern sehr schnell erkannt und bei Bedarf ausgenutzt werden. Es handelt sich meist um besonders gute Schüler (der angepasste Streber, „Einschleimer“), um Schüler, die anders aussehen oder sich verhalten, die passiv und vorsichtig sind, den Wettbewerb, Mannschaftsspiele oder gar Raufereien meiden und sich nicht wehren, wenn ihnen etwas entwendet wird (z. B. die begehrte Markenjacke) oder wenn sie körperlich angegriffen werden (das „Weichei“). Oft sind es auch stille introvertierte Problemschüler, die Aggressivität auf sich ziehen. Hier entsteht sehr schnell der Eindruck: *Mit dem kann man es machen!* Neben diesem sehr häufigen **passiven Opfertyp** wird in der pädagogischen Literatur das seltener vorkommende **provozierende Opfer** beschrieben. Dabei handelt es sich um unruhige, nervöse Schüler, die mit ihrem Verhalten allen auf die Nerven gehen und „dauernd Ärger machen“. Häufig handelt es sich um Schüler, deren Aufmerksamkeitsdefizitstörung (ADS) oder Aufmerksamkeitsdefizit-Hyperaktivitätsstörung (ADHS) nicht erkannt und angemessen behandelt wird. Laut einer Statistik der Bundesvereinigung der Deutschen Apothekerverbände haben im Jahr 2008 etwa 407 000 Kassenpatienten Arzneien gegen ADS und ADHS erhalten, die meisten davon waren Schulkinder. Verschiedene Studien ergaben, dass zwischen zwei und sechs Prozent aller Kinder betroffen sind, wobei die Störung bei Jungen viermal häufiger als bei Mädchen diagnostiziert wurde.

Im Rahmen einer großen Studie haben Reiner Hanewinkel und Reimer Knaack in Schleswig-Holstein Mitte der 1990er-Jahre fast 15 000 Schüler der Klassen drei bis zwölf aus 47 Schulen unterschiedlichen Typs befragt. Fast zehn Prozent gaben an, mindestens einmal pro Woche gemobbt zu werden. Die meisten Betroffenen stammten aus den Klassen sieben bis zehn. Sie klagten über Hänseln, Schlagen und Treten. Jeder zweite Schüler hat den Eltern Bescheid gesagt, jedoch weniger als jeder Dritte hat sich einem Lehrer anvertraut. Fast drei Viertel der Lehrer und zwei Drittel der Mitschüler haben entweder nichts mitbekommen oder haben sich

„herausgehalten“. Dieses Ergebnis zeigt, dass Mobbingbetroffene – ähnlich wie im Arbeitsleben – auch in der Schule viel zu wenig Unterstützung erhalten.

Eine Münchner Untersuchung hat 2007 ergeben, dass jeder dritte Schüler bezüglich des Leistungsbereichs Versagensängste hat und fünf bis 20 Prozent Ängste vor der sozialen Situation in der Klasse (gemeint war auch Mobbing). Vor allem werden Demütigungen, verbale Angriffe, Ausgrenzung und Prügel gefürchtet. 15 bis 35 Prozent der Schüler an Grundschulen und fünf bis 16 Prozent der Schüler an weiterführenden Schulen berichteten von einschlägigen Erfahrungen.

Mobbing gegen Lehrer: Den kriegen wir klein!

Wenn Lehrer etwas bewirken wollen (fachlich und pädagogisch), sind sie unbedingt darauf angewiesen, von ihren Schülern zumindest akzeptiert und respektiert, wenn nicht gar gemocht zu werden. Lehrer, die das nicht berücksichtigen und ihren Unterricht nur „durchziehen“ wollen, werden Probleme bekommen. Haben sie dann noch Eigenheiten im Aussehen, Auftreten oder besondere Angewohnheiten, die einige Schüler als komisch oder „abartig“ bewerten, kann es schnell zu einer destruktiven Provokation oder gar Konfrontation kommen (das ausgerollte Kondom als „Lesezeichen“ im Klassenbuch). Gefährdet sind Junglehrer, vor allem weibliche, die ängstlich, konfliktscheu oder sozial weniger kompetent sind und sich nicht trauen, über ihre Schwierigkeiten mit einem erfahrenen Kollegen zu sprechen – meist aus Angst vor noch mehr Gesichtsverlust. Eine „moderne“ Form des Mobbings stellen die neuen Internetportale wie etwa „SpickMich“ dar, bei denen missliebige Lehrer anonym und feindselig beurteilt und benotet werden können.

Wird nicht schon frühzeitig aufgrund von Zeugenaussagen interveniert, wird die Mobbingspirale bald ein Ausmaß erreichen, bei dem der Lehrer die Klasse am liebsten nicht mehr betreten will. Bald stellen sich (psycho-)somatische Beschwerden und Erkrankungen ein, die dann auch noch die entlastende Funktion haben, sich diesen Situationen nicht mehr aussetzen zu müssen (die ärztlich verordnete und deshalb allgemein akzeptierte Auszeit). Es muss viel stärker als bisher auf die Gesundheit der Lehrer geachtet werden, sowohl vonseiten der Schulbehörden als auch der Schulen, gegenseitig und von ihnen selbst, damit sie den gestiegenen Anforderungen gerecht werden können und sich darüber hinaus nicht nur vermehrt um Konflikte in ihren Klassen kümmern, sondern gegebenenfalls auch die Mobbingattacken auf ihre Person erfolgreich abwehren können. Das trägt auch dazu bei, die schon erwähnte massenhafte frühe Berufsunfähigkeit zu vermeiden.

Bei Gewalt und Mobbing an Schulen spielen **Sympathisanten und Zeugen**, die sich aber „raushalten" wollen, eine das Problem verschärfende Rolle: Mitläufer unter den Schülern genießen oft stellvertretend die Macht, die sie miterleben und selbst nicht ausüben können, oder sie schweigen aus Angst davor, selbst ins Fadenkreuz zu geraten und Zielscheibe von Übergriffen zu werden. Von diesen Schülern ist zunächst keinerlei Hilfe bei der Konfliktlösung zu erwarten. Wie schon erwähnt, fördert dieses Verhalten sogar den von vielen Beteiligten ersehnten Gruppenzusammenhalt. Gleiches gilt leider auch für Lehrer, die sich raushalten wollen, die wegsehen, um nicht eingreifen und die Vorfälle melden zu müssen – und die dadurch zu „Möglichmachern" im Sinne von Heinz Leymann werden. Sie tragen dazu bei, dass Grenzen verschwimmen, Hemmungen fallen und sich die Gewaltspirale weiterdreht. Dabei nehmen sie in Kauf, dass gütliche Einigungen oder Schlichtungen im Verlauf des Geschehens immer unwahrscheinlicher werden und Gewalt und Mobbing nur mit „Gewalt von oben", also durch die Vorschriften der Schulgesetze (siehe ab Seite 119), beendet werden können. Damit wird ein Klima der Gewalt unfreiwillig durch die Schule sogar noch gefördert.

Obwohl er nicht zum Thema zu gehören scheint, spielt Vandalismus an Schulen für Mobbing und Gewalt gegen Schüler und Lehrer eine wichtige Rolle. Wird aus Geldmangel, Resignation und Desinteresse nichts gegen Sachbeschädigungen und Wandschmierereien unternommen, führt dies zu dem Eindruck, dass alles akzeptiert wird, und wird gewaltbereite Schüler dazu ermutigen, nicht nur gegen Sachen, sondern auch gegen Lehrer und Mitschüler aggressiv vorzugehen. So hat eine Erfahrung in New York überraschend gezeigt, dass das konsequente Vorgehen gegen Graffiti und herumliegenden Müll ein erster Schritt zur Senkung der Gewaltkriminalitätsrate war.

Konsequenzen für Schule, Lehrer und Eltern

Wenn eine Schule den Problemen Gewalt und Mobbing wirksam begegnen will, sind folgende Bereiche wichtig:

Die Schule muss eine offizielle Willensbekundung abgeben, dass Gewalt und Mobbing geächtet werden und ihr Vorkommen umgehend genau untersucht und sanktioniert wird. Derartige Beschlüsse waren schon vor zehn Jahren Pflicht an den Schulen, analog zu den Leitbildern, die sich viele Betriebe zulegten. Die Schule muss auch für Transparenz und Gerechtigkeit bei der Beurteilung und Benotung der Schüler sorgen. **Schülermitbestimmung/-verwaltung** sollte in allen nur möglichen Bereichen gewährleistet sein. Viele Schulen haben auf Anordnung der Schulbehörden Gewaltpräventionsmodelle übernommen. Seit 2008 müssen z. B. die Schulen in Hamburg alle Gewalthandlungen der Polizei und den Jugendämtern melden. Die Statistik ist aber noch sehr lückenhaft, da viele Schulen Angst um ihr Ansehen haben und deshalb vor allem nur diejenigen Vorfälle melden, die nicht mehr intern gehalten werden können. Das gleiche Problem hat man, wenn man eine repräsentative Erhebung zu Mobbing in der Arbeitswelt machen will: Auch hier muss man mit Widerstand rechnen, da die Betriebe negative Folgen fürchten.

Gerade Leitlinien für mehr Toleranz und gegen Gewalt und Mobbing an Schulen müssen aber in jeder einzelnen Klasse konkretisiert und gelebt werden: Es ist Sache des Klassenlehrers, die Leitlinien zu diskutieren, zu vertreten und für alle Schüler deutlich sicht- und erlebbar zu machen, z. B. mit einem Aushang.

Der Klassenlehrer ist für alle Probleme der Schüler seiner Klasse erster Ansprechpartner. Er hört sich neutral die Sichtweisen aller „Parteien“ an und versucht dann auszugleichen und zu schlichten. Unabhängig vom offenkundigen aktuellen Vorfall ist er verpflichtet, auf die Klassenatmosphäre insgesamt zu achten. Das gilt für den Unterricht wie für die Pausen, vor allem für die große Pause mit ihrer oft sehr aufschlussreichen Gruppendynamik in den Fluren und auf dem Schulhof. Die Schulen haben zur Unterstützung des Klassenlehrers **Beratungslehrer** mit einer zweijährigen Ausbildung, die neben der Schullaufbahnberatung auch bei Problemen und Konflikten Lehrer und Schüler anhören, beraten und vermittelnd eingreifen können. Daneben gibt es **Ver-**

trauenslehrer, die die Verbindung zwischen der Klasse, vertreten durch den **Klassensprecher**, und der Schulleitung herstellen, etwa wenn ein Schulfest oder ein themenbezogener Aktionstag geplant werden. Lehrer, die routinemäßig **Pausenaufsicht** machen, müssen bei den dabei auftretenden Problemen, Konflikten und Rangeleien entschlossen auftreten. Vielfach ist bei den Schülern der Drang nach Spannungsabfuhr sehr deutlich: Durch das Stillsitzen und die Beschäftigung mit zum Teil uninteressantem Lehrstoff kommt es in der großen Pause oft zu überschießenden Verhaltensweisen, die sich auch als Gewalt und Mobbing gegen Mitschüler äußern. Die Pausenaufsicht muss „Rädelsführer" sofort und ohne Diskussion aus der Gruppe nehmen und der Schulleitung vorstellen. Viele Lehrer gucken jedoch weg, wollen sich nicht einmischen, weil sie nicht wissen, wie sie sich verhalten sollen, oder weil sie ganz einfach Angst davor haben, dass die gemaßregelten Schüler sich bei nächster Gelegenheit an ihnen rächen. Diese Lehrer werden sich auch eher nicht an ihre Kollegen wenden, da sie nicht als schwach erscheinen wollen. Deshalb ist es sinnvoll, dass die Schulleitung immer wieder – ohne einzelne Lehrer direkt anzusprechen – auf Fortbildungen hinweist oder die Kurse der Landesinstitute für Lehrerfortbildung als verbindlich ankündigt. Hierbei werden vor allem Kurse zur sogenannten interkulturellen Kommunikation und Kompetenz immer wichtiger.

Die Eltern sollten *schriftlich* darüber informiert werden, dass Gewalt und Mobbing nicht akzeptiert werden und dass sie ihre Kinder darauf ansprechen sollen, wenn diese morgens oft irgendwelche Befindlichkeitsstörungen haben und nicht zur Schule wollen, wenn sie Verletzungen bemerken, für die es keine einleuchtende Erklärung gibt, wenn das Taschengeld plötzlich nicht mehr reicht, wenn Schulsachen und Kleidungsstücke „verloren gehen", wenn der Schüler immer stiller und zurückgezogener wird und vor allem wenn es zu einem unerklärlichen Absacken in den schulischen Leistungen kommt. In diesem Zusammenhang ist die Erfahrung „Montag ist Bauchwehtag" schon zu einem geflügelten Wort geworden. Die im Folgenden aufgezählten Beschwerden und Krankheiten ihrer Kinder sollten die Vermutung nahelegen, dass es in der Schule gravierende Probleme gibt: Schlafstörungen und Albträume, Kopfschmerzen, Bauchschmerzen mit Übelkeit und

Erbrechen, Appetitlosigkeit, Nägelkauen, Unruhe, Konzentrationsstörungen mit Streitsucht oder – im Gegenteil – Teilnahmslosigkeit mit Antriebsverlust und einem depressiv anmutenden Rückzug. Auch das Schulschwänzen ist ein deutliches Signal.

In diesen Fällen sollten die Eltern nicht nur an einen Arztbesuch denken, sondern ihre Beobachtungen und Erfahrungen der Schule mitteilen, ohne gleich zu Selbstjustiz zu greifen und die Mobber ihrerseits zu bedrohen, denn Eltern und Schule müssen unbedingt an einem Strang ziehen. Kann die Gewalt gegen ein Kind allerdings nicht sicher abgestellt werden, sollte auf jeden Fall ein Schulwechsel ins Auge gefasst werden. Im Internetportal „schulradar.de", einem Projekt von „spickmich.de", haben Eltern die Möglichkeit, die Schule ihrer Kinder in den Kategorien Lehrer, Förderung, Ausstattung, Schulklima und -leitung zu beurteilen und damit Einfluss auszuüben.

Besonders engagierte und geeignete Lehrer mit entsprechenden Interessen können sich zu **Mediatoren** ausbilden lassen. Dabei ist zu beachten, dass sie nur in Klassen, mit denen sie sonst überhaupt nichts zu tun haben, in dieser Funktion eingesetzt werden. Dies ist insofern wichtig, um sie auf keinen Fall parteiisch werden zu lassen, da das Verfahren der Rahmen für eine ergebnisoffene Lösung ist, von der lediglich feststeht, dass beide Seiten profitieren sollen (Win-win-Lösung).

Die Schule kann Anti-Mobbing-Projekttage einrichten, bei denen strukturierte **Kompetenztrainings** für alle Schüler angeboten werden. In Hamburg gibt es zum Beispiel das Projekt „Mobbingfreie Schule", bei dem sich die Schüler anhand von anschaulichem Übungsmaterial die notwendige Aufmerksamkeit und Kompetenz für sich anbahnende Mobbingprozesse und Gegenmaßnahmen erarbeiten können. Dabei werden Verantwortungsbewusstsein und Zivilcourage eingeübt und positiv „besetzt". Hubert Kleber hat unter dem Titel „Konflikte gewaltfrei lösen" ein in der Sekundarstufe I einer Erlanger Hauptschule erprobtes, materialreiches Trainingsprogramm der Bund-Länder-Kommission für Bildungsplanung veröffentlicht.

In der alltäglichen Schulpraxis haben sich spezielle Schulungen für besonders sozial eingestellte und beliebte Schüler punktuell bewährt, nämlich die Ausbildung zum **Konfliktlotsen**. Diese Methode hat gegenüber der Mediation durch Lehrer den Vorteil, dass sie besonders „niederschwellig" ist. Einerseits liegen seitens der Bund-Länder-Kommission ermutigende Ergebnisse aus entsprechenden Modellprojekten mit Lehrern und Schülern als „Konfliktlöser" vor, andererseits wird aber in der Praxis darauf hingewiesen, dass die Ausbildung für Schüler anspruchsvoll und zeitaufwendig ist, die Schulen Probleme haben, entsprechende Räumlichkeiten für die Lotsen zur Verfügung zu stellen, und diese nach all dem Aufwand dann jenseits offizieller Projekte im Schulalltag leider eher selten eingeschaltet werden.

Soweit die Möglichkeiten vorhanden sind, sollten **Schulpsychologen** ebenfalls hinzugezogen werden und ihre spezifische Kompetenz einbringen. Üblicherweise stehen sie jedoch meist lediglich an Gesamtschulen zur Verfügung. **Gegenwärtig gibt es in Deutschland nur einen Schulpsychologen auf 16 000 Schüler.** Oft gibt es aber für die anderen Schulen sogenannte regionale Unterstützersysteme, bei denen Schulpsychologen bei Bedarf angefordert werden können. Man muss sich allerdings auf lange Wartezeiten einstellen, sodass dieser Weg eher unpraktisch ist, da die Konflikte auf keinen Fall auf die lange Bank geschoben werden dürfen. Die Ergebnisse der Lernpsychologie zeigen seit Jahrzehnten deutlich, dass sowohl gütliche Regelungen als auch Sanktionen so rasch wie nur irgend möglich auf das Fehlverhalten folgen müssen.

Neben den einvernehmlichen, ein Win-win-Ergebnis anstrebenden Maßnahmen gibt es natürlich auch ein abgestuftes Instrumentarium an Sanktionen „von oben" für den Fall, dass alles andere schon versucht oder – was häufiger vorkommt – nicht gemacht wurde. Wird ein Vorfall als gravierend angesehen, findet eine sogenannte **Disziplinarkonferenz** statt, bestehend aus einem Vertreter der Schulleitung, Klassenlehrer, Beratungslehrer, Fachlehrer, Eltern(-teil) und dem Schüler. An Strafen stehen zur Verfügung: Ausschluss aus dem Unterricht (z. B. für drei Tage), Erteilung von Auflagen (z. B. das von ihm verschmutzte Schulgelände zu reinigen), Verweis (eine Art Abmahnung wie im Arbeitsleben) und im schlimmsten Fall die Abschulung (Wechsel an eine andere Schule mit einem neuen sozialen Umfeld in der Hoffnung auf einen gelingenden Neustart).

Die einzelnen Bundesländer haben **Schulgesetze** (SchulG), die den Schulen bei gravierendem Fehlverhalten ihrer Schüler geeignete Maßnahmen vorschreiben. So sieht zum Beispiel das **SchulG von Schleswig-Holstein in § 45** „Maßnahmen bei Erziehungskonflikten" in ***Absatz (2)*** Ordnungsmaßnahmen zu den folgenden Zwecken vor:

1. Um die Schülerin oder den Schüler zur Einhaltung der Rechtsnormen oder der Schulordnung anzuhalten oder
2. um die Schülerin oder den Schüler zur Befolgung von Anordnungen der Schulleitung oder einzelner Lehrkräfte anzuhalten, die zur Erfüllung des Unterrichts- oder Erziehungsauftrages der Schule erforderlich sind, oder
3. wenn eine Schülerin oder ein Schüler Gewalt als Mittel der Auseinandersetzung anwendet oder dazu aufruft.

Absatz (3) zählt die **Ordnungsmaßnahmen** auf:

1. Schriftlicher Verweis,
2. Ausschluss auf Zeit von Schulveranstaltungen außerhalb des Unterrichts,
3. Ausschluss vom Unterricht bis zur Dauer von zwei Wochen,
4. Überweisung in eine Parallelklasse oder eine entsprechende organisatorische Gliederung,
5. Überweisung in eine andere Schule mit dem gleichen Bildungsabschluss.

Die körperliche Züchtigung sowie andere entwürdigende Erziehungsmaßnahmen sind verboten. Ordnungsmaßnahmen sollen pädagogisch begleitet werden.

Absatz (4): Die Maßnahmen nach Absatz (3) Satz Nr. 3 bis 5 sollen nur bei schwerem oder wiederholtem Fehlverhalten der Schülerin oder des Schülers angewandt werden.

Absatz (5): Die Ordnungsmaßnahme muss in einem angemessenen Verhältnis zum Anlass stehen. Vor einer Ordnungsmaßnahme sind die Schülerin oder der Schüler und ihre oder seine Eltern zu hören. Die Schülerin oder der Schüler kann eine zur Schule gehörende Person ihres oder seines Vertrauens mitbringen.

Die **Hamburger Beratungsstelle Gewaltprävention** hat eine Checkliste **„Massive Gewalthandlung unter Jugendlichen"** für den Umgang mit Gewalthandlungen und Kriminalität in der Schule erstellt:

Sofortmaßnahmen

1. Einschreiten der Lehrkräfte, Unterbindung des Geschehens, Distanz zwischen Kontrahenten
2. Sofortige Information über Gewalthandlung an Schulleitung und Klassenleitung
3. Versorgung des Opfers sicherstellen (z. B. Erstversorgung in der Schule, Arzt oder Notruf 112)
4. Einschaltung der Polizei (zuständige Polizeiwache oder – bei Gefahr im Verzug – Notruf 110)
5. Suspendierung des Täters bzw. der Täterin (HmbSG § 49 Abs. 7)

Einschalten wichtiger Institutionen

6. Information der Sorgeberechtigten (Opfer, Täter/in)
7. Information der Schulaufsicht („Besonderes Vorkommnis – Gewalttat")
8. Information der Beratungsstelle Gewaltprävention (Beratung über die nächsten Schritte)

Pädagogische und Ordnungsmaßnahmen

9. Bearbeitung des Vorfalls in der Schulgemeinschaft (Klasse, Elternbrief usw.)
10. Opferbegleitung (z. B. telefonischer Kontakt, Hausbesuch)
11. Dokumentation des Vorfalls
12. Einleitung von schulischen Ordnungsmaßnahmen (Anhörungen, Klassenkonferenz usw.)
13. Grenzziehung durch Schulleitung und/oder Beratungsstelle Gewaltprävention gegenüber Täter/in

Entscheidungen und Rückkehr in den Alltag

14. Entscheidung über Ordnungsmaßnahmen (Aspekte: Reue des Täters, Angst des Opfers, Wirkung in der Schule; Entscheidung über Ordnungsmaßnahmen – von Verweis bis Umschulung –; eventuell schulpsychologische Stellungnahme)
15. Integration des Opfers
16. Integration und fachliche Begleitung des Täters (in alter oder neuer Schule)

In manchen Städten gibt es eine von der **Polizei** aufgelegte institutionalisierte Zusammenarbeit. In Hamburg heißt sie „Cop4U"

(Ein Polizist für dich), das heißt, ein bürgernaher Beamter versieht seinen Dienst (Streife) in der Nachbarschaft von Schulen und ist rasch zur Stelle, wenn es um Diebstahl, Bedrohung oder Körperverletzung geht. Er kommt auch in den Unterricht, um zu informieren.

Schließlich bleibt noch zu erwähnen, dass das soziale Klima und die Kreativität auch davon abhängen, wie die Unterrichtsräume, die Flure, der Pausenhof und die Schulwege gestaltet sind. All diese Bereiche signalisieren entweder Gefälligkeit und Sicherheit oder aber laden dazu ein, schlechte Laune und Frustrationen an Personen und Sachen auszulassen.

Gerd Arentewicz

Mit der Hassgruppe im Web 2.0. Cybermobbing mittels elektronischer Medien

Vorbemerkungen und Begriffsklärungen

In Anbetracht der wachsenden Bedeutung der Neuen Medien für Kinder und Jugendliche, aber auch für Erwachsene, und der damit verbundenen Gefahr des Missbrauchs soll – nach den vereinzelten Hinweisen auf diesen Mobbingschauplatz im vorigen Kapitel – hier das Thema ausführlich dargestellt und problematisiert werden.

Unter den Neuen Medien werden im Folgenden die Multifunktionshandys (bieten neben Telefon und den SMS-Kurznachrichten vor allem Foto, Video und Internetzugang) und das Internet selbst mit den verschiedenen Diensten zu Kommunikation und „Beziehungsmanagement" verstanden.

Die Dienste des Internets, also des World Wide Web (WWW), begannen Anfang der 1990er-Jahre mit dem massenhaften Zusammenschluss der gesammelten Datenmengen großer Rechenzentren. Die Nutzer konnten sich nun rasch mit Informationen versorgen. Es war ein relativ einseitiger Konsum von „statischer Ware". Nach und nach begannen dann die Anbieter, die Seiten dynamisch und interaktiv zu gestalten, um die Nutzer zur aktiven Beteiligung einzuladen: Interaktion und Kommunikation wurden möglich und mittlerweile ist das WWW zu einem „Mitmach-Netz" geworden. Um den deutlichen qualitativen Fortschritt zu betonen, hat sich die Bezeichnung Web 2.0 eingebürgert. Das wichtigste Merkmal ist der sogenannte Community-Gedanke: Wissen (z. B. in der freien Enzyklopädie „Wikipedia"), Videos (z. B. YouTube), Fotos (z. B. Flickr) und die Möglichkeiten zur Selbstdarstellung, um Leute kennenzulernen und Interessengruppen zu bilden (z. B. MySpace), werden so bequem zur Verfügung gestellt, dass jeder Interessierte sich beteiligen kann, ohne die eigenen vier Wände verlassen und sich realen sozialen Kontakten stellen zu müssen. Auf diese Weise können Einfluss und Kontrolle ausgeübt werden, auch wenn man eigentlich schüchtern und ängstlich ist. Einsame Menschen haben plötzlich Hunderte von Freunden und Bekannten, und wenn eine Situation am Rechner zu schwierig wird, kann man ihn einfach ausschalten oder einen lästigen „Partner“ wegklicken.

Viele, vor allem jugendliche Nutzer glauben, dass sie bei den einzelnen Anbietern und Foren in geschützten Räumen sind. Dabei kommunizieren sie in Wirklichkeit „mit der ganzen Welt“. Die Betreiber von Seiten für Kinder und Jugendliche versuchen zwar, ihre Nutzer abzuschirmen, dennoch gelingt es vielen PC-kundigen Erwachsenen, mit einigen Mausklicks in die Chatrooms einzudringen und mitzudiskutieren.

Am 10. Februar 2009 gab es die EU-Initiative „Safer Internet Day“. Seitdem werden Projekttage und Unterrichtseinheiten und ein kostenloses Unterrichtsmodul „Cybermobbing“ angeboten. 17 Webseitenbetreiber versprechen „Alarmknöpfe“ gegen unerwünschte Interneteinträge.

Nach einer Studie aus dem Jahr 1999 von André Hahn und Matthias Jerusalem von der Humboldt-Universität in Berlin mit 9000 Teilnehmern gelten drei Prozent aller Online-Nutzer als internetsüchtig, das heißt, sie haben keine Kontrolle mehr über ihr Verhalten. Unter den bis zu 18-Jährigen sollen es sogar acht Prozent sein. Als Kriterien gelten: 4,5 Stunden durchschnittliche Spielzeit pro Tag, Vernachlässigung von Hobbys, Einengung auf das Geschehen auf dem Monitor, Leistungsabfall, Schulschwänzen, Verlust des Freundeskreises, Vernachlässigung von Essen, Hygiene und Schlaf und der schon genannte Kontrollverlust. Die meisten Betroffenen sind männlich und zwischen 15 und 25 Jahre alt. Die Fachleute vermuten Selbstwertprobleme, Depressionen und soziale Ängste als Ursachen. Die Online-Spiele bieten totale Kontrolle und Erfolgserlebnisse als Ersatz. Es wird vermutet, dass mindestens 45 000 Jugendliche in Deutschland sich am Spiel „World of Warcraft“ beteiligen.

Inzwischen geht man davon aus, dass etwa 15 Millionen Menschen in Deutschland gefährdet sind, internetabhängig zu werden. Betroffen sind vor allem Männer aus allen sozialen Schichten. Durch viele Sonderangebote auf dem PC-Markt begünstigt, verfügt heutzutage aber auch jeder zweite Schüler über einen eigenen PC. Angeblich verbringen neun Prozent der Jungen und ein Prozent der Mädchen täglich vier Stunden mit Online-Aktivitäten. Daneben hat ab dem zehnten Lebensjahr fast jedes Schulkind ein Handy zur eigenen Verfügung.

Der Netzdienst von jugend hilft jugend Hamburg teilt mit, dass die Psychiatrische Universitätsklinik in München sich bereits dafür einsetzt, dass die Krankheit „Internet-Abhängigkeits-Syndrom" offiziell anerkannt wird. Der Dienst bietet viele Links zu Beratung und Selbsthilfegruppen.

An dieser Stelle soll darauf hingewiesen werden, dass nicht die Möglichkeiten des Web 2.0 „schuld" sind, dass bestimmte Menschen internetabhängig werden, sondern dass sie hier einen Weg finden, sich Gefühle und Erlebnisse zu verschaffen, die ihnen im realen Alltagsleben fehlen. Die alte Verführungshypothese greift zu kurz, da jemand nur dann offen für Verführung ist, wenn in wichtigen Bereichen seines Erlebens und Verhaltens Mangel herrscht und das Internet sich dann als Medium für Ersatzbefriedigung anbietet. Von daher ist es im Sinne des Jugendschutzes nicht nur notwendig, das Internet kritisch zu beobachten, sondern die Motivation für die stundenlange Online-Nutzung als Symptom und Aufforderung zu werten, sich mit den Ursachen des Mangels zu befassen und sie möglichst abzustellen.

Ein Zusammenhang zwischen Internetsucht und Internetmobbing ist derzeit nicht untersucht. Deshalb soll es im Folgenden auch nur um den Missbrauch des Netzes zu Mobbingzwecken gehen.

Es folgt eine Auflistung der wichtigsten Begriffe (teilweise aus der Jugendsprache), die im Zusammenhang mit dem Kampf gegen Mobbing im Internet häufig vorkommen:

Account: Dies ist die Zugangsberechtigung (Eintrittskarte) zu einem Internetdienst. Man braucht dazu die E-Mail-Adresse und ein persönliches Passwort. Die meisten Dienste sind gratis.

Blog: Gemeint ist die Abkürzung für „Weblog" und für viele Nutzer ist ein Blog Nachfolger der Homepage. Er stellt eine Art öffentlich einsehbares Tagebuch dar, das zu Kommentaren einlädt.

Chat, Chatroom: „Quasselbude", die Anbieter zum Gedankenaustausch zur Verfügung stellen. Sie sind bei Jugendlichen besonders beliebt und ziehen deshalb das Interesse von Pädophilen an.

Cyberbullying: Hier geht es ausschließlich um das Mobbing von Kindern durch Kinder mittels der elektronischen Medien Internet, E-Mail oder Handy.
Cybermobbing: Dies ist der internationale Fachbegriff für Mobbing per E-Mail, Instant Messager, Handy oder anderen elektronischen Medien von Kindern und Erwachsenen. Hier ist man zum Beispiel nicht mehr nur auf dem Schulhof, sondern überall und rund um die Uhr den Attacken ausgesetzt.
Cyberstalking: Hier handelt es sich um Nachstellungen, Verfolgungen, Drohungen und verbale sexuelle Attacken im Netz – meist aus verschmähter Liebe. Die Täter sind fast immer den Opfern bekannt (außer bei Prominenten).
Denigration: Dabei werden aus Rachemotiven mittels Texten, Fotos, Handyfilmchen *Verunglimpfungen*, Gerüchte und Peinlichkeiten über jemanden verbreitet.
Dissen: Dies ist der Sammelbegriff für alle *dis*kriminierenden, *dis*kreditierenden Äußerungen, die man ins Netz stellt, um jemandem zu schaden.
Exklusion: Ein Teilnehmer wird von einer Gruppe aus einer Online-Gemeinschaft ausgeschlossen, wobei der Betreffende dann auf einen Schlag Dutzende von „Freunden" verliert. Er wird dann online zum „MoF" (Mensch ohne Freund) und liest das auf dem eigenen Monitor.
Flaming: („Flammende") Beleidigungen, Beschimpfungen und Pöbeleien in den öffentlichen Bereichen des Netzes, die ohne den sogenannten Account zugänglich sind.
Forum: Dies ist eine Leistung von Internetanbietern, bei der sie eine Art Plattform zur Verfügung stellen, wo sich die Nutzer austauschen können. Je bekannter der Anbieter ist, umso mehr Gewicht erhalten die Einträge – also auch die diskriminierenden. Diese werden dann von den Suchmaschinen bevorzugt gefunden und als Erstes bei den „Treffern" aufgelistet.
Grooming: Hier versuchen Erwachsene mit sexuellen Absichten entweder als Kinder *getarnt* oder als erfahrener älterer „Freund", Kinder kennenzulernen und zu persönlichen Treffen zu überreden.
Happy slapping: Dies sind – als Spaß getarnte – vorsätzliche Prügelszenen, die deshalb für die Täter reizvoll sind, weil man sie – mit dem Handy gefilmt – über eine Multimedia Message (MMS =

Multimedia Messaging Service) Mitschülern auf ihr Handy schicken und später auch ins Netz stellen kann.

Harassment: Zu Deutsch „Störfeuer" in Form massiver Belästigungen etwa mittels einer Flut von E-Mails durch Bekannte aus dem sozialen Umfeld und durch völlig Unbekannte aus dem Netz.

Hassgruppe: Die „klassische" Form von Internetmobbing ist der Zusammenschluss von Mobbern im Netz. (Beispiel: „Robert aus Plön ist eine fette Sau und stinkt." Jeder mit dieser Ansicht kann sich auf eine „Unterschriftenliste" setzen, um der Behauptung Gewicht zu verleihen.)

Impersonation: Auf Deutsch „betrügerisches Auftreten". Hier wird das Mobbing unter falscher Identität betrieben.

Nicknapping: Das aus englisch „nickname" und „kidnapping" zusammengesetzte Kunstwort bezeichnet den Identitätsdiebstahl, bei dem jemand im Netz unter dem Namen eines anderen Teilnehmers auftritt, auf den bei Mobbing dann automatisch der Verdacht fällt.

Threats: Dabei handelt es sich um das Drohen und Ankündigen von Gewalt, sogar Todesdrohungen kommen vor.

Twittern: Mit dieser neuen Form von „Zwitschern" können, auch per SMS, im Internet schnell kurze Informationen über Menschen und Ereignisse verbreitet werden.

Voting site: Hier handelt es sich um Seiten, auf denen Inhalte, aber vor allem das Foto einer Person gezeigt werden – meist gegen ihren Willen – mit der Aufforderung, das Aussehen zu beurteilen und zu schmähen.

Website: Sammelbegriff für alle Arten der Darstellung im Internet. Im vorliegenden Zusammenhang spielen sie ebenfalls als Plattform für Kommunikation und Interaktion eine Rolle.

Die weitreichenden Gelegenheiten im Web 2.0 für Mobber

Die Neuen Medien ermöglichen es den Nutzern, eigene Informationen, News, Klatsch und Tratsch sowie eigene Fotos und Videofilmchen ins Internet zu stellen. Da es noch zu wenige Suchmaschinen für Internet-Straftaten gibt, die Material nach bestimmten Merkmalen scannen und dann blockieren, ist der Anreiz zu Missbrauch im Sinne von Mobbing groß.

Es folgt eine Auswahl einiger beliebter Anbieter von Plattformen (teilweise mit ihrem Eigenanspruch):

Facebook.com: „Facebook ermöglicht es dir, mit den Menschen in deinem Leben in Verbindung zu treten und Inhalte mit diesen zu teilen."

Flickr.com: Eine bekannte Plattform, auf der man sich mit eigenen digitalen Fotos und kurzen Kommentaren präsentieren und produzieren kann.

ICQ.de (I seek you): Dies ist ein bekannter Instant-Messaging-Dienst, der zwei oder mehrere Rechner so verbindet, dass eine geschriebene „Unterhaltung" in Echtzeit und auch Internet-Telefonie möglich sind. Hier gibt es keine Kontrolle oder Verantwortlichen mehr, die Interaktionspartner sind „unter sich".

Lokalisten.de: Die Seite bietet in vielen Regionen Deutschlands die Möglichkeit, sich mit einem Profil vorzustellen, anderen Lokalisten Nachrichten zu schreiben, Veranstaltungen bekannt zu geben und Interessengruppen zu gründen.

MeinProf.de: Studenten können anonym die Qualität der Lehre und der Lehrkräfte beurteilen. Es werden Rankings der Hochschulen erstellt. Dozenten erhalten „rasch und unbürokratisch" Informationen darüber, wie sie bei ihren Hörern ankommen.

MySpace.com: „Finde alle deine Freunde ... jetzt; zeig, wer du bist, und lade Fotos und Videos hoch; schau dir Profile an und finde neue Freunde; entdecke neue Bands, Filmemacher und Comedians."

MyVideo.de: Ebenfalls eine Möglichkeit, alle Arten von eigenen Filmen ins Netz zu stellen und die Produkte anderer Teilnehmer zu kommentieren.

SchuelerVZ.de: Das Schülerverzeichnis ist eine Art virtueller Pausenhof und besonders beliebt. Es fordert auf: „Lass dich einladen; triff deine Freunde aus der Schule; wer kennt wen über wen; haben deine Freunde schon die Fotos vom Wochenende hochgeladen?" Auf den Gruppenseiten kann jedes Mitglied eine Gruppe gründen. Angeblich kommen täglich 2300 Gruppen hinzu und es gehen 5000 Beschwerden ein.

Schulradar.de (ein Projekt von SpickMich): Wirbt bei Eltern damit, die beste Schule für ihre Kinder zu finden, lädt aber auch ein zur Bewertung von Schulen und Lehrkräften nach den „Erfahrungen" und Behauptungen der Kinder. Die Angaben sind auch anonym möglich und betreffen die Kategorien: Lehrer, Förderung, Ausstattung, Schulklima und Schulleitung. Auch hier beginnen Schulen und Lehrer, sich juristisch zu wehren.

SpickMich.de: Hier können unter der Fragestellung „Wie gut schneidet deine Schule ab?" Schulen und Lehrkräfte beurteilt werden. Meist kommt es nicht zu einer brauchbaren Beurteilung, sondern die wütenden oder verbitterten Schüler prangern Lehrer ehrenrührig an, sodass erste Prozesse angestrengt werden. Inzwischen gibt es ein Grundsatzurteil des Bundesgerichtshofs in Karlsruhe, das das Recht der Schüler und anderer Nutzer auf Meinungsaustausch und freie Kommunikation über das Recht einer klagenden Lehrerin auf informationelle Selbstbestimmung, also auf das, was über sie in den Medien ihren Leumund beeinflussend verbreitet wird, stellt, insbesondere da sich die Beurteilung auf die berufliche Tätigkeit der Klägerin beschränke. Die Klägerin zieht weiter vor das Bundesverfassungsgericht.

StudiVZ.de: Das Studierendenverzeichnis bietet an: „Finde andere Studenten an deiner Hochschule; finde alte Freunde wieder; finde heraus, wer wen über welche Ecken kennt."

Twitter.com: Plattform für „Internetgezwitscher". In jüngster Zeit besonders beliebt für extrem schnellen Transfer von Informationen. (Beispiel: Bevor das Ergebnis der Bundespräsidentenwahl im Plenum bekannt gegeben wurde, war es schon auf vielen Handys und Blackberrys zu sehen.)

Wer-kennt-wen.de: „Wer kennt wen über wen; finde Freunde, Kollegen und Mitschüler; finde deine Klasse, deine Discos und die Firma, in der du arbeitest."

YouTube.com: Wörtlich „Die Röhre", am besten zu übersetzen als „Du sendest", ist *die* Plattform für kurze Videofilme eigener Produktion oder professioneller Anbieter.

Viele Dienste haben inzwischen sogenannte Beschwerde-Knöpfe, mit denen Beschwerdedienste eingeschaltet werden können. Dies gilt neben Jugendschutz und Betrug vor allem dem Internetmobbing. Filtertechniken sollen nach beleidigenden Schlüsselwörtern suchen, damit die Systeme von sich aus Missbrauch erkennen, verhindern und entsprechende Einträge löschen können. Wegen der übergroßen Beliebtheit der Möglichkeiten für Interaktion und Kommunikation kommen die Dienste oft erst nach vielen Aufforderungen und tagelangen Wartezeiten dazu, diskriminierendes Material zu löschen.

Einige Untersuchungen zum Ausmaß des Problems

In einer Studie der Gewerkschaft Erziehung und Wissenschaft (GEW) zum Cybermobbing (2007) wurden 4000 Lehrkräfte aus verschiedenen Schulformen befragt. 31 Prozent der Lehrer kannten das Problem aus dem Kollegenkreis. Acht Prozent gaben an, selbst einmal Opfer gewesen zu sein. Es erstreckte sich über alle Altersgruppen und Schulformen. Lehrkräfte an Gymnasien betraf es jedoch häufiger. Die Befragung ergab zudem, dass 34 Prozent der Schüler auch schon mal im Netz gemobbt wurden.

Im Rahmen einer Erhebung von Thomas Bliesener und anderen (2007) von der Universität Kiel über Erfahrungen von Jugendlichen im Netz wurden rund 1300 Schüler im Alter von zwölf bis 17 Jahren befragt, ob sie in den letzten Monaten im Internet gemobbt wurden. 76 Prozent gaben an, im Internet zu kommunizieren (am liebsten in Foren und Chatrooms von SchülerVZ). 20 Prozent von ihnen bejahten die Frage. Jedes dritte Mädchen wurde mit sexuellen Inhalten belästigt. Bemerkenswert war die Erkenntnis, wie wenig problembewusst die Kinder waren, da sie die Folgen ihres Handelns nicht abschätzen konnten. Wichtig war auch das Ergebnis, dass sich die Eltern nur bei 39 Prozent der Mädchen und 29 Prozent der Jungen um deren Internetnutzung kümmerten.

In der Onlinebefragung der Arbeitsgruppe um Reinhold S. Jäger vom Zentrum für empirische pädagogische Forschung (ZepF) der Universität Koblenz-Landau aus dem Jahr 2007 zum Cybermobbing bei Schülerinnen und Schülern in der Bundesrepublik Deutschland wurden 2000 Schüler der Klassen eins bis 13 erfasst. Fast 20 Prozent gaben Erfahrungen mit Cybermobbing an, das über Instant Messaging (IM), etwa über ICQ, durchgeführt wurde. Schüler der Klassen acht bis 13 waren am meisten betroffen. Die Täter waren Mitschüler.

Die JIM-Studie „Jugend, Information, (Multi-) Media" des Medienpädagogischen Forschungsverbundes Südwest in Stuttgart (2008) zum Medienumgang Zwölf- bis 19-Jähriger in Deutschland ergab, dass sich 41 Prozent täglich und 16 Prozent mehrmals in der Woche in Online-Communities aufhalten. 50 Prozent der Onlinezeit wird auf „Information" verwendet. 75 Prozent der Jugendlichen haben Erfahrungen mit dem sogenannten Dissen, jeder dritte Schüler gab an, selbst betroffen zu sein.

Die Arbeitsgruppe um Jürgen Brautwein hat 2009 für die Untersuchung „Heranwachsen im Social Web" der Landesanstalt für Medien (LfM) in Düsseldorf 650 junge Leute im Alter von zwölf bis 24 Jahren befragt. Die meisten Teilnehmer waren entweder selbst vom Dissen betroffen oder kannten jemanden mit derartigen Problemen.

In den letzten Jahren sind eine Reihe von spezifischen Studien zum Thema aus den USA in Deutschland bekannt geworden. Insgesamt wurden durch verschiedene Universitäten mehrere Tausend Schüler befragt, ob und wenn ja, welche Erfahrungen sie mit Internetmobbing gemacht haben. Die wichtigsten Ergebnisse waren:

Wer sich seiner Schule verbunden fühlt und ein positives Bild von den Mitschülern hat, wird kein Internetmobber.

Opfer und Täter haben in der Regel aus unterschiedlichen Gründen ein niedriges Selbstwertgefühl. Vom Täter werden Defizite kompensiert, beim Opfer soziale Ängste ausgelöst. Fast 40 Prozent der Opfer fühlen sich bestürzt, hilflos, verwirrt, gestresst und bekommen Konzentrationsstörungen.

Wer im Alltag gemobbt wurde, hatte auch ein um das siebenfache erhöhtes Risiko, im Netz gemobbt zu werden. Im Schnitt fühlen sich zehn Prozent der Befragten von Cybermobbing betroffen. Die Mehrzahl ahnte, wer die Mobber waren. Nur jeder zehnte Schüler vertraute sich Erwachsenen an. Überraschend häufig wechselten die Rollen von Opfer und Täter. Die Täter waren auch sonst deutlich aggressiv und begingen Regelverstöße.

Das Internet ist das ideale Medium für alle Arten von Mobbing und für Informationen darüber, wie man es am wirkungsvollsten macht. Begibt man sich als „ratloser" Schülermobber im Netz auf die Suche, so wird man für jede nur denkbare Fragestellung Antworten und Anregungen finden: Es gibt Seiten, von denen man sich Hunderte „Sprüche, die so richtig fertig machen", herunterladen kann. Dazu zwei Beispiele: „Wie bist du eigentlich nach deiner Abtreibung aus der Mülltonne geflohen?" – „Als Gott die Intelligenz verteilt hat, warst du wohl gerade auf dem Klo."

Fortgeschrittene loggen sich in Chats ein, die darüber informieren, wie jemand am besten in den Selbstmord getrieben wird. Anregungen zur Erstellung von Pornomontagen und Hinrichtungsvideos gibt es auch.

Welche Möglichkeiten der Hilfe bietet das Internet?

In den letzten Jahren sind eine Reihe von sogenannten „Korrekturplattformen“, die sich als Opferhilfe für den Umgang mit dem Internet und Mobbing verstehen, online gegangen:

Internet-Beschwerdestelle.de: Das ist eine gemeinsame Einrichtung des Verbandes der Deutschen Internetwirtschaft (eco.de) und der Freiwilligen Selbstkontrolle Multimedia-Diensteanbieter (fsm.de) für sicheren Umgang mit dem Internet und der Möglichkeit für Beschwerden. Sie ist auch auf europäischer Ebene vernetzt, so etwa gegen Kinderpornografie.

Jugendschutz.net: Hier können jugendgefährdende Inhalte des Internets gemeldet werden, aber auch Rufschädigendes aus interaktiven Angeboten wie zum Beispiel aus Chats, Instant Messaging, File-Sharings (Tauschbörsen). Eine Erhebung des Anbieters hat ergeben, dass die Mehrzahl der surfenden Kinder sexuelle Belästigung im Netz kennt.

Klicksafe.de: Dies ist eine Initiative für mehr Sicherheit im Netz und bietet umfangreiche Informationen über Internetmobbing. Medienpädagogen veröffentlichen hier eine Liste von kindgerechten und sicheren Internetseiten.

Mobbing-Scout.de: Eine Seite der Fairness-Stiftung mit sehr vielen Links zu benachbarten Seiten.

Saferinternet.at: Die österreichische Plattform gegen Internetattacken bietet Informationen über den sicheren Umgang mit Internet, Handy und Computerspielen einschließlich der Möglichkeit, illegale Inhalte zu melden.

Schau-hin.de (und die Personensuchmaschine yasni.de): Hier können Eltern und Lehrer danach suchen, welche Spuren ihre Kinder im Netz hinterlassen haben oder was über sie geschrieben wurde.

Seitenstark.de: Die Arbeitsgemeinschaft vernetzter Kinderseiten ist dem Jugendschutz verpflichtet und bietet unter anderem einen Expertenchat gegen Mobbing an.

Wer sich zwar informieren will, aber dann die „Überwachung“ seiner Internetreputation an eine spezialisierte Firma abgeben will, kann zum Beispiel die folgenden Seiten besuchen:

DeinGuterRuf.de und MeineReputation.de: Anbieter, mit denen man seinen Ruf im Internet im Auge behalten kann.

Internetvictims.de: Forum, das sich mit Rufschädigung, Beleidigung und Betrug im Internet beschäftigt und eine Fülle an aktuellen Informationen und Links zum Thema bietet.
MyOn-ID.de: Der Service sieht sich als „Reputationsplattform", die für Anwender problematische Inhalte im Netz sucht, damit man sie kommentieren und gegebenenfalls richtigstellen kann.
Reputationdefender.com: „Gibt es etwas im Internet, das Ihrem Ruf schadet? Etwas, das einem neuen Job oder einer Beziehung im Weg steht? Werden Sie aktiv und entfernen Sie heute unerwünschte Inhalte aus dem Internet!" Diese Dienste suchen vor allem für Firmen nach diskriminierendem Material im Netz und platzieren dann positive Beiträge so oft, bis die negativen bei Recherchen immer weiter „nach hinten" rücken und deshalb nicht mehr gelesen werden.

Wie können sich die Betroffenen wehren?

In Zeiten des Internets ist der „digitale" Ruf genauso wichtig wie der reale Leumund im alltäglichen Leben. Bei Bewerbungen und Stellenbesetzungen gehen immer mehr Personalverantwortliche dazu über, im Netz über die Stellenbewerber zu recherchieren. Dazu hat sich der Begriff **Googlability** eingebürgert: Zählen tut hier, was gegoogelt werden kann. Hat der Bewerber überwiegend positive Einträge, kommt er vielleicht schon deshalb in die engere Auswahl. Eine kürzlich vom Bundesverbraucherschutzministerium in Auftrag gegebene Studie über die Nutzung des Internets bei der Bewerberauswahl hat ergeben, dass fast 30 Prozent der befragten 500 Unternehmen in Karriereportalen, Facebook und StudiVZ gezielt nach Informationen suchen. Wichtig waren vor allem Angaben über Hobbys, Vorlieben, Meinungen und Interessen der Bewerber. Zu Ablehnungen führen demnach abfällige Äußerungen über gegenwärtige oder frühere Arbeitgeber sowie Schnappschüsse von feucht-fröhlichen Partys.

Online-Portale wie die vorher genannten „seitenstark" und „klicksafe" raten zu folgendem Vorgehen, wobei grundsätzlich gilt, nie die Identifikationszugänge weiterzugeben (auch nicht an den Lebenspartner; siehe „Stalking"):

An erster Stelle steht das sogenannte „Ego-Googlen". Gemeint ist die regelmäßige Suche nach Fotos und Einträgen über die eigene Person, die man entweder aus einer Laune heraus selbst ins Netz gestellt hat oder die von anderen Personen über einen im Netz verbreitet werden. Sehr effizient sucht 123people.com nach Informationen, die auf öffentlich im Internet verfügbaren Webseiten zu dem eingegebenen Namen enthalten sind. Die Treffer, die das Ergebnis einer Echtzeitsuche sind, werden thematisch zu Sektionen zusammengefasst. Danach sollte man die Einträge sammeln und speichern und am besten auch ausdrucken. Erscheint auf dem Monitor diskriminierendes Material, sollte man den „Ignorieren-Knopf" anklicken und Chatroom, Forum, Webseite oder Blog sofort verlassen und den Betreiber informieren. Sinnvoll ist es, nie direkt selber zu reagieren (beispielsweise durch Verteidigung oder Richtigstellung). Eine derartige, meist auch sehr emotionale Reaktion bringt einen in die Defensive und stachelt das Mobbing eher noch an, da man dem Kontrahenten gegenüber Wirkung zeigt, weil er „getroffen" hat. Dauert die Belästigung an, sollte man eine neue Handynummer beantragen und für die bevorzugten Webseiten neue Accounts eröffnen.

Bei besonders ehrenrührigen Attacken sollte auch daran gedacht werden, einen Unterlassungsanspruch geltend zu machen und eine Strafanzeige in Betracht zu ziehen.

Folgende Maßnahmen sind ebenfalls sinnvoll:

Man sollte so wenig wie möglich über sich im Netz preisgeben. Dazu gehört auch, keine Profile auf Webseiten auszufüllen. Dauern die Attacken an (etwa weil man bislang keine Reaktion gezeigt hat), sollte man zur Beweissicherung ein Tagebuch mit Quellenangaben anlegen und von dem diskriminierenden Material sogenannte Screenshots, also Aufnahmen der Bildschirmseite (des Chatfensters), in Anwesenheit eines Zeugen machen.

Wer sich das zutraut, sollte immer zuerst versuchen, den Urheber zu ermitteln, und ein persönliches, klärendes Gespräch anstreben, gegebenenfalls auch mit Personen des (beiderseitigen) Vertrauens oder einem Vermittler. Erstaunlich oft weiß der Betroffene ziemlich genau, von wem das „Störfeuer" kommt. Viele junge Täter sind froh, wenn sie aus einer unbedachten „Nummer" ungeschoren wieder rauskommen, und nehmen das Gesprächsangebot an (Win-win-Lösung).

Auf jeden Fall sollte man die Verantwortlichen kontaktieren (falls möglich direkt über den „Beschwerde-Knopf", ansonsten über das vorgeschriebene Impressum), um den Eintrag/das Video löschen zu lassen. Ansprechpartner bei Chats ist der Moderator, bei Blogs, Foren und Webseiten der jeweilige Betreiber. Beliebte Seiten für Internetmobbing sind aber oft anonym. Hier kann man eine „Whois"-Abfrage („Wer ist?-Abfrage") versuchen: Unter den Adressen www.denic.de und www.speednames.com sollte man die Registrierung der Domains finden.

Fühlt man sich nicht mehr dazu in der Lage, gezielt selbst vorzugehen, sollte man einen der Dienste kontaktieren, die auf Beschwerden spezialisiert sind (siehe oben). Einige Großstädte bieten für gemobbte und gestalkte Frauen Hilfe im Netz (z. B. frauennotruf-frankfurt.de) an.

Als Berufstätiger könnte man eine Vertrauensperson im Betrieb (Betriebsrat, Personalbeauftragter, Mediator oder Ähnliches) hinzuziehen; notfalls auch einen auf Mediation spezialisierten Rechtsanwalt. Als Jugendlicher sollte man die Eltern einschalten oder die sich anbietenden Internetdienste. Als Schüler sollte man auf jeden Fall die Eltern um Hilfe bitten und auch die Lehrer informieren, um die Schule als Rückhalt zu gewinnen.

Was können die Eltern tun?

Alle Eltern sollten sich darüber im Klaren sein, dass nicht das bloße Vorhandensein der Neuen Medien das Problem ist, sondern dass bei vielen Kindern die Abhängigkeit davon ein Anzeichen für einen Mangel darstellt: Viele Kinder suchen Aufwertung und Freundschaften durch die Präsenz auf vielen Plattformen. Pornofilmchen auf dem Handy gelten als coole Mutprobe. Die neuesten Clips und Klingeltöne beweisen, dass man selbst brandaktuell ist, und krasse DVD-Filme helfen gegen das Außenseiterimage. Die Eltern müssen das Vertrauen zum Kind stärken und ausbauen: Nur eine Minderheit vertraut sich ihren Eltern an, da die Kinder zu Recht fürchten, dass diese ihnen als Erstes den Internet-Zugang sperren. Alle haben Angst, zu Außenseitern zu werden, wenn sie nicht mitmachen. Am besten ist es, zunächst gemeinsam mit dem Kind im Internet zu surfen und dabei das Kind über folgende Punkte zu informieren: Welche Daten sollte man niemals preisgeben? Was sollte man tun bei seltsamen Botschaften? Welche Spiele sind schädlich? Die entsprechenden

Informationen gibt es bei den Jugendschutzanbietern unter www.jugendschutz.net.

Generell sollte man auch bei hoher Belastung durch den Alltag das Kind im Blick behalten, wenn unter anderem Stimmungsschwankungen, Schulangst oder Eigenbrötelei sich zeigen. Erhöhte Aufmerksamkeit ist geboten, wenn das Kind plötzlich viel mehr als früher telefoniert, selbst vermehrt angerufen wird, wenn Briefe und Päckchen kommen, wenn das Kind den Rechner nicht mehr mit anderen Familienmitgliedern teilen will und rasch Browserfenster schließt, wenn jemand den Raum betritt. Sehr deutliche Warnzeichen sind schulischer Leistungsabfall und Schulschwänzen. Sie müssen sofort zur Kenntnis genommen und angesprochen werden. Gleiches gilt für auffällige Krankheitsanzeichen (z. B. an Montagen, vor Sport- und Schwimmstunden).

Besser ist es immer, für jüngere Kinder keinen Instant Messager (siehe Seite 128) zu installieren, weil hier keine Kontrolle möglich ist. Bei ICQ und anderen kann der schriftliche Gesprächsverlauf allerdings gespeichert werden.

In regelmäßigen Abständen sollte man mittels Schau-hin.de und yasni.de überprüfen, was über das eigene Kind im Netz steht, und die Entfernung der Inhalte beantragen. Falls die mobbenden Schüler bekannt sind, sollten sie an den Portalbetreiber gemeldet werden. Im geringsten Zweifelsfall muss man das Kind direkt ansprechen und die Problemlage analysieren. Wichtig ist dabei, vollkommen auf Vorwürfe zu verzichten, da das Kind sonst das Vertrauen verliert und die Angst vor einem Rechnerverbot überhand nimmt.

Die Eltern sollten sich auch nicht scheuen, Kontakt zur Schule aufzunehmen und auf Aussprache und Unterstützung zu bestehen. Falls der oder die Urheber des Internetmobbings bekannt sind, sollte eine Aussprache in erweiterter Runde mit einem Schulvertreter und gegebenenfalls einem Mediator von den Eltern beantragt werden.

Was können die Schule und die Lehrkräfte tun?

Die wichtigste vorbeugende Maßnahme seitens der Schule ist die Pflege eines guten, vertrauensvollen Schulklimas. Dazu gehören auch Leitlinien gegen alle Formen des Mobbings (siehe „Was habt ihr gegen mich? Gewalt und Mobbing in der Schule"), die gemeinsam erstellt und öffentlich bekannt gemacht werden. Im Verhaltenskodex muss ausdrücklich stehen, dass auch das Internetmobbing geächtet ist. Die Schulen müssen den Mut haben, ein generelles Handyverbot auch gegen den Widerstand der Eltern („Ich muss mein Kind im Notfall immer erreichen können!") durchzusetzen. Die Lehrer sollten spürbare Spannungen unter den Schülern einzeln ansprechen und Hilfe anbieten. Wichtig ist, die Aggressionen rechtzeitig zu kanalisieren. Sinnvoll ist, über Personensuchmaschinen wie yasni.de zu recherchieren, was über ihre (auffälligen) Schüler im Netz steht. Die Schulen müssen sich offen gegenüber besorgten Elternmeldungen zeigen und die Eltern der ermittelten Täter kontaktieren und zu einem gemeinsamen Gespräch einladen.

Auch Schulprojekte, die für das Problem gezielt sensibilisieren, sind sinnvoll. So hat beispielsweise eine Schule in Minden in einem Modellprojekt zwölf Schüler und Schülerinnen im Alter von 16 bis 19 Jahren zu „Cybercops" ausgebildet. Sie kümmern sich um diskriminierende Fotos und Einträge von Mitschülern.

Falls alle gütlichen Ansätze nicht weiterführen, muss die Schulleitung die entsprechenden Schulgesetze (siehe „Was habt ihr gegen mich? Gewalt und Mobbing in der Schule") anwenden und bei gravierenden Vorfällen auch die Polizei einschalten.

Wenn sonst nichts mehr hilft: Mobbing im Internet ist eine Straftat

Grundsätzlich ist im World Wide Web all das verboten, was auch im normalen Alltag des realen Lebens verboten ist. Daran ändert auch das Virtuelle, nicht wirklich Greifbare des Netzes nichts. Im Gegenteil ist der Schaden, der durch Rufschädigung und Psychoterror im Netz aufgrund von dessen Reichweite verursacht wird, sehr viel größer, als wenn sich die Attacken in einem Betrieb oder auf dem Schulhof abspielen würden. Der sogenannte „technische Terror" ist ein Straftatbestand, der auf Antrag gerichtlich verfolgt werden kann.

Neben dem Grundgesetz (Persönlichkeitsrecht, Meinungsfreiheit, Pressefreiheit und Freiheit der Berichterstattung), dem Zivilrecht und dem Strafrecht spielt das Telemediengesetz als eine der zentralen Vorschriften für das Internetrecht in unserem Zusammenhang eine Rolle. So sind die Pflichten des Anbieters einer Homepage folgendermaßen umschrieben: Es muss ein Impressum geben, er haftet für den Inhalt, muss das Urheberrecht, den Jugendschutz, das Straf- und Zivilrecht und das Domainrecht beachten. Bei Anzeigen kann der Internetseitenbetreiber (Provider) gezwungen werden, die Personalien des Einstellers herauszugeben.

Zusätzlich zu den ausführlich im folgenden Kapitel erörterten Paragrafen des Strafgesetzbuches (StGB): § 185 „Beleidigung", § 186 „Üble Nachrede", § 187 „Verleumdung", § 199 „Wechselseitig begangene Beleidigung" und § 238 „Nachstellung/Stalking" spielen noch § 201 „Verletzung der Vertraulichkeit des Wortes" und § 201a „Verletzung des höchstpersönlichen Lebensbereichs durch Bildaufnahmen" StGB und der § 33 des Kunsturhebergesetzes „Öffentliche Zurschaustellung einer fotografierten Person" eine Rolle. Jeder hat das Recht am eigenen Foto beziehungsweise an dem gegen seinen Willen angefertigten Handyfilm. Das Foto vom Pausenhof oder dem Klassenausflug darf nicht ohne Erlaubnis ins Internet gestellt werden. Fotomontagen, die auf eine bestimmte Person schließen lassen, sind natürlich ebenfalls verboten. Auch der Missbrauch des Namens im Netz ist strafbar.

Wie heikel das Thema ist, zeigen das schon erwähnte Grundsatzurteil aus Karlsruhe, das jetzt von vielen Schülern als Ermutigung angesehen werden könnte, Lehrer noch drastischer zu beurteilen, die endlosen Rechtsstreite darüber, wer als Person der Zeitgeschichte sich das Fotografiertwerden immer gefallen lassen muss, und ein jüngstes Beispiel aus der Nordschweiz: In einer videoüberwachten Unterführung wurden junge Männer bei einer brutalen Körperverletzung gefilmt. Die Fahndung verlief zunächst ergebnislos, bis das Video mit Erfolg ins Internet gestellt wurde. In den Tagen danach wurde kontrovers darüber gestritten, ob dieser Schritt rechtens war.

Im Zweifel kann es nicht verkehrt sein, die Polizei einzuschalten: Nachdem ein Realschüler wegen Mobbing die Schule gewechselt hatte, ging die Hetzjagd im Internet weiter. Seine persönliche Seite in einem Internet-Forum für Jugendliche wurde manipuliert. Hunderte von massiven sexuellen Beleidigungen waren auf der

Website eingetragen und auch per E-Mail an das Opfer geschickt worden. Erst eine Anzeige bei der Polizei stoppte das Treiben. Ein 14-Jähriger konnte über die IP-Adresse seines Computers und mit Unterstützung des Betreibers der Internetseite ermittelt werden. Bei dem Beschuldigten, der wegen Beleidigung angezeigt wurde, handelte es sich um einen Klassenkameraden aus der früheren Schule. Nach einer Entschuldigung bei seinem Opfer wurde das Verfahren schließlich gegen eine Auflage für soziale Arbeit eingestellt.

Andererseits bekam im hessischen Main-Taunus-Kreis ein Internetmobbingopfer 30 000 Euro Schadenersatz und ein 15-jähriger Schüler erhielt wegen der Verleumdung seiner Schule einen Schulverweis.

Wie schwierig es derzeit noch sein kann, Recht zu bekommen, geht auch aus einem Artikel des Nachrichtentickers „heise online“ vom 4. Juli 2009 hervor:

*„**Straffreiheit für Cyber-Bullying.** Ein Bundesrichter aus Los Angeles hat das Urteil gegen die 50-jährige Lori Drew aus Missouri aufgehoben, die Ende letzten Jahres wegen Cyber-Bullyings mit tödlichem Ausgang angeklagt worden war. Drew hatte gemeinsam mit ihrer 13-jährigen Tochter unter falscher Identität eine Freundin ihrer Tochter, Megan Meier, im Netzwerk MySpace gemobbt. Auf die Schmähgrede hin, die Welt werde ohne sie ein besserer Ort sein, hatte sich Megan im Oktober 2006 das Leben genommen. Lori Drew war auch in erster Instanz lediglich wegen unautorisierten Zugangs zu einem Computer verurteilt worden, weil sich der Vorwurf des Cyber-Bullyings unter der in den USA herrschenden Rechtslage nicht fassen lässt. Die Zeitung Los Angeles Times gibt einem Rechtsanwalt der Electronic Frontier Foundation das Wort. Er wendet ein, der Vorwurf des nicht autorisierten Zugangs kriminalisiere jeden, der sich im Web mit falschem Namen oder unter Angabe eines falschen Geburtstages eintrage. Dieser Auffassung hat sich der Bundesrichter angeschlossen, auch deshalb, weil kaum jemand die umfangreichen Nutzungsbedingungen eines Anbieters gründlich lese und beherzige.“*

Cybermobbing als „emotionaler Blitzableiter“ muss einerseits wohl oder übel als eine Begleiterscheinung freiheitlicher Kommunikation und Meinungsäußerung angesehen werden, und es wird immer Personen geben, die auf diese Weise ihre negativen Gefühle und Einstellungen anderen Menschen gegenüber zum Ausdruck bringen. Andererseits kann aber nur massive Gegenwehr auf allen Ebenen, die vom persönlichen Gespräch bis zur Justiz reichen kann, das Problembewusstsein dafür schärfen, dass Internetmobbing wie auch jede andere Form des Mobbings für die Geschädigten nicht hinnehmbar ist und sie mehr Schutz und Unterstützung als gegenwärtig von Gesellschaft und Justiz brauchen.

Gerd Arentewicz

Wie bekommt man ärztlich-psychologische Behandlung? Gesundheitliche und psychosoziale Rehabilitation

Warnsignale im veränderten Befinden erkennen und deuten

Dieses Kapitel ist eng mit dem Kapitel „Wie macht Psychostress krank und was kann man selbst für den Erhalt der Gesundheit tun?", das die Grundzüge der „Stressmedizin" darstellt, verknüpft. Die Erfahrungen mit Menschen, die am Arbeitsplatz von Mobbing betroffen sind, zeigen immer wieder, dass viele von ihnen sowohl mit der Kontaktaufnahme zu einem Rechtsanwalt als auch zu einem Therapeuten (Arzt oder Psychologen) sehr lange zögern. Im Vordergrund steht meist die Hoffnung, dass „es" bald von allein besser wird, die Mobber also das Interesse verlieren oder Freunde und Angehörige vielleicht Rat wissen. Für viele Betroffene stellt es einen peinlichen und demütigenden Schritt dar, weil man seine Schwäche nun nach außen trägt und „aktenkundig" macht und man auch nicht weiß, was einen erwartet und was das kostet.

Je nach der eigenen körperlichen Konstitution und dem zur Verfügung stehenden sozialen Netz wird der Körper aber früher oder später damit anfangen, sich mit Befindlichkeitsstörungen und Krankheitsanzeichen bemerkbar zu machen. Diese Beschwerden sind immer ein Anzeichen dafür, dass die Abwehrkräfte des Körpers nachlassen (siehe auch unter „Wie reagiert man auf anhaltende Stressoren" auf Seite 66). Spätestens jetzt sollte man sich an seinen Hausarzt wenden und sich untersuchen lassen.

Arnold Hilgers und Inge Hofmann zählen in ihrem Buch „Gesund oder krank. Das Immunsystem entscheidet" folgende Symptome auf (ohne Anspruch auf Vollständigkeit), die auf eine Schwächung der körperlichen Abwehrkräfte schließen lassen:

- starke Müdigkeit bzw. Erschöpfung
- Schlafstörungen bzw. übersteigertes Schlafbedürfnis
- häufige Infekte (Atemwege, Magen und Darm, Harnwege)

- Konzentrationsstörungen
- Gedächtnisschwäche
- wiederkehrende Kopfschmerzen
- Muskelschmerzen und -schwäche
- Gelenkschmerzen und -schwellungen
- Taubheitsgefühle in Armen und Beinen
- Zuckungen einzelner Muskeln
- leicht erhöhte Temperaturen über einen längeren Zeitraum
- Halsschmerzen
- geschwollene Lymphknoten
- Verdauungsstörungen
- Mund- und Augentrockenheit
- Sehstörungen
- Nachtschweiß
- Herzklopfen
- Übelkeit
- Panik- und Angstanfälle
- Depressionen
- Persönlichkeitsveränderung
- Gefühlsschwankungen
- Allergie (Nahrungsmittel, Pollen, Schimmelpilze etc.)
- Hautveränderungen bzw. -ausschläge
- Haarausfall
- Gewichtszunahme bzw. -abnahme

Die Aufzählung zeigt, dass sich die Beschwerden je nach individueller Veranlagung („Disposition“) in körperlichen oder psychischen Bereichen, die sehr unterschiedlich sein können, äußern. Dazu gehört auch die oft irritierende Erfahrung, dass der schädigende Konflikt (Stressor) in einem Bereich mal ein Zuviel und mal ein Zuwenig bewirkt (z. B. beim Schlaf, Gewicht). Hier besteht kein Widerspruch, sondern die individuellen Unterschiede der betroffenen Personen entscheiden über Ort (Körperregion) und Ausprägung der Gesundheitsstörung. Eine Einzelstörung aus der Liste ist noch kein Grund zur Beunruhigung, sollte aber beobachtet werden. Treten mehrere Symptome gemeinsam auf, ist es ratsam, ihre Häufigkeit und Intensität über einen Zeitraum zu registrieren und die Notizen mit in die ärztliche Sprechstunde zu bringen. In der Zeit vor dem Arzttermin sollten Medikamente nach Möglichkeit nur bei starken Beschwerden genommen werden, da sie die Symptomatik unterdrücken und damit die ärztliche Diagnostik behindern. Daneben braucht der Arzt auch Informationen über sonstige Hausmittel und Medikamente, die man regelmäßig nimmt.

Wie findet man den richtigen Arzt und Psychotherapeuten?

Viele Krankenkassen sehen das sogenannte **Hausarztmodell** vor: Der praktische Arzt/Facharzt für Allgemeinmedizin ist hier der erste Ansprechpartner für alle Gesundheitsstörungen. Er untersucht, behandelt, überweist zu einem Facharzt zur Mit- oder Weiterbehandlung und sammelt alle Befunde in einer Hand. Damit kommt dem Hausarzt eine weichenstellende Bedeutung zu. Deshalb ist es wichtig, sich auf diesen Erstkontakt gut vorzubereiten. Hat man keinen Hausarzt, sollte man aus praktischen Gründen eine nahe der Wohnung gelegene Praxis wählen. Die beliebte Frage nach guten Erfahrungen aus dem Verwandten- oder Freundeskreis mit empfehlenswerten Ärzten ist zwar verständlich und bequem, man sollte aber (wie bei den Anwälten) daran denken, dass vor allem „die Chemie stimmen“ muss – und das ist subjektiv und nicht vorhersagbar.

Kennt man den Arzt noch nicht, sollte man alle Unterlagen über frühere Untersuchungen und Verordnungen, soweit sie für das gegenwärtige Anliegen bedeutsam und noch vorhanden sind, mitbringen. Da oft nur wenig Zeit zur Verfügung steht, sollte man möglichst rasch von der Situation am Arbeitsplatz (in der Schule) berichten und versuchen, die aufgetretenen Gesundheitsstörungen in zeitliche Beziehung zu negativen Vorfällen zu stellen.

Exkurs zur Patientenversorgung durch Diplom-Psychologen

Nach jahrelangen schwierigen Verhandlungen und gegen den Widerstand von einigen Berufsgruppen, die ihre Einkünfte geschmälert sahen, hat der Deutsche Bundestag das sogenannte Psychotherapeutengesetz verabschiedet und zum 1. Januar 1999 in Kraft gesetzt. Seitdem dürfen Psychologen mit einem Universitätsdiplom, einer entsprechenden Aus- und Weiterbildung und einer Approbation mit Kassenzulassung für Psychotherapie eigenverantwort-

lich behandeln und mit den Krankenkassen abrechnen. Mit Approbation, aber ohne Kassenzulassung können sie wie Ärzte privat Selbstzahler behandeln. Im Status entsprechen sie den Fachärzten. Da sie sich auf psychotherapeutische Leistungen beschränken, haben sie aufgrund ihrer Ausbildung und ihres Selbstverständnisses sehr viel mehr Zeit für die Erhebung von bedeutsamem Material aus der Biografie und den psychosozialen Bedingungen der Krankheitsentstehung. Sie werden (zumindest im Vergleich zum Hausarzt) wesentlich ausführlicher befragen und versuchen, die Symptome aus der spezifischen Lebenssituation zu erklären. Dagegen dürfen sie nicht körperlich untersuchen und keine Medikamente verschreiben. Im geringsten Zweifelsfall sind sie verpflichtet, körperliche Beschwerden ärztlich abklären und behandeln zu lassen. Erst dann dürfen sie ihre Arbeit aufnehmen.
Bei der Zulassung werden zwei Berufsgruppen nach dem Alter der Patienten unterschieden:

- **Psychologische/r Psychotherapeut/in für Erwachsene**
- **Psychologische/r Psychotherapeut/in für Kinder und Jugendliche**

Die meisten approbierten psychologischen Psychotherapeuten sind Mitglieder in der „Vereinigung der Kassenpsychotherapeuten", die auch Landesverbände hat. Eine Broschüre mit weiteren Informationen ist bei der Bundesgeschäftsstelle erhältlich (www.vereinigung.de). Unter der Rubrik Links / Adressen findet man auch eine Suchfunktion nach Psychotherapeuten in der Region des Ratsuchenden. Die Landesverbände und Großstädte geben Verzeichnisse offiziell registrierter Psychotherapeuten heraus. Dort sind auch neben den Adressen die Arbeitsschwerpunkte aufgeführt. Diese Merkblätter gibt es auf den Gesundheitsämtern der Städte.

Untersuchung, Befundung und Krankschreibung durch den Arzt

Der Hausarzt oder ein Facharzt ist fast immer der erste Ansprechpartner bei Erkrankungen für Patienten mit einer Mobbingproblematik im Hintergrund. Er wird sich die Krankheitssymptome schildern lassen, eine orientierende körperliche Untersuchung durchführen und die üblichen Laborwerte bestimmen lassen. Dabei machen viele Patienten die Erfahrung, dass es oft einen großen Unterschied gibt zwischen ihrem subjektiven Befinden und den objektiven Befunden aus körperlicher Untersuchung und Labordiagnostik. Hier kommt es jetzt darauf an, möglichst anschaulich (am besten mittels eines Mobbingtagebuchs) die Symptome mit bestimmten negativen Ereignissen am Arbeitsplatz (in der Schule) in Verbindung zu bringen und den typischen, sich immer wiederholenden Charakter der Episoden deutlich zu machen.

Viele Patienten wissen nicht, dass sie das Recht haben, bei einer ärztlichen Diagnose ein Zweitgutachten von einem anderen Arzt einzuholen. Sie trauen sich auch nicht, die Kompetenz ihres Arztes infrage zu stellen und dadurch eventuell Nachteile zu riskieren. Da für sie gesundheitlich und beruflich aber viel auf dem Spiel steht, sollten sie im Zweifelsfall immer eine zweite Meinung einholen. Der behandelnde Arzt ist gesetzlich dazu verpflichtet, seinen Patienten die Behandlungsunterlagen als Kopie auszuhändigen.

Da die meisten Mobbingbetroffenen lange zögern, bevor sie sich in ärztliche Behandlung begeben, werden die Krankheitsanzeichen sehr deutlich sein, sodass eine Arbeitsunfähigkeit vorliegt. Wird der Patient vom Arzt krankgeschrieben, um den äußeren Druck zu mindern, zeigt sich oft sehr schnell, dass ohne die krank machenden Bedingungen am Arbeitsplatz eine gesundheitliche Erholung eintritt, die erst gegen Ende dieser „Schonfrist" bei drohender Rückkehr an den Arbeitsplatz wieder „kippt". Gibt es mehrere derartige Episoden, kann der Arzt deutlich sehen, dass die Symptome mit der Situation am Arbeitsplatz zusammenhängen.

Bevor eine psychotherapeutische Behandlung ins Auge gefasst werden kann, wird der Arzt – falls nötig – eine medizinische Behandlung (z. B. mit Medikamenten) einleiten oder den Patienten zu einem Facharzt zur weiteren Diagnostik und Therapie überweisen. Wichtig ist dabei für den Patienten, dass er dann beispielsweise bei dem Internisten oder Orthopäden nicht bleibt, sondern auch zu einem Psychiater oder psychologischen Psychotherapeuten weiterüberwiesen wird, der mit dem Thema „Mobbing am Arbeitsplatz" vertraut ist und sich im Bereich „Psychotraumatologie" auskennt. Waren Psychotherapeuten früher strikt dagegen, eine Behandlung unter Medikamenteneinfluss zu beginnen oder fortzuführen, wird heutzutage vor allem bei Angststörungen und Depressionen die angst- und spannungsreduzierende oder auch stimmungsaufhellende Wirkung der Medikation als Voraussetzung und Baustein für eine gelingende Psychotherapie gesehen.

Exkurs zur psychologischen Testung durch Diplom-Psychologen

Bei manchen diagnostischen Fragestellungen werden psychologische Testverfahren allein oder zusammen mit ärztlichen Untersuchungen angewendet. Dabei geht es darum, eine Diagnose um Aufschlüsse über die Persönlichkeit zu erweitern, eine geeignete Behandlungsmethode auszuwählen (z. B. eine schulische Fördermaßnahme) und die Fortschritte einer Psychotherapie zu erfassen.
Diese Testungen dürfen nur Diplom-Psychologen durchführen. Sie sind meist fest bei entsprechenden Institutionen angestellt (z. B. in der Schule, bei der Agentur für Arbeit). Der Berufsverband Deutscher Psychologinnen und Psychologen e. V. (BDP) gibt dazu für Personen, bei denen eine entsprechende Diagnostik ansteht, ein informatives Merkblatt heraus (www.bdp-verband.org).

Was ist Psychotherapie und welche psychotherapeutischen Behandlungen sind von den Kassen anerkannt?

Unter Psychotherapie versteht man die Behandlung von Störungen und Erkrankungen des Denkens (z. B. endlose Grübeleien), Erlebens (z. B. des Fühlens) und Verhaltens (z. B. Waschzwang) und von psychosomatischen Störungen.

Dazu zählen unter anderem folgende Erkrankungen bei Erwachsenen sowie bei Kindern und Jugendlichen:

- depressive Störungen
- Angststörungen (Phobien, Panikstörungen, generalisierte Angststörungen)
- Zwangsstörungen
- psychosomatische Störungen (z. B. Asthma, Darmentzündungen, Neurodermitis)

- psychische Reaktionen auf schwere Belastungen
- Essstörungen
- sexuelle Funktionsstörungen
- Suchterkrankungen
- Persönlichkeitsstörungen

Seit Mitte des 20. Jahrhunderts werden die psychotherapeutischen Methoden nicht nur verstärkt weiterentwickelt, sondern auch immer wieder intensiv im Hinblick auf ihre Erfolge wissenschaftlich untersucht.

Die Fachliteratur unterscheidet grob vereinfacht **vier unterschiedliche Schulen** oder Grundströmungen:

1. Die tiefenpsychologischen Verfahren (tiefenpsychologisch deshalb, weil man vor allem in der Tiefe der Persönlichkeit und der Tiefe der Vergangenheit arbeitet): Dazu gehören unter anderem die Psychoanalyse mit mehreren Kontakten pro Woche und die tiefenpsychologisch fundierte Psychotherapie (mit einem Kontakt pro Woche).
2. Die lerntheoretischen, verhaltenstherapeutischen Verfahren (verhaltenstherapeutisch, weil das aktuelle Problemverhalten und seine Behandlung im Vordergrund stehen): Dazu gehören unter anderem die Desensibilisierung durch Konfrontation mit den Stressoren und die kognitiven Verfahren, die über die Arbeit an krank machenden Gedanken eine Linderung erreichen wollen (meist ein Kontakt pro Woche).
3. Die humanistischen-existenzialistischen Verfahren (die sich als „3. Kraft" gegenüber den tiefenpsychologisch und lerntheoretisch orientierten Verfahren verstehen): Zu ihnen zählen unter anderem die klientenzentrierte, nichtdirektive Gesprächspsychotherapie, die integrative Gestalttherapie und die Transaktionsanalyse (meist ein Kontakt pro Woche).
4. Die systemischen Therapien, bei denen die krank machende Beziehung „Patient" ist, also das (systemische) Verhältnis, das die Konfliktpartner zueinander haben. Hier wird nicht mit einem einzelnen Patienten gearbeitet, sondern mit einem (Ehe-)Paar oder einer ganzen Familie. Ein Beispiel ist die Familientherapie bei Stottern oder Bettnässen oder der Essstörung eines Kindes (meist ein Kontakt pro Woche).

Auf dem Markt der Ratgeberliteratur existieren inzwischen Hunderte von Verfahren, die oft mit einer einzigen charismatischen Therapeutenpersönlichkeit (dem „Guru“) verknüpft sind und fließende Übergänge zu sektiererischen und esoterischen Methoden haben. Hier hat sich – ähnlich wie in der Medizin – ein Markt an sogenannten alternativen Therapien entwickelt. Nachgefragt werden in beiden Bereichen diese Verfahren in der Regel von enttäuschten Arztpatienten. Da nur die Bezeichnungen Arzt und Diplom-Psychologe gesetzlich geschützt sind, nicht aber Lebensberater oder praktischer Psychologe, werden die Verfahren von selbst ernannten Experten unter diesen Berufsbezeichnungen angeboten. Oft werben sie mit Zertifikaten von Aus- und Fortbildungsinstituten, die keinerlei offizielle Anerkennung haben. Die meisten Verfahren werden in Gruppen an Wochenenden angeboten. Sie provozieren in kurzer Zeit eine intensive Erlebnisaktivierung, wobei nicht gesichert ist, dass deren Folgen aufgefangen und bearbeitet werden. Das macht die Teilnahme für Personen, die gerade nicht gefestigt, sondern „reizoffen“ und auf der Suche nach Sinn und Erkenntnis sind, so riskant. Außerdem müssen die Kurse privat bezahlt werden.

Der Fairness halber sei hier aber angefügt, dass es sicher viele lebenserfahrene Berater gibt, die über Intuition und Menschenkenntnis verfügen und Methoden anwenden, die nur deshalb zu den Außenseiterverfahren gehören, weil die etablierten Institutionen (Universitäten, Berufsverbände) gar kein Interesse daran haben, sie mit Forschungsgeldern wissenschaftlich zu untersuchen. Es ist aber schwierig, sie auf dem weiten Feld der „Therapieszene“ zu finden.

Letztlich haben es nur drei etablierte Verfahren geschafft, im Rahmen des schon erwähnten Psychotherapeutengesetzes über die Kassen abrechnen zu dürfen:

1. Analytische Psychotherapie/Psychoanalyse als anspruchsvollstes und aufwendigstes Verfahren der Problembehandlung durch Arbeit an der Biografie und Persönlichkeit,
2. die tiefenpsychologisch fundierte Psychotherapie mit der Konzentration auf ausgewählte unbewusste Konflikte,
3. die Verhaltenstherapie, eine Sammlung von übenden, problemlösenden und kognitiven Verfahren bei konkreten gegenwärtigen Problemen.

Man kann sich (je nach persönlicher Neigung und Überzeugung für eines der Verfahren) eine/n entsprechende/n Psychotherapeutin/en aus dem Branchenverzeichnis heraussuchen und diese/n direkt mit der Versichertenkarte oder einem Überweisungsschein vom Hausarzt aufsuchen. Man kann auch seine Krankenkasse fragen, welche Psychotherapeuten mit ihr zusammenarbeiten. Darüber hinaus geben die meisten Gesundheitsbehörden der großen Städte sogenannte Therapieführer heraus (z. B. in Hamburg „Psychiatrie und Psychotherapie. Diagnostische, therapeutische und rehabilitative Angebote"), anhand derer man sich orientieren kann. Die Krankenkassen übernehmen die Kosten für das Erstgespräch und einige weitere Probesitzungen. In diesen Sitzungen soll geklärt werden, ob eine behandlungsbedürftige psychische Erkrankung vorliegt und ob ein sogenanntes Arbeitsbündnis möglich ist. Die Chemie muss schließlich stimmen. Dann verhandelt der Psychotherapeut bezüglich des geplanten Verfahrens und der voraussichtlichen Dauer mit der Krankenkasse, die in der Regel eine bestimmte Anzahl von Kontakten bewilligt und weitere Kontakte von einem Zwischenbericht und einer Prognose abhängig macht. Privatversicherte sollten sich vor Beginn der Psychotherapie mit ihrer Versicherung in Verbindung setzen, um sich über die Bedingungen einer Kostenübernahme zu erkundigen.

Wer sich zunächst nur über psychische Erkrankungen und ihre Behandlung informieren will, kann dies bei den Internetportalen gesundheitpro.de und netdoktor.de tun. Die Stiftung Warentest hat beide Mitte 2009 am besten bewertet.

Vor- und Nachteile von ambulanter und stationärer Behandlung

Grundsätzlich kann man zwischen der Behandlung in einer niedergelassenen Praxis oder einem Akutkrankenhaus (finanziert von der Krankenversicherung des Patienten) und in einer Rehabilitationsklinik (früher auch Kurklinik oder Sanatorium genannt, hauptsächlich finanziert von der Rentenversicherung) unterscheiden, wobei diese sogenannte Reha auch ambulant oder teilstationär angeboten werden kann.

Die Frage, ob ambulant oder stationär, ist primär vom Ausmaß der Erkrankung abhängig. Haben die Patienten schon lange zermürbende Mobbingverläufe hinter sich und sind sie dementsprechend mit ihren Kräften am Ende, mit vielen psychosomatischen Beschwerden, verzweifelt oder gar suizidal, wird der Hausarzt zur Sicherheit eine stationäre Aufnahme in die Fachabteilung eines Krankenhauses veranlassen. Durch die Krankschreibung und die Herausnahme aus der krank machenden Situation, verbunden mit dem Wegfall der Notwendigkeit, den eigenen Alltag bewältigen und sich selbst versorgen zu müssen, kommt es meist zu einer Entlastung und Beruhigung. Wenn den Betreffenden nicht eh schon alles egal ist, müssen sie dabei allerdings die Kränkung bewältigen, nun (meist) in einer psychiatrischen Einrichtung gelandet zu sein. Stehen manifest gewordene körperliche Erkrankungen (Organschädigungen) im Vordergrund, werden sie – von ihnen als deutlich weniger schlimm empfunden – in einer internistischen Abteilung behandelt. Alle stationären Behandlungen haben den Vorteil, dass der Patient weit weg vom krank machenden Arbeitsplatz ist und die Behandlung gezielt engmaschig und kontrolliert stattfinden kann. Oft werden neben den Einzelbehandlungen auch Gruppenverfahren angeboten, in denen der Patient „Leidensgenossen" kennenlernen und sich mit ihnen austauschen kann. Ferner werden je nach Ausstattung der Klinik ergänzende Verfahren wie etwa Ergotherapie, Musiktherapie oder Autogenes Training angeboten. Die Nachteile der stationären Behandlung sind die Vorteile der ambulanten: Der Patient bleibt in den eigenen vier Wänden, regelt seinen Alltag (auch den beruflichen, falls er nicht krankgeschrieben ist) und bleibt in den familiären und nachbarschaftlichen Bezügen. Hier entfällt die Umstellung nach der stationären Behandlung hin zur Selbstverantwortung. Es kann allerdings sein, dass genau diese Alltagseinflüsse die Effekte der meist nur einmal wöchentlich stattfindenden Behandlung überlagern oder gar zunichte machen.

Droht der Gesundheitsschaden chronisch zu werden, kann zur Abwendung einer Frühverrentung eine Rehabilitationsmaßnahme ins Auge gefasst werden (Stichworte: Reha vor Rente, Reha vor Pflege). Sie schließt sich auf Antrag des Hausarztes und aufgrund eines Gutachtens des Medizinischen Dienstes der Kassen (früher „Vertrauensarzt") nach einer Akutbehandlung in einem Krankenhaus an. Hier haben die Patienten weitere Zeit, sich zu erholen und ihre Therapieprogramme fortzusetzen, müssen aber mit einem engen Terminkalender im Hinblick auf vielfältige Behandlungen („Anwendungen") rechnen. Der Übergang in den Alltag kann noch schwieriger als nach einem Aufenthalt in einem Akutkrankenhaus sein, da die Rehabilitationskliniken oft weit vom Wohnort entfernt liegen.

Verhaltenstherapie und Mentales Training als bewährte psychotherapeutische Verfahren

Bei der psychotherapeutischen Behandlung von Patienten, die nach langen Mobbingerfahrungen krank geworden sind, stehen Ängste, Depressionen, Selbstwertverlust sowie Perspektivlosigkeit bis hin zum Wunsch, nicht mehr leben zu wollen, im Vordergrund. Alle Patienten klagen über typische fruchtlose Grübeleien, die sich passiv aufdrängen, die die Bewältigung des Alltags erschweren und doch zu keinen neuen Erkenntnissen und Entschlüssen führen. Selbst Fähigkeiten, über die sie einmal verfügt haben, scheinen dabei verloren zu gehen, und schließlich kommt es zu Hilflosigkeit und Resignation. Ohne fachliche Hilfe nehmen diese negativen, krank machenden Gedanken überhand, und der Verhaltensspielraum wird immer enger. Es entsteht eine negative Einstellung zur eigenen Person, zur sozialen Umgebung und zur Zukunft (die sogenannte negative Trias).

Dieser Zustand ist aus der experimentellen Lernpsychologie wohlbekannt: Versuchstiere stellen erfolgreiche Verhaltensweisen, die sie einmal beherrscht haben, ein, wenn sie wiederholt die Erfahrung machen mussten, dass sie keinen Einfluss auf ihre Umgebung und ihre Lebensumstände (mehr) haben. Sie ziehen sich zurück und ertragen passiv auch negative Erfahrungen ohne den Versuch einer Einflussnahme. Auf diese Weise wurde experimentell ein Zustand herbeigeführt, der der menschlichen Depression und Hoffnungslosigkeit ähnelt. Bei der Behandlung von depressiven Patienten besteht allerdings der große Vorteil, dass man mit ihnen über ihre resignativen Gedanken und Gefühle sprechen und an ihnen arbeiten kann. Genau darum geht es in der **Kognitiven Therapie**.

Das Verfahren gehört zur Gruppe der Verhaltenstherapien. Im Gegensatz zu den tiefenpsychologischen Methoden, die, wie schon gesagt, in die Lebensgeschichte zurückgehen und frühe unbewusste Konflikte für die gegenwärtigen Lebensprobleme verantwortlich machen, setzt die Verhaltenstherapie am aktuellen, offensichtlichen Konflikt an und sieht ihn als Folge eines ungeeigneten („falschen") Lösungsansatzes. Die Verhaltenstherapie versucht dementsprechend, die emotionale und „gedankliche Vorgeschichte“ dieses Verhaltens zu beleuchten und neue Lösungswege zu erörtern und praktisch vorzubereiten.

Die Kognitive Therapie hat eine lange Entwicklung hinter sich. Eine ihrer Wurzeln ist die frühe **experimentelle Lernpsychologie**. Hier konnte man anhand vieler wissenschaftlicher Studien zeigen, dass Verhalten über reflexartige Automatismen geformt wird (klassisches Konditionieren: Zunächst ist ein Klingelton für ein Vorschulkind neutral, als Schulkind lernt es, dass er den ersehnten Unterrichtsschluss anzeigt, der etwas Angenehmes darstellt – somit ist der Klingelton jetzt nicht mehr neutral, sondern angenehm). Später kamen Experimente hinzu, bei denen hungrige Versuchstiere durch „Hantieren“ im Käfig zufällig an Futter gelangen konnten. Oder sie schalteten durch die zufällige Berührung eines Hebels leichte elektrische Schläge ab. In beiden Fällen wurde etwas Angenehmes erreicht, das Verhalten wurde daraufhin nicht mehr zufällig, sondern gezielt ausgeführt (operantes Konditionieren: Das Schulkind lernt, durch Fleiß gute Noten zu erzielen und durch Pünktlichkeit einen Tadel im Klassenbuch zu vermeiden. Beides ist angenehm und wird dadurch als „Erfolgsstrategie“ beibehalten). In weiteren Studien konnte gezeigt werden, dass Kleinkinder Verhaltensweisen von anderen Kleinkindern, die sie direkt beobachten konnten oder in einem Videofilm sahen, übernahmen, wenn deren Verhalten von den Betreuerinnen gelobt und belohnt wurde (stellvertretendes oder Beobachtungslernen).

Nachdem sich die Lernpsychologie lange auf alles direkt Beobachtbare und Messbare konzentriert und die innerpsychischen Prozesse („black box“) als subjektiv und spekulativ und somit der Wissenschaft nicht zugänglich links liegen gelassen hatte, kam es Mitte des 20. Jahrhunderts erst zur „emotionalen“ und dann zur „kognitiven Wende“ in der Forschung: Es wurde deutlich, dass die skizzierten traditionellen Ansätze zur Erklärung und Vorhersage menschlichen Erlebens und Verhaltens zu kurz griffen. Gefühle und Gedanken werden seitdem als spezifisch menschliche Verhaltensweisen gesehen, deren wissenschaftliche Untersuchung allerdings einen anspruchsvolleren Ansatz erforderlich machen. Gemeint ist das Gespräch zwischen Patient und Untersuchendem mit der genauen Erfassung der Gedanken und Gefühle in konflikthaften Situationen, wohl wissend, dass die menschliche Wahrnehmung selektiv ist und vielfältigen individuellen Verzerrungen bei der Speicherung, Erinnerung und Verarbeitung der aufgenommenen Informationen unterliegt. Besonders in krisenhaft zugespitzten Situationen, wie bei einer Mobbingattacke, funktionieren unsere Augen nicht wie Kameras und unsere Ohren nicht wie Tonbandgeräte, sondern wir registrieren, was wir aufgrund vergangener Erfahrungen erwarten, bewerten das Erlebte subjektiv und erleben dann fast automatisch die sich daraus ergebenden Gefühle. Ein Verdienst der kognitiven Lernpsychologie liegt darin, dass sie klar zeigen konnte, wie sehr Gefühle von kognitiven Bewertungen abhängen: Je extremer das kognitive Werturteil über einen Vorfall ausfällt, umso intensiver wird das sich einstellende Gefühl sein. Aber die Kognitive Psychologie hat auch gezeigt, dass wir in allen Situationen, auch in Extremsituationen, mit therapeutischer Hilfe die Wahl zwischen verschiedenen Bewertungsmöglichkeiten und damit auch Einfluss auf unsere Gefühle haben.

Harlich H. Stavemann beschreibt in seinem Selbsthilfebuch „Im Gefühlsdschungel. Emotionale Krisen verstehen und bewältigen", wie in bestimmten Situationen Gedanken und Gefühle unkontrolliert und quasi automatisch ablaufen, wie sie schädigend wirken und warum das so ist und was man dagegen tun kann. Zur Veranschaulichung führt er sein sogenanntes **ABC-Modell** ein:

A (Vorfall) Die augenblickliche Situation wird so genau wie möglich beschrieben.

B (Bewertungssystem) Alle bewussten Gedanken werden in dreifacher Hinsicht für die Zeit des Vorfalls A erfasst:

1. Die persönliche Sichtweise, das heißt, wie nimmt man die Situation aufgrund der Lebenserfahrung wahr,
2. die Schlussfolgerungen aus dem erlebten Vorfall und die vermuteten Konsequenzen,
3. die Bewertung (wie man das findet).

C (Konsequenzen) Wie man üblicherweise in zweifacher Hinsicht reagiert:

1. Welches Gefühl stellt sich nach der Bewertung ein und welche körperlichen Auswirkungen spürt man?
2. Was tut man daraufhin?

Mit diesem Raster kann jeder Leser seinen typischen Bewertungen und Gefühlsreaktionen auf die Schliche kommen. Wie unterschiedlich Menschen in identischen Situationen reagieren können, zeigt Stavemann an folgendem Beispiel:

Ein Mann steht an einer Bushaltestelle. Als eine Frau vorbeikommt, hält er ihr einen Geldschein hin. Die Frau gibt ihm eine Ohrfeige und geht wutentbrannt weiter. Eine zweite Frau kommt vorbei, und die Banknote wird wieder hingehalten. Sie wird rot und geht mit gesenktem Kopf weiter. Eine dritte Frau kommt vorbei, nimmt den Geldschein, bedankt sich erfreut und geht weiter. Eine vierte Frau kommt vorbei, sieht den Geldschein und sagt gelassen, dass sie den Schein leider nicht wechseln könne. Die vier Frauen interpretieren den Vorfall extrem unterschiedlich und entsprechend sind ihre Gefühle: Wut, Scham, Freude, Gelassenheit.

Die Kognitive Therapie geht davon aus, dass Menschen aufgrund ihrer Lebenseinstellung zu sehr unterschiedlichen Überzeugungen und Werturteilen kommen. Diese Überzeugungen entwickeln und verfestigen sich über viele Jahre. Mit Stavemann kann man mindestens 14 typische problematische **Denkmuster** unterscheiden, die meist auch noch in den unterschiedlichsten Kombinationen vorkommen und damit ihre negative Wirkung verstärken. Die kognitiv orientierte Depressionsforschung nennt sie „kognitive Schemata" oder „kognitive Fehler". In bestimmten, häufig wiederkehrenden (Schlüssel-)Situationen wird gegenüber anderen Menschen oder Sachverhalten geradezu vorhersagbar reagiert:

- Es wird maßlos negativ übertrieben, schwarz gesehen und mit Katastrophen gerechnet, das heißt, aus einer für die meisten Menschen nur unangenehmen Situation wird ein Drama, das die eigenen Möglichkeiten bei Weitem übersteigt und von niemandem beeinflusst werden kann.
- Aus Angst vor Enttäuschung wird „vorsichtshalber" mit dem Schlimmsten gerechnet, das heißt, wer mit dem denkbar schlechtesten Ausgang rechnet, wird entweder bestätigt oder bestenfalls positiv überrascht, bleibt damit also immer auf der sicheren Seite.
- Es wird gefordert, dass etwas gefälligst so zu sein hat, wie man es für richtig hält, das heißt, die eigenen sehr hohen Ansprüche werden zum allgemeinen Maßstab.

- Es wird gefordert, dass es in der Welt „gerecht" zugehen müsse, das heißt, die eigenen Wertvorstellungen haben gefälligst für die ganze Welt zu gelten.
- Es wird stark übertrieben und es werden nur noch extreme Urteile gefällt, das heißt, die einseitigen Zuspitzungen lassen keine Kompromisse, sondern nur noch Ultimaten zu.
- Es werden unsinnige Pauschalurteile gefällt, das heißt, von misslichen Einzelfällen wird voll negativer Tönung auf alles andere und Zukünftige geschlossen.
- Man geht von Wunschdenken und unrealistischen Zielsetzungen aus und erwartet Lösungen, die nur Vorteile mit sich bringen, das heißt, der Blick auf das Machbare wird durch unerfüllbare Ansprüche und Tagträume verstellt.
- Das Denken wird auf unüberpüfbare Normen, Spekulationen und Vorurteile gegründet, die dann für Tatsachen ausgegeben werden, das heißt, Ansichten, Meinungen und Behauptungen werden für ein Abbild der Realität gehalten.
- Es werden willkürliche und unlogische Schlussfolgerungen gezogen, die sehr unwahrscheinlich oder völlig ohne Realitätsbezug sind, das heißt, die eigene Innenwelt wird für eine Aufzeichnung der wahrgenommenen Außenwelt gehalten.
- Aus Furcht vor Ablehnung werden nicht die eigenen, sondern die vermeintlichen Zielsetzungen anderer Leute verfolgt, das heißt, man orientiert sich ausschließlich daran, was andere Leute (vermeintlich) wollen, um eigene Wünsche und Ziele nicht verantworten zu müssen und von anderen Menschen gemocht zu werden.
- Man zeigt sich aus Angst vor seelischer Verletzung stärker oder anders, als man wirklich ist, das heißt, man spielt eine Rolle, da man der Überzeugung ist, dass man sonst nicht akzeptiert wird.
- Man macht den Selbstwert ausschließlich von Leistung und Erfolg abhängig, das heißt, man macht sich ganz davon abhängig, was andere Menschen an äußerlich sichtbarer Leistung mitbekommen und gut finden.
- Man glaubt, dass es leichter ist, keine Verantwortung zu übernehmen und jemanden zu brauchen, der einen rettet, das heißt, wer nichts wagt, macht auch keine Fehler, und falls etwas schiefgeht, sind die Retter schuld.

- Man macht sich kleiner oder hilfloser, als man wirklich ist, um nicht mit anderen Menschen konkurrieren zu müssen, das heißt, wenn man sich kleinmacht, bleibt man von Wettbewerbssituationen verschont.

Beim Durcharbeiten dieser Liste wird vielen Lesern vielleicht auffallen, dass hier Anteile ihrer Überzeugungen auftauchen. Solange sie den Verhaltensspielraum nicht einengen, ist die eine oder andere Marotte auch gar nicht schlimm. Problematisch werden diese Lebensansichten immer dann, wenn man sie gar nicht mehr bewusst mitbekommt und deshalb nicht mehr hinterfragt oder sie auf ihre situative Zweckmäßigkeit hin prüft. Die Vermeidung einer Auseinandersetzung mit ihnen kann aber auch sehr entlastend wirken und damit ihren Einfluss verstärken. Wir merken viele unserer Lebensmottos gar nicht mehr bewusst oder erleben sie als gewachsenen Bestandteil unserer Lebenserfahrung, der wert- und sinnvoll ist und Halt und Sicherheit gibt. Deshalb wird eine Infragestellung durch ein Gegenüber zunächst immer auch als Zumutung erlebt und stößt auf Widerstand. Folglich ist es auch nicht sinnvoll, die Betreffenden zu fragen, wieso sie sich mit einem derartigen Unsinn das Leben schwer machen.

Der kognitiv orientierte Verhaltenstherapeut wird dagegen zunächst mit dem Patienten einige typische Problemsituationen sammeln und dann die sie begleitenden Gedanken und Gefühle besprechen und hinterfragen. Er wird bei Verallgemeinerungen beispielsweise fragen, ob es wirklich immer so war, ob es nie Ausnahmen gab. Bei offensichtlichen Übertreibungen wird er fragen, ob es jemals Situationen gab, die weniger schlimm oder noch schlimmer waren und welche schrecklichen Folgen eigentlich eingetreten sind. Bei allzu großer Ausrichtung an dem Erfolg oder den (vermeintlichen) Erwartungen anderer Menschen wird er fragen, woher die Überzeugung stammt, dass es allein darauf ankommt, und ob man glaubt, dass alle anderen Menschen ebenfalls fremdbestimmt leben und damit glücklich sind. Diese Beispiele könnten endlos weitergeführt werden. Sie sollen zeigen, dass all diese Überzeugungen hinterfragbar sind, dass sie nichts Schicksalhaftes haben, dass sie zwar kurzfristige Selbstbestätigung bringen, weil man (scheinbar) nichts tun kann, sich moralisch wertvoll fühlen kann, sich (scheinbar) nicht mit „kleinen Brötchen" begnügt, aber dafür langfristig mit negativen Gefühlen bezahlt. Auch hierzu hat die experimentelle Lernpsychologie eine Erklärung: Kurzfristige Verstärkung durch Übereinstimmung mit den eigenen Ansprüchen ist wirksamer als die später einsetzenden negativen Folgen (z. B. als Selbstvorwürfe, Niedergeschlagenheit). Die Therapie entwickelt alternative Denk- und Verhaltensmuster, die dann auch schrittweise im Alltag auf ihre Tauglichkeit hin getestet werden. Das kann die depressiven und verstörten Patienten dazu bringen, zu akzeptieren, dass sie selber jetzt einen Schlussstrich unter viele alte, sie schädigende Überzeugungen ziehen können und dass sie es sind, die darüber entscheiden, ob diese Gedankenmuster weiterhin ihre Gefühle und damit ihr Leben beeinträchtigen werden.

Das **Mentale Training** richtet sich ebenfalls gegen (leistungs-)störende Gedanken und ist ein Verfahren aus der Sportpsychologie. Es basiert auf dem alten sogenannten ideomotorischen Gesetz des Physiologen William Carpenter (1813–1885) aus dem Jahr 1873, das besagt, dass die Wahrnehmung oder Vorstellung von einer bestimmten Körperbewegung zu nachweisbaren muskulären Reaktionen und Bewegungsimpulsen führt, wodurch diese unwillkürlich ansatz- oder teilweise ausgeführt werden. Der Psychiater Auguste Forel (1848–1931) hat in seinen Studien zur (Selbst-)Hypnose den Carpenter-Effekt zum Gesetz der Ideoplasie (Formung durch Idee) verallgemeinert, wonach gedankliche Vorstellungen außer Bewegungen auch viele Körperfunktionen auslösen können. Diese Erkenntnisse machte sich Johannes Heinrich Schultz zunutze, der 1932 seine umfangreichen Studien und Übungsanleitungen in dem Buch „Das Autogene Training. Konzentrative Selbstentspannung" veröffentlichte, das bis heute viele Auflagen erzielte. In der Sportpsychologie stellt das Mentale Training für psychisch und körperlich gesunde Sportler eine Kombination von imaginativen Entspannungsverfahren, Visualisierungsübungen und Autosuggestionen zur Vermeidung von pessimistischen Einstellungen und zum Aufbau von Erfolgserwartungen an das sportliche Leistungsvermögen dar. Voraussetzung ist die Fähigkeit, sich mittels der Progressiven Muskelrelaxation von Jacobson oder des Autogenen Trainings (siehe „Entspannungsverfahren gegen die Angst" auf Seite 73) von lästigen Gedanken freizumachen und den Körper in ein inneres Gleichgewicht zu bringen. Dann wird das vorher trainierte „positive innere Selbstgespräch" aufgenommen. Im Grunde geht es darum, die oben aufgezählten Überzeugungen nach (selbst-)kritischer Reflexion aufzugeben und mit positiven, aber realistischen zu „überschreiben". Der Beitrag des Mentalen Trainings zur Behandlung von krank machenden Überzeugungen ist die Kombination von körperlicher Entspannung und Ausbalancierung mit der Arbeit an den Überzeugungen eines Menschen, wie das auch die Kognitive Therapie mit der Depression tut.

Das Mentale Training wird neben dem Leistungssport für das Training und Coaching von leitenden Angestellten großer Institutionen zunehmend beliebter, weil es nicht nach Psychotherapie, nicht nach Patientenbehandlung klingt.

Berufliche Wiedereingliederung

Die berufliche Wiedereingliederung beginnt im Idealfall im Rahmen des „Gesamtplans zur Rehabilitation" nach der ersten Phase der medizinischen Rehabilitation (im Akutkrankenhaus, in der Rehabilitationsklinik mit ihren Bestandteilen „umfassende Behandlung der Erkrankung; Zustand bei der Genesung bzw. Entlassung; Prognose des erreichten Dauerzustands; Belastungserprobung und Arbeitstherapie in der Klinik; Maßnahmen zur Erhaltung und Besserung der Erwerbsfähigkeit; Ausstattung mit Hilfsmitteln; Ausbildung im Gebrauch dieser Hilfsmittel"), in Phase zwei mit der Überleitung in die berufliche Rehabilitation, die von der schon im Krankenhaus beginnenden Beratung durch einen Rehabilitationsberater begleitet wird. In Phase drei kommt es zur beruflichen Rehabilitation im engeren Sinne mit umfänglicher Beratung über in Betracht kommende Maßnahmen, Eingliederungsvorschlägen, Einleitung der Eingliederung, Vermittlung mit und ohne Eingliederungshilfen. In der vierten Phase steht die soziale Rehabilitation im Vordergrund, die durch Schaffung und Stabilisierung eines Dauerarbeitsverhältnisses, z. B. in einer Werkstatt für Behinderte, Sicherung von Arbeitseinkommen und Einkommensentwicklung sowie Förderung des beruflichen Fortkommens gekennzeichnet ist.

Das Bundesland Hamburg hat mit dem sogenannten Hamburger Modell eine Form des begleiteten Wiedereinstiegs in das Berufsleben entwickelt. Die Belastungserprobung läuft über die Aufnahme einer stundenweisen Arbeit bis hin zur Vollzeitberufstätigkeit. Diese ärztlich veranlasste Wiedereingliederung wird mit dem Arbeitgeber abgestimmt und von den Krankenkassen getragen. Andere Bundesländer werden ähnliche Modelle haben, über die die Rehabilitationsberater der Kliniken oder Krankenkassen informieren. Auch bei den Rentenversicherungsträgern kann man derartige Initiativen erfragen.

Die typische Behördensprache der aufgezählten Bestimmungen zeigt, dass zumindest auf dem Papier an alle Bereiche der Wiedereingliederung gedacht ist. In der Praxis sind die Patienten oft von Zufällen abhängig und ob beispielsweise eine entsprechende Fachkraft gerade zur Verfügung steht und sich auch voll dafür einsetzt, dass alle formulierten Ansprüche erfüllt werden. Deshalb ist es gerade hier wichtig, dass Mobbingbetroffene immer wieder auf ihre besondere Situation aufmerksam machen, damit die Rückkehr an den alten Arbeitsplatz problematisiert wird. Hier sind Kenntnisse über die Ansprüche auf das sogenannte betriebliche Eingliederungsmanagement und über dessen Umstände hilfreich (siehe „Wie bekommt man Recht?“ und Anhang, Seite 214).

Dieter Struck

Wie bekommt man Recht?

Arbeitsgerichtliche Grundsatzurteile und juristische Ratschläge

Im Folgenden sollen die wichtigsten arbeitsrechtlichen Aspekte der Mobbingproblematik erläutert werden, um den Betroffenen und ihren Beratern Wege zur Lösung aufzuzeigen, die ihnen die Rechtsordnung zur Verfügung stellt. Um verständlich zu machen, was Mobbing am Arbeitsplatz für die Juristen bedeutet, sollen die wesentlichen Schlussfolgerungen aus zwei Grundsatzurteilen des Bundesarbeitsgerichts (BAG) aus dem Jahr 2007 sowie drei vorangegangenen Grundsatzurteilen des Thüringer Landesarbeitsgerichts (LAG) aus den Jahren 2001 und 2005 und anderer LAG dargestellt und zusammengefasst werden. Diese Ausführungen werden ergänzt durch einige aktuelle und für die Praxis bedeutsame Hinweise aus der weiteren arbeits- und sozialgerichtlichen Rechtsprechung sowie aus der persönlichen beruflichen Erfahrung des Autors.

Die in der rechtlichen Praxis auftretenden Schwierigkeiten im Umgang mit der Mobbingproblematik liegen nicht so sehr an fehlenden rechtlichen Grundlagen zur Bekämpfung des Phänomens „Mobbing". Vielmehr liegt das Hauptproblem in einer für die Juristen nicht zu vermeidenden Verwendung auslegungsbedürftiger Rechtsbegriffe. Juristische Begriffe wie etwa „Fürsorgepflicht des Arbeitgebers", „Treu und Glauben", „billiges Ermessen", „Güter- und Interessenabwägung", „im Arbeitsleben übliche Konfliktsituationen" und andere mehr lassen erahnen, dass bei deren Auslegung und Anwendung im Einzelfall höchst unterschiedliche Wertvorstellungen der Beteiligten einschließlich der Gerichte eine Rolle spielen können.

Bei dem Phänomen „Mobbing" handelt es sich keinesfalls nur um eine in der Arbeitswelt auftretende Erscheinung. Mobbing stellt vielmehr in erster Linie ein gesamtgesellschaftliches Problem dar, bei dem eine ausschließlich arbeitsplatzbezogene Sichtweise dem Kern der (Ur-)Sache nicht Rechnung trägt (vergleiche insbesondere die Ausführungen zu Mobbing in der Schule). **Mobbing und der Umgang der Gesellschaft mit diesem Phänomen sagen etwas über das Wertebewusstsein in der Gesellschaft aus.** Da auch Richter Teile dieser Gesellschaft und ihres Wertesystems sind und das gesamtgesellschaftliche Wertesystem – von den Grundlagen einmal abgesehen – keinesfalls einheitlich, sondern im Gegenteil sehr unterschiedlich ausgeprägt und interpretierbar ist, ist es nicht verwunderlich, dass in der Richterschaft bei der Entscheidung von konkreten Einzelfällen zum Teil sehr unterschiedliche Wertmaßstäbe zugrunde gelegt werden. Bestimmte Verhaltensweisen werden von einigen Richtern als noch hinnehmbar angesehen, während von anderen vergleichbare Verhaltensweisen bereits als rechtswidrig beurteilt werden.

Ein besonders abschreckendes Beispiel stellen die folgenden, wörtlich zitierten Ausführungen des Arbeitsgerichts (ArbG) Köln vom Juli 2002 dar. Diese betreffen den Fall einer in einem Krankenhaus beschäftigten Krankenschwester, deren Schadenersatz- und Schmerzensgeldklage wegen eines behaupteten Mobbingverhaltens von Vorgesetzten und Kollegen vom ArbG abgewiesen wurde:

„Die von der Klägerin geschilderte Historie ihres Arbeitsverhältnisses (...) zeigt das übliche Bild einer unbeliebten, von Vorgesetzten, beteiligten Ärzten und Kollegen als wenig leistungsfähig und daher ihre jeweilige eigene Selbstverwirklichung im Beruf störend angesehenen Mitarbeiterin und Kollegin, die erheblicher Kritik ausgesetzt ist und sich ihrerseits zu Abwehr- und Selbstbehauptungsaktionen veranlasst sieht, die ihre allgemeine Unbeliebtheit weiter verstärken (...) Das Zurückweisen einer bei den Kolleginnen unbeliebten Mitarbeiterin, welche die anderen als wenig leistungsfähig ansehen und sich daher in ihrer eigenen Arbeit beeinträchtigt fühlen bzw. den Eindruck haben, Defizite durch eigene Mehrleistungen ausgleichen zu müssen, entspricht der Lebenswirklichkeit im Arbeitsleben. Auch die Ausgrenzung einer solchen Kollegin ist sozial adäquat, ebenso der Versuch, deren Herausnahme aus der eigenen Arbeitsgruppe zu erreichen. Mit solchen Verhaltensweisen muss jeder Arbeitnehmer oder jeder andere, in welchem Rechtsstatus auch immer mit Menschen zusammenarbeitende Bedienstete rechnen (...) Dies gilt gerade im öffentlichen

Dienst, in dem sich die Arbeitgeber bzw. die von ihnen eingesetzten natürlichen Personen dauerhaft, jedenfalls ohne eigene Befreiungsmöglichkeit an Arbeitnehmer gebunden sehen, auch wenn diese in ihrem Bereich abgelehnt werden, als vermindert leistungsfähig, (...) damit aus Sicht der Verwaltung ein ständiges, unangenehmes Arbeiten verursachendes Störpotential darstellen (...)"

Von anderen Gerichtsurteilen abweichende grundsätzliche Wertvorstellungen der Richter kommen auch in einem Urteil des LAG Thüringen vom Juni 2004 zum Ausdruck. Dort heißt es in kritischer Distanz zu den beiden Grundsatzurteilen einer – mit anderen Richtern besetzten – Kammer desselben LAG aus dem Jahr 2001 wörtlich: *„Verfahren mit Mobbingbezug entscheiden sich in der Regel an dem im Einzelfall gegebenen Sachverhalt und nicht an Rechtsfragen. Für die streitentscheidende Aufgabe der Gerichte ist es nicht hilfreich, wenn der Eindruck erweckt wird, die Gerichte müssten ‚gegenüber Mobbing ein klares Stop-Signal' setzen."* An einer anderen Stelle des Urteils heißt es: *„Das Problem dürfte bei Konflikten am Arbeitsplatz eher in der Belastbarkeit, insbesondere der psychischen Belastbarkeit, des Arbeitnehmers liegen, die wiederum eng mit der Fähigkeit zusammenhängt, die kommunikativen Lebensrisiken adäquat zu verarbeiten."* (Thür. LAG vom 15. Februar 2001)

Durch derartige Aussagen eines Gerichts besteht nach Ansicht des Autors aufgrund seiner in vielen Gerichtsverfahren gemachten Erfahrungen die große Gefahr, dass „Mobber" sich darauf berufen, ihr Verhalten sei angemessen und bewege sich im Rahmen des sozial Üblichen, während die Leiden des Mobbingbetroffenen Ausdruck und Folge seiner unzureichenden psychischen Belastbarkeit seien.

Auch und gerade im Gerichtssaal prallen daher höchst unterschiedliche Wertvorstellungen über die „Spielregeln" des Zusammenlebens in der Gesellschaft und insbesondere im Arbeitsleben aufeinander. Darüber muss dann das jeweilige Gericht gemäß der von der Verfassung vorgegebenen Werteordnung entscheiden, wobei immer auch eigene Interpretationen dieser Werteordnung durch die entscheidenden Richter mit einfließen. Dies führt bei den Betroffenen im Fall eines verlorenen Prozesses oft zu weiteren Enttäuschungen und – in der Regel gesundheitlichen – Beeinträchtigungen. Auch eine derartige Entwicklung und ihre Folgen sollten bei der Entscheidung, ob die Einleitung eines Rechtsstreits wirklich sinnvoll und zielführend ist, von den jeweiligen Beratern sehr sorgfältig im Rahmen ihrer Fürsorgeverpflichtung mit berücksichtigt werden.

Wertmaßstäbe des Grundgesetzes: Allgemeines Persönlichkeitsrecht

Rechtlicher Ausgangspunkt der Beurteilung von Mobbingfällen sind die Wertmaßstäbe des Grundgesetzes (GG) als Mindeststandard von Wertorientierungen in der Gesellschaft. Dazu gehören insbesondere die Wertmaßstäbe, die in Art. 1 Abs. 1 GG und Art. 2 GG normiert worden sind. Das Bundesverfassungsgericht (BVerfG) hat aus diesen Wertmaßstäben die „Rechtsfigur" des allgemeinen Persönlichkeitsrechts (APR) entwickelt. Das BAG hat mehrfach entschieden, dass das allgemeine Persönlichkeitsrecht auch im beruflichen Bereich zu beachten sei.

Das allgemeine Persönlichkeitsrecht ist – worauf das BAG zusammenfassend in einer Entscheidung vom Mai 2007 hingewiesen hat – das Recht des Einzelnen auf Achtung und Entfaltung seiner Persönlichkeit. Zum Schutzbereich des allgemeinen Persönlichkeitsrechts gehört auch der sogenannte Ehrenschutz, der auf den Schutz gegen unwahre Behauptungen und die Wahrung des sogenannten sozialen Geltungsanspruchs und gegen herabsetzende, entwürdigende Äußerungen und Verhaltensweisen gerichtet ist. **Es umfasst damit auch den Anspruch auf Unterlassung der Herabwürdigung und Missachtung durch andere.**

Daraus folgt für den Arbeitgeber als Teil seiner arbeitsvertraglichen Pflichten die Fürsorgepflicht zum Schutz des allgemeinen Persönlichkeitsrechts des Arbeitnehmers. Im vorliegenden Zusammenhang erhält sie eine geradezu überragende Bedeutung, wie insbesondere die Entscheidung des BAG vom Oktober 2007 zeigt.

Schon in der früheren Rechtsprechung der ArbG und LAG hatte die Verpflichtung des Arbeitgebers zum Schutz des allgemeinen Persönlichkeitsrechts besondere Aufmerksamkeit erfahren. Vor allem in der ersten grundlegenden Mobbing-Entscheidung des Thüringer LAG vom April 2001 wurde in Ausprägung dieser Pflicht eine besondere Mobbing-Schutzpflicht des Arbeitgebers herausgearbeitet.

Diese Rechtsprechung hat das BAG in seiner Entscheidung vom Oktober 2007 dahingehend zusammengefasst, dass der Arbeitgeber im Rahmen seiner Fürsorgepflicht auf das Wohl und die berechtigten Interessen des Arbeitnehmers Rücksicht zu nehmen habe. Die Fürsorgepflicht sei aus dem in § 242 BGB niedergelegten Gedanken von Treu und Glauben abzuleiten, der auch den Inhalt des Arbeitsverhältnisses bestimme. Bei der Frage, was Treu und Glauben und die Fürsorgepflicht im Einzelfall gebieten, sei insbesondere auf die in den Grundrechten zum Ausdruck gebrachten Wertentscheidungen des Grundgesetzes hingewiesen. Dies habe zur Folge, dass der Arbeitgeber das allgemeine Persönlichkeitsrecht des Arbeitnehmers nicht verletzen dürfe und dass der Arbeitnehmer im Falle einer Verletzung Anspruch auf Beseitigung der fortwährenden Beeinträchtigung und auf das Unterlassen weiterer Verletzungshandlungen habe. Daraus folge, dass der Arbeitgeber die Pflicht habe, seine Arbeitnehmer vor Belästigungen durch Vorgesetzte, Mitarbeiter oder Dritte, auf die er Einfluss habe, zu schützen und ihnen einen menschengerechten Arbeitsplatz zur Verfügung zu stellen.

Jeder Vertragspartei erwachsen aus einem Schuldverhältnis – wie hier dem Arbeitsverhältnis – daher nicht nur Leistungs-, sondern auch Verhaltenspflichten zur Rücksichtnahme und zum Schutz der Rechte, Rechtsgüter und Interessen des anderen Teils. Dies verbietet nach der Rechtsprechung des BAG auch die Herabwürdigung und Missachtung eines Arbeitnehmers. Dieser hat daher einen Anspruch darauf, dass auf sein Wohl und seine berechtigten Interessen Rücksicht genommen und dass er vor Gesundheitsgefahren – auch psychischer Art – geschützt wird. Ferner darf er keinem Verhalten ausgesetzt werden, das bezweckt oder bewirkt, dass seine Würde verletzt und ein von Einschüchterungen, Anfeindungen, Erniedrigungen, Entwürdigungen oder Beleidigungen gekennzeichnetes Arbeitsumfeld geschaffen wird. Der Arbeitgeber ist in diesem Zusammenhang insbesondere auch zum Schutz der Gesundheit und des allgemeinen Persönlichkeitsrechts des Arbeitnehmers verpflichtet.

Auch Arbeitnehmer sind in der Konsequenz des von der Verfassung vorgegebenen Wertesystems verpflichtet, das durch Art. 1 und 2 GG geschützte Recht auf Achtung der Würde und der freien Entfaltung der Persönlichkeit der bei ihrem Arbeitgeber beschäftigten Arbeitskollegen nicht durch Eingriffe in die Persönlichkeits- und Freiheitssphäre zu verletzen.

Diese Verpflichtung ergibt sich auch aus den gegenüber dem Arbeitgeber selbst zu erfüllenden arbeitsvertraglichen Nebenpflichten. Dazu gehört unter anderem die Verpflichtung, alles zu unterlassen, was das „Vermögen“ des Arbeitgebers schädigen kann. Eine derartige Vermögensschädigung des Arbeitgebers liegt beispielsweise darin, dass ein durch Verletzung seines allgemeinen Persönlichkeitsrechts durch Kollegen geschädigter und daraufhin erkrankter Arbeitnehmer vom Arbeitgeber ohne Erbringung einer Arbeitsleistung eine sechswöchige Entgeltfortzahlung während seiner Erkrankung erhält. Entsprechendes gilt, wenn der erkrankte Arbeitnehmer nach Ablauf dieser sechs Wochen vom Arbeitgeber Schadenersatz in Höhe der Differenz zwischen seiner früheren Nettovergütung und dem niedrigeren Krankengeld verlangt.

Der rechtliche Begriff „Mobbing am Arbeitsplatz“

In der juristischen Literatur und Rechtsprechung existieren eine Vielzahl von Mobbingdefinitionen, von denen die durch das LAG Thüringen in seinen beiden Urteilen aus dem Jahre 2001 entwickelte arbeitsrechtliche Definition für die Praxis die größte Anerkennung und Bedeutung erlangt hat.

Das BAG hat in seiner Entscheidung vom Oktober 2007 zunächst klargestellt, dass „Mobbing“ **kein Rechtsbegriff** (wie z. B. Körperverletzung) ist und damit auch keine Grundlage für Ansprüche des Arbeitnehmers gegen den Arbeitgeber oder gegen Vorgesetzte oder einen oder mehrere Arbeitskollegen ist. Mobbing an sich ist daher nach Auffassung des BAG kein eigenständiges rechtliches Phänomen, sondern in seiner tatsächlichen Erscheinungsform rechtlich zu würdigen. Nicht alles, was landläufig als Mobbing bezeichnet wird, ist von arbeitsrechtlicher und schadensrechtlicher Bedeutung.

Wenn ein Arbeitnehmer aus einem Mobbinggeschehen konkrete Ansprüche geltend macht, muss jeweils geprüft werden, ob in den betreffenden Einzelfällen

- arbeitsrechtliche Pflichten,
- ein sogenanntes absolutes Recht des Arbeitnehmers im Sinne des § 823 Abs. 1 BGB (dazu gehören das Leben, der Körper, die

Gesundheit, die Freiheit, das Eigentum oder ein sonstiges Recht eines anderen, z. B. das Besitz- oder Eigentumsrecht und das Persönlichkeitsrecht)

- oder ein Schutzgesetz im Sinne des § 823 Abs. 2 BGB (dazu gehören vor allem die Vorschriften des Strafgesetzbuches, bestimmte Vorschriften des Betriebsverfassungsgesetzes, das Jugendarbeitsschutzgesetz und andere) verletzt worden sind beziehungsweise
- eine sittenwidrige vorsätzliche Schädigung im Sinne des § 826 BGB vorliegt.

Dabei ist zu beachten, dass es nach Auffassung des BAG Fälle gibt, in denen die einzelnen, vom Arbeitnehmer dargelegten Handlungen oder Verhaltensweisen seiner Kollegen oder seiner Vorgesetzten für sich allein betrachtet noch keine Rechtsverletzungen darstellen. Dennoch können sie unter Umständen im Rahmen einer Gesamtschau aufgrund ihrer Systematik und gemeinsamen Zielrichtung zu einer Vertrags- oder Rechtsgutverletzung führen. Dies entspricht auch weitgehend der Rechtslage seit Inkrafttreten des **Allgemeinen Gleichbehandlungsgesetzes (AGG)** im August 2006, das aufgrund seiner erheblichen Bedeutung auch für die Frage, was unter dem Begriff „Mobbing" zu verstehen ist, auszugsweise zitiert wird:

§ 1 Ziel des Gesetzes

Ziel des Gesetzes ist, Benachteiligungen aus Gründen der Rasse oder wegen der ethnischen Herkunft, des Geschlechts, der Religion oder Weltanschauung, einer Behinderung, des Alters oder der sexuellen Identität zu verhindern oder zu beseitigen.

§ 2 Anwendungsbereich

(1) Benachteiligungen aus einem in § 1 genannten Grund sind nach Maßgabe dieses Gesetzes unzulässig in Bezug auf:

1. *die Bedingungen, einschließlich Auswahlkriterien und Einstellungsbedingungen, für den Zugang zu unselbstständiger und selbstständiger Erwerbstätigkeit, unabhängig von Tätigkeitsfeld und beruflicher Position, sowie für den beruflichen Aufstieg,*
2. *die Beschäftigungs- und Arbeitsbedingungen einschließlich Arbeitsentgelt und Entlassungsbedingungen, insbesondere in individual- und kollektivrechtlichen Vereinbarungen und Maßnahmen bei der*

Durchführung und Beendigung eines Beschäftigungsverhältnisses sowie beim beruflichen Aufstieg,

3. *den Zugang zu allen Formen und allen Ebenen der Berufsberatung, der Berufsbildung einschließlich der Berufsausbildung, der beruflichen Weiterbildung und der Umschulung sowie der praktischen Berufserfahrung.*

§ 3 Begriffsbestimmungen

(3) Eine Belästigung ist eine Benachteiligung, wenn unerwünschte Verhaltensweisen, die mit einem in § 1 genannten Grund in Zusammenhang stehen, bezwecken oder bewirken, dass die Würde der betreffenden Person verletzt und ein von Einschüchterungen, Anfeindungen, Erniedrigungen, Entwürdigungen oder Beleidigungen gekennzeichnetes Umfeld geschaffen wird.

§ 3 Abs. 3 AGG definiert somit den Begriff der „Belästigung“, die eine verbotene Benachteiligung in Sinne der §§ 1, 2 AGG darstellt. Mit dieser Definition des **Begriffs „Belästigung“** hat der Gesetzgeber nach Auffassung des BAG letztlich auch einen Teilbereich des **Begriffs des „Mobbing“** umschrieben, soweit dieses nämlich seine Ursachen in der Rasse, der ethnischen Herkunft, dem Geschlecht, der Religion oder Weltanschauung, einer Behinderung, im Alter oder der sexuellen Identität (§ 1 AGG) des Belästigten hat.

Dieser in § 3 Abs. 3 AGG umschriebene (Teil-)Begriff des „Mobbing“, der sich lediglich auf Benachteiligungen aus einem der in § 1 AGG genannten Gründe bezieht, kann nach Auffassung des BAG nunmehr auch auf die Fälle der sonstigen Benachteiligung eines Arbeitnehmers – gleich aus welchen Gründen – übertragen werden.

Die Regelung in § 3 Abs. 3 AGG zeigt vor allem, dass es grundsätzlich auf die **Zusammenschau** der einzelnen negativen Verhaltensweisen ankommt, um zu beurteilen, ob Mobbing vorliegt. Demnach ist zu prüfen, ob ein durch **„Einschüchterungen, Anfeindungen, Erniedrigungen, Entwürdigungen oder Beleidigungen gekennzeichnetes (Arbeits-)Umfeld“** geschaffen wird. Ein Arbeitsumfeld wird aber grundsätzlich nicht durch ein einmaliges, sondern durch ein fortdauerndes Verhalten geprägt. Damit sind alle Handlungen und Verhaltensweisen, die dem systematischen Prozess der Schaffung eines bestimmten Arbeitsumfeldes zuzuordnen sind, in die

Betrachtung mit einzubeziehen. Deshalb dürfen einzelne zurückliegende Handlungen oder Verhaltensweisen nicht bei der Beurteilung unberücksichtigt gelassen werden. **Wesensmerkmal** von Mobbing ist damit die **systematische, sich aus vielen einzelnen Handlungen/Verhaltensweisen zusammensetzende Rechtsverletzung**. Dabei kommt den einzelnen Handlungen oder Verhaltensweisen für sich allein betrachtet oft keine rechtliche Bedeutung zu.

Die gesetzliche Regelung des § 3 Abs. 3 AGG entspricht daher auch inhaltlich im Wesentlichen dem vom BAG bereits in einem Beschluss vom Januar 1997 verwendeten „Mobbing"-Begriff. Das BAG hatte bereits damals Mobbing als „systematisches Anfeinden, Schikanieren oder Diskriminieren von Arbeitnehmern untereinander oder durch Vorgesetzte" bezeichnet.

Zusammenfassend haben sich daher künftig alle Beteiligten bei der Prüfung von Mobbing-Sachverhalten an der gesetzlichen Regelung des § 3 Abs. 3 AGG zu orientieren. Allein die dort niedergelegten Maßstäbe sind entscheidend dafür,

- ob ein Gesamtverhalten als eine einheitliche Verletzung von Rechten des Arbeitnehmers zu qualifizieren ist und
- ob einzelne Handlungen oder Verhaltensweisen für sich genommen oder in der Gesamtschau einen rechtsverletzenden Charakter haben und damit als rechtlich relevantes Mobbing anzusehen sind.

Ob Rechte des Arbeitnehmers – insbesondere sein allgemeines Persönlichkeitsrecht oder seine Gesundheit – verletzt worden sind, muss im Streitfall von den jeweils zuständigen Tatsachengerichten (ArbG und LAG) aufgrund einer Güter- und Interessenabwägung unter sorgsamer Würdigung *aller* Umstände des Einzelfalles beurteilt werden. Dass auch dabei wieder unterschiedliche Wertungen eine Rolle spielen können, liegt auf der Hand.

Zur Veranschaulichung dessen, worum es im Einzelfall geht, hat Heinz Leymann (1993) eine Reihe von typischen Mobbinghandlungen veröffentlicht, deren Vorliegen allerdings nur **als Indiz**, keinesfalls jedoch bereits als Beweis für die Annahme rechtlich relevanter Mobbinghandlungen zugrunde gelegt werden kann (siehe „Worum es geht. Wie wird aus alltäglichem Streit, ungelösten Konflikten und Konkurrenz Mobbing?").

Stets ist dabei zu beachten, dass es sich bei den meisten der mobbingtypischen Handlungen um solche handelt, die – wie andere Verhaltensweisen auch – je nach Einzelfall ein noch hinnehmbares Verhalten oder schon eine Mobbinghandlung darstellen können (z. B. ständiges Äußern von Kritik, Erteilung einer Ermahnung oder Abmahnung, Umsetzung, Versetzung, unhöfliche Umgangsformen, Nachgehen eines Diebstahlverdachts durch den Arbeitgeber oder das Erteilen von Weisungen).

Folgende Beispiele sollen dies verdeutlichen:

• *Die Äußerung „In der Sitzung reden Sie nicht, sondern sind Sie still" kann Bestandteil eines Mobbinggeschehens sein oder aber eine berechtigte Weisung des Arbeitgebers, die er aufgrund seines Direktionsrechts erteilt.*

• *Die Anordnung des Arbeitgebers, wöchentliche Kontrollmaßnahmen/Kontrollbesprechungen durchzuführen, ist grundsätzlich vom Direktionsrecht des Arbeitgebers gedeckt, kann aber im Einzelfall auch als Mobbinghandlung angesehen werden und den Zweck verfolgen, den Arbeitnehmer mit – isoliert gesehen – an sich nicht rechtswidrigen Mitteln zu schikanieren und zu diskriminieren und auf diese Weise so zu zermürben, bis er von selbst aufgibt.*

• *Die Versetzung eines Arbeitnehmers kann grundsätzlich zulässig sein, kann jedoch aufgrund der Gesamtumstände auch als Mobbinghandlung zu qualifizieren sein, etwa wenn es sich wie bei einem vom LAG Thüringen entschiedenen Fall um eine Versetzung auf einen sechs Gehaltsstufen niedriger bewerteten Arbeitsplatz handelt.*

• *Auch eine vertraglich grundsätzlich zulässige Umsetzung kann sich unter Umständen als Verletzung des allgemeinen Persönlichkeitsrechts erweisen. Eine solche Rechtsverletzung liegt vor, wenn sich die Zuweisung einer bestimmten Beschäftigung nicht bloß als Ausdruck einer rechtlich erlaubten Vorgehensweise darstellt, sondern diese Maßnahme zielgerichtet als Mittel der Zermürbung und Diskriminierung des Arbeitnehmers eingesetzt wird, um diesen zur Aufgabe seines Arbeitsplatzes zu bewegen.*

• *Mehrere arbeitsrechtliche Abmahnungen gegen einen Arbeitnehmer können ebenfalls rechtmäßig sein. In einem vom ArbG Kiel entschiedenen Fall wurde jedoch der Umstand, dass neun Abmahnungen wegen vermeintlicher Pflichtverletzungen innerhalb von neun Tagen ausgesprochen wurden, davon allein fünf Abmahnungen an einem Tag und vier weitere Abmahnungen an einem anderen Tag, als Verstoß gegen die Fürsorgepflicht, das Übermaßverbot sowie den Grundsatz der Verhält-*

nismäßigkeit angesehen. Das Gericht wertete dieses Verhalten des Arbeitgebers als sogenannten Rundumschlag, der geeignet sei, den Arbeitnehmer unter einen erheblichen psychischen Druck zu setzen, sodass dieser letztendlich seine berufliche Tätigkeit aufgebe oder dem Arbeitgeber bei nächster Gelegenheit – und Fehler mache jeder – die Möglichkeit zur fristlosen Kündigung gebe. Dies sei als Mobbing zu qualifizieren und daher eine unzulässige Rechtsausübung, da sie von sachfremden Zwecken bestimmt sei, und zwar unabhängig davon, ob die in den Abmahnungen erteilten Rügen zu Recht erhoben worden seien.

In der Praxis ist es oft schwierig abzugrenzen, ob noch rechtlich erlaubtes oder hinnehmbares Verhalten vorliegt oder ob bereits eine rechtlich relevante Verletzung des allgemeinen Persönlichkeitsrechts gegeben ist. Die Abgrenzung ist insbesondere deshalb schwierig, weil beinahe jeder Mobber für seine Handlungsweise eine Rechtfertigung findet oder sucht und vorschiebt, wie die geschilderten Beispiele zeigen. Mobbing liegt aber nur dann vor, wenn auch bei vordergründiger Wahrnehmung berechtigter Interessen (wie die Ausübung des Direktionsrechts bezüglich Ort, Inhalt und Zeit der Arbeitsleistung, Abmahnung, Versetzung, Kündigung) keine Gründe vorliegen, die den in diesem Verhalten liegenden Eingriff rechtfertigen.

Bei der Prüfung, ob Mobbing vorliegt, können **Kontrollfragen** förderlich sein, bei denen ein Vergleich mit einem intakten Arbeitsverhältnis vorgenommen wird, in dem nicht **die Person**, sondern **das Problem** bekämpft wird. Dies wird auch das **Prinzip der Plausibilitätskontrolle** genannt. In einem intakten Arbeitsverhältnis sind folgende Verhaltensweisen nicht plausibel und in der Regel rechtswidrig:

- Überreaktionen des Vorgesetzten oder Arbeitgebers („mit Kanonen auf Spatzen schießen"),
- persönlichkeitsbelastende, ungleiche Behandlungen eines Arbeitnehmers,
- Fehlerprovokation und Fehlersuche („an den Haaren herbeigezogene" Vorwürfe),
- beharrliche Missachtung der vom Mobbingbetroffenen zu seinem Schutz erwirkten Gerichtsurteile und
- ähnliche tendenziell feindseligen und persönlichkeitsbelastenden Verhaltensweisen.

Als in Literatur und Rechtsprechung entwickelte Faustregel kann in diesem Zusammenhang gelten: Je öfter und intensiver der infrage stehende Mobbingbetroffene gegen seine Person gerichteten, belastenden Rechtsmaßnahmen oder gegen seine Person gerichteten, belastenden kommunikativen oder sonstigen Verhaltensweisen ausgesetzt ist, umso eher ist die Annahme eines auf Persönlichkeitsbekämpfung gerichteten Mobbingzusammenhangs gerechtfertigt.

In folgenden Beispielfällen wurde von der Rechtsprechung das Vorliegen von Mobbing anerkannt:

Beispiel 1

Diesem Fall liegt der Sachverhalt zugrunde, der zu dem Urteil des Thüringer LAG vom Februar 2001 geführt hat und der sich vor allem aus der eidesstattlichen Erklärung des betroffenen Arbeitnehmers ergibt, die hier auszugsweise zitiert wird (Herr M. ist die mobbende Person, Herr F. der Mobbingbetroffene):

Beim Begrüßungsgespräch mit Herrn M. am 1. September 1998, 9 Uhr, im Aufenthaltsraum der Fleischerei in M. wurde ich mit: „Guten Tag Herr F., ich bin Herr M., der Warenbereichsleiter. Wie Sie sicherlich wissen, eilt mein Ruf mir voraus, ich habe bisher jedem das Arbeiten beigebracht, und ich werde schnellstens Ihre Kotzgrenze finden“, empfangen. (...)

In der weiteren Arbeitswoche ging es mit Beschimpfungen wie folgt weiter: „Sie lahmes Arschloch“, „Können Sie denn überhaupt nichts richtig machen?“, „Sie Erfurter Puffbohne können wohl überhaupt nichts“, „Ich mache Sie fertig“, „Sie haben wohl nicht alle Tassen im Schrank“, „Herr H. hat Ihnen wohl nur Müll gelernt, aber das ist ja normal bei Herrn H.“ (...)

In meinen Pausenzeiten wurde mir von Herrn M. nicht gestattet, diese zeitlich auszuschöpfen. Das Rauchen wurde mir auch untersagt. Es wurde mir noch nicht einmal eine vollständige Pause von insgesamt zweimal einer halbe Stunde bei einem 14-Stunden-Tag gewährt. Dies ging Dienstag bis Samstag derselben Woche. Es wurde von Herrn M. angewiesen, dass jeder Fleischer von früh bis abends da zu sein hat.

Aufgrund dieser seelischen Belastung stieg mein Blutdruck ständig stark an, wobei ich am Sonntag, den 4. September, beinahe einen Zusammenbruch hatte, worauf ich eine Krankschreibung erhielt. Ich bin aufgrund zu hohen Blutdrucks in ärztlicher Behandlung. Herrn M. hatte ich darüber informiert. Als ich am 6. Oktober 1998 nach meiner Krankschreibung wieder in M. meine Arbeit gegen 6 Uhr aufnahm, war Herr M. äußerst freundlich zu mir und ich ging wieder meinen zugewiesenen Aufgaben nach. Zwischen 14 und 15 Uhr ging ich zu meiner Mittagspause. Ich setzte mich und schenkte mir einen Kaffee ein, als Herr M. hereintrat. Plötzlich begann Herr M. ein Gespräch anzufangen, ohne dass ich vorher etwas gesagt hatte. Es ging um meine Gesundheit und ob ich wieder arbeitsfähig wäre. Ich bejahte dies, fügte aber hinzu, dass ich wegen meines zu hohen Blutdrucks immer noch in Behandlung wäre. Da es gerade an der Tür klopfte, unterbrach Herr M. das Gespräch und es traten zwei Mitarbeiterinnen ein. (...) Die beiden Mitarbeiterinnen erkundigten sich, ob sie Feierabend machen könnten. Herr M. reagierte nicht auf diese Frage, sondern setzte das Gespräch mit mir wie folgt fort: „Herr F., Sie haben doch nur simuliert und zu Hitlers Zeiten hat man solche Betrüger wie Sie an die Wand gestellt und erschossen. Herr F., zu Hitlers Zeiten haben sich Männer Finger abgeschnitten, um nicht in den Krieg zu müssen, solche hat Hitler auch an die Wand gestellt."

Durch diese Äußerungen wurde ich sehr unruhig, was sich sicher durch mein Verhalten zeigte. Ich versuchte so gut wie möglich, meine Arbeit ohne Fehler zu erledigen. Es folgten durch Herrn M. weitere Spitzen, wie in meiner ersten Arbeitswoche (siehe wie oben ausgeführt) am selben Tag und dem darauffolgenden 7. Oktober 1998. Nach diesen Äußerungen von Herrn M. habe ich total auf Durchgang geschaltet, um mir diese Sachen nicht mehr anhören zu müssen. Ich war fix und fertig. Diese ganzen Äußerungen auf mich bezogen gingen mir die ganze Zeit im Kopf herum und dadurch, dass ich sowieso schon durch die vorhergehenden Spitzen etwas angeschlagen war, bin ich darüber nicht fertig geworden.

Am 8. Oktober 1998 erhielt der Hausleiter der Filiale des Betriebes, in dem der Arbeitnehmer beschäftigt war, die telefonische Mitteilung, dass der Mitarbeiter F. einen Selbstmordversuch unternommen hatte. Er war bewusstlos in seiner Wohnung aufgefunden worden. Der sofort herbeigerufene Notarzt stellte fest, dass Herr F. eine Überdosis Schlaftabletten genommen hatte und dass er bei nur zwei Stunden verzögerter Entdeckung verstorben wäre.

Beispiel 2

Der Sachverhalt, der einer Entscheidung des LAG Baden-Württemberg vom Juli 2001 zugrunde lag, war folgender:

Der Arbeitnehmerin wurde in einer Besprechung am 13. Juni 2001 vom Arbeitgeber erklärt, dass man sich ein Bild von ihrer Leistung machen wolle und daher künftig wöchentliche Kontrollmaßnahmen/Kontrollbesprechungen durchführen werde, wobei noch am 13. Juni 2001 die nächste diesem Zweck dienende Besprechung auf den 25. Juni 2001 und am 26. Juni 2001 eine weitere diesem Zweck dienende Besprechung auf den 11. Juli 2001 festgesetzt wurde. Das Gericht wies zunächst darauf hin, dass die Anordnung und Durchführung von Leistungskontrollen auch in Form von Besprechungen an sich durch das Direktionsrecht des Arbeitgebers gedeckt seien. Im vorliegenden Fall kam das LAG allerdings deshalb zu einem gegenteiligen Ergebnis, weil es feststellte, dass hier das Direktionsrecht nicht aus sachlichen Gründen, sondern allein als Reaktion auf eine vorherige zulässige Rechtsausübung der Arbeitnehmerin angewendet wurde. Die Arbeitnehmerin hatte zuvor ein Angebot des Arbeitgebers, den Arbeitsvertrag einvernehmlich aufzuheben, abgelehnt und ferner in einem Schreiben ihres Anwalts vom Arbeitgeber das Unterbinden der nach ihrer Auffassung gesundheitsbeeinträchtigenden Diskriminierung verlangt.

Vorangegangen war ein gegen die Arbeitnehmerin von Kollegen und Vorgesetzten seit Ende 1998 und seit Frühjahr 2001 verstärkt betriebenes Mobbing, und zwar unter anderem durch folgende Handlungen:

Die Stelle der Arbeitnehmerin wurde am Schwarzen Brett der Firma ausgeschrieben; Teambesprechungen wurden an Tagen durchgeführt, an denen die Arbeitnehmerin infolge ihrer Teilzeitbeschäftigung nicht anwesend war; die Arbeitnehmerin wurde von Kollegen und Arbeitgeber wegen ihrer Teilzeitbeschäftigung als „Handicap" bezeichnet; die Arbeitnehmerin wurde von geselligen Veranstaltungen, unter anderem der Weihnachtsfeier, ausgeschlossen; ferner kam es zu Verhaltensweisen wie demonstratives Zuhalten der Nase oder demonstratives Wegblicken beim Vorbeigehen an der Arbeitnehmerin; zeitweise Nichterwiderung des Grußes und Vermeidung jeglicher Kommunikation mit dieser sowie die Aufforderung, sich eine andere Stelle zu suchen.

Das LAG folgerte aus diesen gegen die Arbeitnehmerin gerichteten Verhaltensweisen aufgrund einer vorgenommenen Gesamtschau, dass die Arbeitnehmerin systematisch von Kollegen und Vorgesetzten angefeindet, schikaniert und diskriminiert wurde, um sie zu isolieren und letztlich von ihrem Arbeitsplatz zu entfernen.

Beispiel 3

Das BAG hatte im Oktober 2007 über einen Fall zu entscheiden, bei dem es um einen Konflikt zwischen einem Oberarzt einer Klinik und dessen vorgesetzten Chefarzt ging. Folgende Verhaltensweisen des Chefarztes wurden neben anderen als Mobbing qualifiziert:

Der Oberarzt musste kurzfristig seinen für die Zeit vom 9. August bis 30. August 2002 angemeldeten Urlaub ändern und daher die gebuchte Pauschalreise umbuchen, da der Chefarzt dies mit der Begründung verlangt hatte, er selbst sei bis zum 10. August 2002 im Urlaub. Das Gleiche geschah in den Herbstferien, in denen der Oberarzt seinen im Einverständnis mit dem Chefarzt angemeldeten Urlaub zum 18. Oktober 2002 abbrechen musste, weil dieser dies mit der Erklärung verlangt hatte, dass ihm als Chefarzt der Vorrang gebühre und er ab dem 19. Oktober 2002 in Urlaub sei. Der Chefarzt befand sich allerdings seit dem 20. Oktober 2002 wieder im Dienst, ohne die Gründe für den nicht angetretenen eigenen Urlaub zu erläutern.

Dieses Verhalten des Chefarztes zeuge nach Auffassung des Gerichts von mangelnder Rücksichtnahme des Chefarztes auf die Gefühle des ihm unterstellten Oberarztes, wodurch die Persönlichkeit des Oberarztes missachtet worden sei.

Am 4. Juni 2003 wurde der Oberarzt von seinem Chefarzt auf dem Flur vor den Aufzügen in Gegenwart von vier Kollegen herablassend und aggressiv darauf angesprochen, dass bei einer von ihm überwachten Hirntumoroperation vier Bohrlöcher anstelle von maximal zwei gesetzt worden seien. Dabei habe der Chefarzt geäußert, dass, falls er, der Oberarzt, dies nicht könne, er es ihm demnächst bei einer Operation zeigen werde.

Am 4./5. November 2003 musste der Oberarzt eine von einem Assistenzarzt begonnene Operation fortführen. Entgegen der bisher praktizierten sitzenden Lagerung wurde der Patient in Bauchlagerung operiert. Als der Oberarzt in der Frühbesprechung am Folgetag auf die medizinisch-rechtliche Problematik einer Operation in einer Lagerung, über die zuvor nicht aufgeklärt worden war, hingewiesen hat, wurde er vom für die Operation verantwortlichen Chefarzt mit den Worten: „Ich bin hier Operateur und Sie sind mein Handlanger. Sie haben zu tun, was ich Ihnen sage!" angeschrien.

Dieses Verhalten wertete das Gericht als mangelnden Respekt vor der Person des Oberarztes und Missachtung seiner Position als

Erster Oberarzt. Bei den Auseinandersetzungen über die Anzahl der Bohrlöcher und der Lagerung des Patienten bei bestimmten Operationen habe der Chefarzt den nötigen Respekt gegenüber dem Oberarzt in fachlicher Hinsicht vermissen lassen.

Im Rahmen einer Diskussion um fachübergreifende Bereitschaftsdienste wurden dem Oberarzt vor versammelter Mannschaft vom Chefarzt unlautere Motive unterstellt. Der Chefarzt äußerte in diesem Zusammenhang, der Oberarzt würde nur so argumentieren, „um seinen Arsch im Bett lassen zu können" und „um seine Pfründe zu sichern".

Diese Beleidigung des Oberarztes im Zusammenhang mit der Diskussion über die Bereitschaftsdienste zeige nach Auffassung des Gerichts erhebliche Mängel im zwischenmenschlichen Umgang des Chefarztes mit dem ihm unterstellten Oberarzt.

Im Oktober 2003 wurden der Oberarzt sowie ein weiterer Oberarzt vom Chefarzt gefragt, ob sie bereit seien, in einem Zimmer zusammenzuarbeiten. Im Hinblick auf die Notwendigkeit, ambulante Patienten in ihren Zimmern zu untersuchen, erklärten jedoch beide, dass dies nicht möglich sei. Trotzdem wurde einige Tage später auf Veranlassung des Chefarztes ein Schreibtisch für den anderen Oberarzt in das Zimmer des Ersten Oberarztes gestellt.

Das Gericht bezeichnete es als nicht verständlich, aus welchem Grund der Chefarzt gerade vom Kläger, als Erstem Oberarzt, verlangt habe, sein Zimmer mit einem anderen Oberarzt zu teilen.

Kein rechtlich relevantes Mobbing liegt aber bei **im Arbeitsleben üblichen Konfliktsituationen** vor, die sich durchaus auch über einen längeren Zeitraum erstrecken können. So hatte beispielsweise das LAG Schleswig-Holstein in einer auch vom BAG in Bezug genommenen Entscheidung vom März 2002 ausgeführt, dass es zum Zusammenarbeiten mit anderen Menschen gehöre, dass sich Reibungen und Konflikte ergeben, ohne dass diese Ausdruck der Absicht seien, den anderen systematisch zu verletzen. Die Verpflichtung des Arbeitgebers, zum Schutz des allgemeinen Persönlichkeitsrechts des Arbeitnehmers tätig zu werden, erfordert nach Auffassung des BAG grundsätzlich kein Eingreifen bei Meinungsverschiedenheiten zwischen Arbeitnehmern und Vorgesetzten über Sachfragen wie Beurteilungen, Inhalt des Weisungsrechts oder Bewertung von Arbeitsergebnissen. Dies gilt auch dann, wenn der Ton der Auseinandersetzung die Ebene der Sachlichkeit im Einzelfall verlassen sollte, jedoch keine Anhaltspunkte dafür vorliegen, dass die Meinungsverschiedenheit über das im Arbeitsleben sozial Übliche hinausgeht. Vor dem Hintergrund, dass der Umgang von Arbeitnehmern untereinander und mit Vorgesetzten im Arbeitsalltag zwangsläufig mit Konflikten verbunden ist, dürfen nach Ansicht des BAG keine überspannten Anforderungen an Inhalt und Reichweite der Schutzpflicht des Arbeitgebers gestellt werden.

Ein Verhalten, das im gesellschaftlichen Umgang noch als üblich bezeichnet wird und deshalb hinzunehmen ist, stellt also kein Mobbingverhalten dar. Die Überprüfung hat auf der Grundlage einer objektiven Betrachtungsweise zu erfolgen, das heißt, dem subjektiven Empfinden des betroffenen Arbeitnehmers wird keine Bedeutung beigemessen.

Bei **Weisungen**, die sich im Rahmen des dem Arbeitgeber zustehenden Direktionsrechts bewegen und bei denen sich nicht eindeutig eine schikanöse Tendenz entnehmen lässt, kann auch nicht von Mobbing geredet werden. Denn Weisungen stellen nach Auffassung des BAG nur in seltenen Fällen eine Verletzung des allgemeinen Persönlichkeitsrechts da.

Nach Ansicht des BAG kann Gleiches für Weisungen des Arbeitgebers gelten, die zwar den Rahmen des Direktionsrechts überschreiten, denen jedoch sachlich nachvollziehbare Erwägungen des Arbeitgebers zugrunde liegen.

Das Direktions- und Weisungsrecht des Arbeitgebers ist in § 106 der Gewerbeordnung (GewO) geregelt. Danach kann der Arbeitgeber grundsätzlich Inhalt, Ort und Zeit der Arbeitsleistung nach sogenanntem billigen Ermessen näher bestimmen. Dies gilt auch hinsichtlich der Ordnung und des Verhaltens der Arbeitnehmer im Betrieb. Der Arbeitgeber kann dem Arbeitnehmer grundsätzlich auch einen Wechsel in der Art der Beschäftigung auferlegen, den Arbeitsbereich verkleinern oder auch Arbeitsaufgaben in den Grenzen billigen Ermessens entziehen. Der Arbeitgeber hat dabei, auch wenn er an billiges Ermessen gebunden ist, einen Entscheidungsspielraum. Was billigem Ermessen entspricht, ist unter Berücksichtigung der Interessen beider Parteien und des in vergleichbaren Fällen Üblichen festzusetzen.

Da die Erfahrung gezeigt hat, dass mobbende Arbeitgeber oder Vorgesetzte sich gern hinter dem Direktions- und Weisungsrecht verstecken, können Mobbinghandlungen dann ungeahndet bleiben, wenn es dem Betroffenen nicht gelingt, gegenüber dem Gericht eine schikanöse Tendenz der Handlungen/Verhaltensweisen aufzuzeigen oder darzulegen und zu beweisen, dass den Weisungen des Arbeitgebers gerade keine sachlich nachvollziehbaren Erwägungen zugrunde liegen.

An der **notwendigen Systematik** von rechtswidrigen Mobbinghandlungen kann es fehlen, wenn ein Arbeitnehmer von verschiedenen Vorgesetzten, die nicht zusammenwirken und die zeitlich aufeinanderfolgen, in seiner Arbeitsleistung kritisiert oder schlecht beurteilt wird oder wenn die Arbeitsleistung nicht nur kritisiert oder ignoriert, sondern ausdrücklich gleichermaßen auch positiv gewürdigt wird.

Vereinzelt auftretende Reibungen, Auseinandersetzungen oder sonstige Konflikte am Arbeitsplatz (Beispiel: Wutanfälle eines Vorgesetzten) sind ebenfalls nicht als Mobbing zu bewerten, solange es bei einzelnen „Ausrutschern" und einmaligen Kränkungen bleibt. So hatte eine Vorgesetzte gegenüber der ihr unterstellten Arbeitnehmerin, nachdem diese einen Unfall erlitten hatte, geäußert, sie habe sich hoffentlich „ihr verlogenes Mundwerk aufgeschlagen". Entsprechendes gilt bei einzelnen „Späßen" (z. B. vereinzelte Hänseleien oder Neckereien) sowie vereinzelten Unhöflichkeiten oder Bosheiten.

Ebenfalls können Verhaltensweisen von Arbeitgebern oder Vorgesetzten nicht in die Prüfung einbezogen werden, die lediglich eine Reaktion auf Provokationen durch den vermeintlich gemobbten Arbeitnehmer darstellen. Denn dann fehlt es an der von der Rechtsprechung und Lehre so bezeichneten eindeutigen **Täter-Opfer-Konstellation**. Bei der Prüfung eines Mobbingsachverhalts ist daher stets auch das vorangegangene Verhalten des vorgeblichen Mobbingopfers gegenüber dessen Vorgesetzten oder Kollegen zu berücksichtigen, das heißt also: „Wie man in den Wald hineinruft, so schallt es heraus."

Ferner kann es an der für Mobbing erforderlichen Systematik fehlen, wenn zwischen den einzelnen Vorfällen **lange zeitliche Zwischenräume** liegen. Verneint wurde der erforderliche zeitliche Zusammenhang der einzelnen Handlungen in der Rechtsprechung zum Beispiel bei neun Vorfällen in dreieinhalb Jahren, bei zehn bis zwölf Vorfällen innerhalb von drei Jahren oder bei 16 Handlungen in der Zeit zwischen September 1995 und Februar 1999, davon aber sieben innerhalb von einer Woche im November 1996: Das LAG Berlin hat in diesem Fall ausgeführt, dass ein „roter Faden" über den großen zeitlichen Raum hinweg nach seiner Auffassung hier nicht ersichtlich gewesen sei.

Schadenersatz-, Geldentschädigungs- und Schmerzensgeldansprüche

Dem Mobbingbetroffenen können neben Unterlassungsansprüchen auch Schadenersatz- sowie Geldentschädigungs- und Schmerzensgeldansprüche zustehen, und zwar gegen den mobbenden Vorgesetzten oder Arbeitskollegen oder auch gegen den Arbeitgeber, wenn dieser selbst mobbt, seine Organisations- und Schutzpflichten verletzt oder sich das Verhalten des mobbenden Vorgesetzten zurechnen lassen muss.

Materielle Schäden, die ersetzt werden müssen, sind insbesondere Arzt- und Arzneimittelkosten einschließlich der Kosten für ärztliche Atteste sowie sonstige Heilungskosten, die Differenz zwischen dem gezahlten Krankengeld und der wegen der Arbeitsunfähigkeit entfallenden Nettovergütung sowie während des Bezugs von Krankengeld nicht gezahlte Zuschüsse zu vermögenswirksamen Leistungen.

Ein Geldentschädigungsanspruch kann bei einer schweren, eine Genugtuung erfordernden Verletzung des allgemeinen Persönlichkeitsrechts bestehen. Die Prüfung, ob ein rechtswidriger Eingriff in das allgemeine Persönlichkeitsrecht vorliegt und ob ein solcher Eingriff zu einem Entschädigungsanspruch führt, unterliegt nach der Rechtsprechung des BAG einigen Besonderheiten. Ob das Persönlichkeitsrecht im Einzelfall verletzt ist, lässt sich nur aufgrund einer **umfassenden Güter- und Interessenabwägung** unter sorgsamer Würdigung aller Umstände beurteilen. Die Rechtswidrigkeit muss durch Abwägung der betroffenen Interessen im Einzelfall festgestellt werden. Dabei ist zunächst zu fragen, ob der Beeinträchtigung des allgemeinen Persönlichkeitsrechts ein schutzwürdiges Interesse des Arbeitgebers gegenübersteht, und dann, ob das allgemeine Persönlichkeitsrecht deutlich überwiegt. Insbesondere sind nach Auffassung des BAG Maßnahmen des Arbeitgebers dann durch ein grundsätzlich schutzwürdiges Interesse motiviert, wenn ihnen sachliche Erwägungen zugrunde liegen. Dies kann unter Umständen auch bei rechtswidrigen Maßnahmen, wie etwa rechtswidrigen Weisungen, der Fall sein. Andererseits kann bei an sich rechtmäßigen Maßnahmen die Persönlichkeitsrechtsverletzung dennoch aus den Gesamtumständen folgen.

Ein Entschädigungsanspruch setzt voraus, dass zum einen eine **schwerwiegende Verletzung** des allgemeinen Persönlichkeitsrechts vorliegt, was von Bedeutung und Tragweite des Eingriffs, von Anlass und Beweggrund sowie vom Grad des Verschuldens abhängt. Zum anderen ist erforderlich, dass die Beeinträchtigung nach der Art der Verletzung nicht auf andere Weise befriedigend ausgeglichen werden kann.

Darüber hinaus kann dem Mobbingbetroffenen ein Schmerzensgeldanspruch wegen schuldhaft verursachter Gesundheitsschädigung zustehen, wozu auch und insbesondere psychische Erkrankungen gehören.

Berufliche Versetzung

In Betracht kommen sowohl die Versetzung des mobbenden Arbeitnehmers als Sanktion des Arbeitgebers als auch ein Anspruch des gemobbten Arbeitnehmers gegen den Arbeitgeber auf seine eigene Versetzung an einen anderen Arbeitsplatz, an dem er dem Verhalten des mobbenden Vorgesetzten oder Arbeitskollegen nicht mehr ausgesetzt ist.

Auch in diesem Zusammenhang sind die Vorschriften des AGG zu beachten und entsprechend anzuwenden. § 12 Abs. 3 AGG verlangt, dass dann, wenn Beschäftigte gegen das Benachteiligungsverbot verstoßen, der Arbeitgeber die im Einzelfall geeigneten, erforderlichen und angemessenen Maßnahmen zur Unterbindung der Benachteiligung wie Abmahnung, Umsetzung, Versetzung oder Kündigung ergreift. Entsprechendes gilt nach Auffassung des BAG für Mobbingfälle.

Der Gemobbte hat also gegen den Arbeitgeber einen Anspruch darauf, dass dieser die zur Beseitigung der Störung erforderlichen Maßnahmen ergreift. Daraus folgt jedoch kein Anspruch auf eine bestimmte Maßnahme. § 12 AGG lässt dem Arbeitgeber vielmehr einen **Ermessensspielraum**, mit welchen Maßnahmen er auf Belästigungen eines Arbeitnehmers durch Vorgesetzte oder Mitarbeiter reagiert. Der Arbeitnehmer hat lediglich einen Anspruch auf die Ausübung „rechtsfehlerfreien Ermessens“ durch den Arbeitgeber. Der Arbeitgeber muss dabei nur solche Maßnahmen ergreifen, die er nach den Umständen des Einzelfalls als verhältnismäßig ansehen darf und die ihm zumutbar sind.

In Anwendung dieser Kriterien hatte der Oberarzt in dem vom BAG im Oktober 2007 entschiedenen Fall aufgrund des Verhaltens des Chefarztes zum Beispiel keinen Anspruch, dass der Arbeitgeber das Arbeitsverhältnis mit dem Chefarzt kündigt. Dieser war nämlich zuvor nicht abgemahnt worden, sodass es an einer Kündigungsvoraussetzung fehlte.

Auch einen Anspruch auf Versetzung auf eine vergleichbare Position, auf der keine Weisungsgebundenheit gegenüber dem mobbenden Chefarzt bestünde, lehnte das BAG mit der Begründung ab, dass der Arbeitgeber keine Maßnahmen ergreifen muss, die ihm unmöglich oder unzumutbar sind. Wie bereits das LAG festgestellt hatte, war nämlich ein anderer Arbeitsplatz für einen Ersten Oberarzt mit neurochirurgischer Fachausbildung im Klinikum nicht vorhanden. Eine solche herausgehobene Stelle extra für den Kläger zu schaffen, sei der beklagten Klinik nicht zuzumuten.

Sonstige Ansprüche und rechtliche Möglichkeiten

Neben den bereits erwähnten haben Mobbingbetroffene weitere rechtliche Handlungsmöglichkeiten gegen den – selbst mobbenden oder das Mobbing duldenden – Arbeitgeber oder den mobbenden Vorgesetzten/Arbeitskollegen:

- **Anspruch auf Unterlassung** der Mobbinghandlungen, gegebenenfalls durch einstweilige Verfügung, auf Beseitigung oder Unterbindung der Beeinträchtigung sowie auf Widerruf ehrverletzender Äußerungen oder falscher Tatsachenbehauptungen.
- **Eigenkündigung und Schadensersatz** gem. § 628 Abs. 2 BGB. Es wird in diesem Zusammenhang dringend empfohlen, von diesem Recht nur nach vorheriger rechtlicher Beratung Gebrauch zu machen. Erforderlich ist stets ein sogenanntes Auflösungsverschulden des Arbeitgebers mit dem Gewicht

eines wichtigen Grundes. Dies bedeutet, dass Tatsachen vorliegen müssen, aufgrund derer dem kündigenden Arbeitnehmer unter Berücksichtigung aller Umstände des Einzelfalls und unter Abwägung der Interessen beider Vertragsteile die Fortsetzung des Arbeitsverhältnisses bis zum Ablauf der Kündigungsfrist nicht zugemutet werden kann.
Die außerordentliche Kündigung erfordert darüber hinaus regelmäßig, dass der Arbeitnehmer erfolglos unter Fristsetzung von dem Arbeitgeber die Unterlassung oder Unterbindung des Mobbings verlangt und der Arbeitgeber den Kündigungsgrund zumindest grob fahrlässig nicht behoben hat. Liegen diese Voraussetzungen nicht vor, verliert der betroffene Arbeitnehmer nicht nur entschädigungslos seinen Arbeitsplatz. Vielmehr riskiert er bei einer fristgerechten oder auch fristlosen Eigenkündigung, dass er für bis zu zwölf Wochen kein Arbeitslosengeld oder keine Arbeitslosenhilfe erhält, was auch eine Minderung der Anspruchsdauer zur Folge hat (sogenannte *Sperrzeit*).
- **Zurückbehaltung der Arbeitsleistung** gem. § 273 BGB (Leistungsverweigerungsrecht) unter Fortzahlung der Vergütung. Auch hierbei wird dringend empfohlen, von diesem Recht – das insbesondere in der Presse immer wieder erwähnt wird – nur nach vorheriger rechtlicher Beratung Gebrauch zu machen. Verweigert der Arbeitnehmer nämlich zu Unrecht seine Arbeitsleistung, etwa weil er die Situation falsch einschätzt und irrtümlich von einem Mobbingsachverhalt ausgeht oder diesen nicht beweisen kann, geht er das Risiko einer Abmahnung und danach sogar einer fristlosen Kündigung des Arbeitsverhältnisses wegen Arbeitsverweigerung ein.
- **Erstattung einer Strafanzeige** und Stellen eines Strafantrags. Ob dies im Einzelfall sinnvoll und Erfolg versprechend ist, sollte ebenfalls nur nach rechtlicher Beratung entschieden werden.

Der **Arbeitgeber** hat folgende rechtliche Handlungsmöglichkeiten gegen den mobbenden Arbeitnehmer:
- Kritikgespräch, Ermahnung, Abmahnung, Umsetzung, Versetzung, Kündigung.
- Anspruch auf Unterlassung der Mobbinghandlungen.
- Schadenersatzanspruch wegen Verstoßes gegen die arbeitsrechtliche Treuepflicht (der sogenannte *Mobberregress*).

Problem der Beweisbarkeit der Zusammenhänge

Pflichtverletzung

Allein der betroffene, gemobbte Arbeitnehmer muss beweisen, dass ein Mobbingsachverhalt vorliegt und der Mobber seine Pflicht verletzt hat. Hier gelten die allgemeinen Grundsätze der Beweislast, die immer bei demjenigen liegt, der Ansprüche geltend macht.

Keine Beweiserleichterungen

Das BAG hat in seiner Entscheidung vom Mai 2007 den zuvor jahrelang in Rechtsprechung und Literatur diskutierten Beweiserleichterungen zugunsten der betroffenen Arbeitnehmer eine eindeutige Absage erteilt. Es hat dabei klargestellt, dass eine Beweiserleichterung oder Beweislastumkehr im deutschen Rechtssystem grundsätzlich nur in bestimmten Ausnahmefällen in Betracht komme, deren Voraussetzungen bei sogenannten Mobbingfällen nicht vorlägen. Dem Umstand, dass das Mobbingopfer sich oft allein deshalb in Beweisnot befinde, weil es keine Zeugen habe, könne durch die bereits vom Thüringer LAG aufgezeigten, prozessual an sich selbstverständlichen Mittel in ausreichendem Maße Rechnung getragen werden. Dazu gehören

- die Anhörung einer oder beider Prozessparteien nach § 141 Zivilprozessordnung (ZPO),
- die Vernehmung einer oder beider Parteien durch das Gericht nach den §§ 445, 448 ZPO und
- eine sorgfältige Beweis- und Sachverhaltswürdigung durch das jeweilige Gericht.

Das LAG Thüringen hat in seiner Rechtsprechung auch eine Bezugnahme auf Aufzeichnungen aus einem Mobbingtagebuch/-protokoll im Rahmen der Beweisaufnahme und Beweiswürdigung für zulässig erachtet. Da sich das BAG nicht ausdrücklich davon distanziert hat, ist weiterhin von dessen Zulässigkeit auszugehen.

Erforderlicher Sachvortrag

Erforderlich ist ein den Ablauf und die Einzelheiten erfassender konkreter Sachvortrag des Mobbingbetroffenen, und zwar möglichst unter Angabe von Zeugen oder Einreichung sonstiger Beweismittel wie beispielsweise Urkunden oder andere Schriftstücke. In der Praxis scheitern viele Klagen allein daran, dass der zugrunde liegende Mobbingsachverhalt nur ungenügend, das heißt zu pauschal und unbestimmt oder nur schlagwortartig dargelegt wird, oder der Beweis für den dargelegten Sachverhalt nicht gelingt.

Verschulden und Kausalität

Sollen Schadenersatz- und Schmerzensgeldansprüche geltend gemacht werden, ist ferner das **Verschulden des Mobbers** sowie die **Kausalität (Ursächlichkeit)** zwischen Handeln/Unterlassen und einer etwaigen Gesundheitsbeschädigung sowie etwaigen materiellen Schäden (z. B. Verdienstausfall) darzulegen und zu beweisen. Auch dafür hat allein der betroffene Arbeitnehmer die Beweislast.

Um von einem **Verschulden** des mobbenden Arbeitgebers beziehungsweise Vorgesetzten oder Arbeitskollegen auszugehen, wurde bisher in der Rechtsprechung vor allem bei Vorliegen von Gesundheitsverletzungen teilweise verlangt, dass dieser nicht nur die eigentliche Pflichtverletzung schuldhaft beging, sondern insbesondere auch den dadurch verursachten Schaden oder die psychischen oder sonstigen Gesundheitsverletzungen des Arbeitnehmers voraussehen konnte. Dies war oft schwer oder gar nicht nachzuweisen.

Dieser Auffassung hat das BAG eine Absage erteilt und ausgeführt, dass sich das Verschulden des Schädigers ausschließlich auf die Pflicht-, Rechtsgut- oder Schutzgesetzverletzung, nicht jedoch auf den eingetretenen Schaden beziehen muss. Dies gilt nur dann, wenn der Schaden adäquat kausal herbeigeführt worden ist. Das bedeutet, ohne dass dies hier vertieft werden soll, dass lediglich ganz unwahrscheinliche Schadensentwicklungen aus der Ersatzpflicht des Schädigers ausgeschlossen werden.

In dem vom BAG entschiedenen Fall hatte der Chefarzt, wie oben bereits dargestellt, schuldhaft gegen seine ihm vom Krankenhausträger übertragenen arbeitsvertraglichen Verpflichtungen verstoßen, Verhaltensweisen zu unterlassen, die es bezwecken oder bewirken, dass die Würde des Klägers (Oberarzt) verletzt wird und ein von Einschüchterungen, Anfeindungen, Erniedrigungen, Entwürdigungen oder Beleidigungen gekennzeichnetes (Arbeits-)Umfeld geschaffen wird. Durch dieses Verhalten wurde auch nachweisbar die psychische Erkrankung des Klägers verursacht. Dies hatte bereits das LAG aufgrund der durchgeführten Beweisaufnahme festgestellt. Dieser Schaden ist durch das Verhalten des Chefarztes auch adäquat kausal – also nicht nur durch eine ganz unwahrscheinliche Entwicklung – verursacht worden. Daran ändert sich nach Auffassung des BAG nicht etwa dadurch etwas, dass im entschiedenen Fall beim Kläger möglicherweise bereits andere Umstände eine psychische Vorschädigung ausgelöst hatten. Der Schädiger – hier der Chefarzt – kann sich nämlich nicht darauf berufen, ein psychischer Gesundheitsschaden sei nur deshalb eingetreten, weil der Verletzte infolge von körperlichen Anomalien oder Dispositionen zur Krankheit besonders anfällig gewesen sei. **Wer einen gesundheitlich schon geschwächten Menschen verletzt, kann sich daher nicht darauf berufen, ein Gesundheitsschaden wäre durch die Mobbinghandlungen nicht verursacht worden, wenn der Betroffene vorher gesund gewesen wäre.** Dies ist eine wichtige und sicherlich auch für viele andere Mobbingfälle bedeutsame Kernaussage des BAG!

Deshalb führt in derartigen Fällen der schuldhafte Verstoß des betreffenden Vorgesetzten gegen seine arbeitsvertraglichen Verpflichtungen zu seiner vollen Haftung für alle dadurch verursachten Schäden. Gleichzeitig haftet dann auch der Arbeitgeber, der sich das Verhalten des Vorgesetzten zurechnen lassen muss.

Im Zusammenhang mit der zuvor erwähnten Beweislast des betroffenen Arbeitnehmers für die **Kausalität (Ursächlichkeit)** zwischen Handeln oder Unterlassen des Mobbers und einer etwaigen Gesundheitsschädigung sowie etwaigen materiellen Schäden gilt nach der Rechtsprechung des BAG Folgendes: Grundsätzlich trägt der betroffene Arbeitnehmer auch für den Ursachenzusammenhang die Beweislast. Das Thüringer LAG hatte in seinen Urteilen aus dem Jahre 2001 gewisse Beweiserleichterungen für den Arbeitnehmer befürwortet und gemeint, es spreche eine widerlegbare Vermutung für die Ursächlichkeit, wenn zwischen dem „mobbingtypischen" medizinischen Befund und den behaupteten Mobbinghandlungen ein Zusammenhang bestehe. Derartige Beweiserleichterungen, insbesondere im Sinne einer Beweislastumkehr, lehnt das BAG im Ergebnis ab. Es erkennt aber immerhin an, dass dann, wenn in zeitlichem Zusammenhang mit feststehenden Persönlichkeitsrechtsverletzungen bei dem betroffenen Arbeitnehmer Erkrankungen auftreten, jedenfalls ein **starkes Indiz** für die Ursächlichkeit spricht, sodass es weiterer Beweiserleichterungen nicht bedarf.

Arztatteste oder medizinische Sachverständigengutachten

Als Beweismittel bei außergerichtlichem Vorgehen oder in einem Mobbingschutzprozess kommt ein ärztliches Attest oder die Einholung eines medizinischen Sachverständigengutachtens in Betracht, um zum einen die Diagnose nachzuweisen und zum anderen die Ursache für diese Krankheit festzustellen.

Das Gutachten und das Attest sind, wenn es um die Erkrankungsursache geht, aber nur dann für einen Prozess verwertbar, wenn in ihnen eine Anknüpfung an ganz bestimmte Vorfälle vorgenommen wird. Diese muss verbunden werden mit der Schlussfolgerung, dass die einzelnen Vorfälle in sich schlüssig geschildert und glaubhaft und als Ursache für die Erkrankungen des betreffenden Arbeitnehmers anzusehen sind. Dem behandelnden Arzt, der ein entsprechendes Attest ausstellen soll, ist daher die Situation am Arbeitsplatz möglichst detailliert zu schildern, damit er daraus die entsprechenden Schlussfolgerungen ziehen kann.

Es sollte ferner aus dem Attest oder Gutachten ersichtlich sein, ob der behandelnde Arzt oder Gutachter andere mögliche Ursachen für die Erkrankung erfragt und gegebenenfalls ausgeschlossen hat und worauf ein solcher Ausschluss anderer Ursachen beruht. Allgemeine und pauschale Angaben dahingehend, der betreffende Arbeitnehmer sei aufgrund massiven Mobbings erkrankt, helfen nicht weiter und sollten daher vermieden werden.

Erfüllt ein Attest die genannten Voraussetzungen, hilft dies allerdings dem Mobbingbetroffenen nur dann, wenn er die einzelnen Mobbinghandlungen, auf die sich im Attest bezogen wird, im Gerichtsverfahren ausreichend konkret darlegen und auch beweisen kann. Insbesondere Letzteres ist daher mitentscheidend und bedeutsam für den Prozesserfolg.

Beginn von Verjährungs- und Ausschlussfristen

Nach §§ 195, 199 BGB verjähren Ansprüche grundsätzlich in drei Jahren ab Kenntnis oder Kennenmüssens des Anspruchs. Für Schadenersatzansprüche wegen Verletzung der höchstpersönlichen Rechtsgüter Leben, Körper, Gesundheit und Freiheit gilt jedoch eine 30-jährige Verjährungsfrist gemäß § 199 Abs. 2 BGB (und zwar ohne Rücksicht auf die Kenntnis) ab Begehung der den Schaden auslösenden Handlung oder Pflichtverletzung.

Zu beachten sind in diesem Zusammenhang auch sogenannte Ausschlussfristen, die teilweise in Tarifverträgen, aber auch in Arbeitsverträgen geregelt sind. Danach müssen Ansprüche aus dem Arbeitsverhältnis spätestens innerhalb einer Ausschlussfrist von in der Regel drei oder sechs Monaten nach Entstehen des Anspruchs geltend gemacht werden. Das BAG hat in seinem Urteil vom Mai 2007 klargestellt, dass derartige Ausschlussklauseln auch Ansprüche wegen der Verletzung der Gesundheit und wegen der Verletzung des allgemeinen Persönlichkeitsrechts erfassen.

Die betreffenden Ausschlussklauseln knüpfen den Beginn des Fristlaufs in der Regel an die Fälligkeit des Anspruchs. Diese tritt nach der Rechtsprechung des BAG bei Schadenersatzansprüchen ein, wenn der Schaden für den Arbeitnehmer feststellbar ist und geltend gemacht werden kann. Feststellbar ist der Schaden, sobald der Arbeitnehmer vom Schadensereignis Kenntnis erlangt oder bei Beachtung der gebotenen Sorgfalt hätte erlangen können. Der Arbeitnehmer kann Schadenersatzforderungen geltend machen, sobald er in der Lage ist, sich den erforderlichen Überblick ohne schuldhaftes Zögern zu verschaffen und seine Forderungen wenigstens annähernd zu beziffern. Ausreichend ist, dass der Arbeitnehmer die Ansprüche so deutlich bezeichnet, dass der Arbeitgeber erkennen kann, aus welchem Sachverhalt und in welcher ungefähren Höhe er in Anspruch genommen werden soll. Dementsprechend ist der Arbeitnehmer grundsätzlich verpflichtet, bei der Geltendmachung auch zumindest die ungefähre Höhe seiner Forderung zu nennen.

Dieser Entstehungszeitpunkt ist in der Regel unproblematisch zu ermitteln, wenn die Verletzungshandlung sich auf einen einmaligen, zeitlich und gegenständlich abgrenzbaren Handlungsakt beschränkt. Dies wird im Fall von Persönlichkeitsrechtsverletzungen, wie sie häufig Gegenstand bei Mobbingprozessen sind, so nicht möglich sein. Wesensmerkmal der als Mobbing bezeichneten Form der Persönlichkeitsrechtsverletzung ist, wie das BAG hervorgehoben hat, die systematische, sich aus vielen einzelnen Begebenheiten zusammensetzende Verletzungshandlung, wobei den einzelnen Handlungen bei isolierter Betrachtung eine rechtliche Bedeutung oft nicht zukommt. Hierzu stünde im Widerspruch, wenn der Lauf der Ausschlussfrist bereits mit Abschluss einer jeden einzelnen Handlung beginnt. Dementsprechend beginnt die Ausschlussfrist in Mobbingfällen regelmäßig erst mit Abschluss der zeitlich letzten vorgetragenen „Mobbinghandlung".

Damit wird auch der Gefahr begegnet, dass über die Frist bestimmte Sachverhalte als verfallen angesehen und aus der Beurteilung, ob das allgemeine Persönlichkeitsrecht verletzt wurde, ausgeschlossen werden.

Dieser Grundsatz wird bei Erkrankungen des betreffenden Arbeitnehmers zu dessen Gunsten noch weiter modifiziert. Wie das BAG in dem oben zitierten „Chefarztfall" festgestellt hatte, beruhte die krankheitsbedingte Arbeitsunfähigkeit des Klägers auf den als „Mobbing" gewerteten Arbeitsvertragsverletzungen des Chefarztes. Der Kläger war nach Auffassung des BAG aber erst nach Beendigung seiner Erkrankung in der Lage, seinen Schaden festzustellen. Das galt insbesondere für den Schmerzensgeldanspruch, weil dieser in seiner Höhe ganz wesentlich von der Dauer der Krankheit abhing. Erst ab diesem Zeitpunkt beginnt daher in diesen Fällen die jeweilige Ausschlussfrist.

Praktische Hinweise: Mobbingtagebuch, Abfindung, Arbeitszeugnis

Mobbingtagebuch/-protokoll: Da der Mobbingbetroffene in einem gerichtlichen Verfahren die Darlegungs- und Beweislast hinsichtlich des Vorliegens von Mobbinghandlungen und der Ursächlichkeit dieses Verhaltens für daraus resultierende Gesundheitsschäden hat, wird dringend die Anfertigung eines Mobbingtagebuchs empfohlen. Dies gilt insbesondere, weil es bei Mobbinghandlungen oft um längere Zeiträume und eine Vielzahl von einzelnen Handlungen oder Verhaltensweisen geht und die Erinnerungsfähigkeit im Laufe der Zeit nachlässt.

In der Rechtsprechung, jedenfalls des LAG Thüringen, wird eine Bezugnahme auf Aufzeichnungen aus dem Mobbingtagebuch im Rahmen der Beweisaufnahme und Beweiswürdigung für zulässig erachtet. Derartige Aufzeichnungen sollten jedoch „mit Augenmaß“ erfolgen, da diese ansonsten ins Gegenteil umschlagen und Situationen entstehen können, die beispielsweise das Sächsische LAG in einem Urteil vom Februar 2005 zu folgenden Bemerkungen veranlasst haben:

„Die sofort nach Dienstantritt begonnene und über mehr als ein Jahr praktizierte Auflistung einzelner Vorkommnisse, Verhaltensweisen und Gesprächsfetzen in buchhalterischer Manier deutet eher darauf hin, dass die Klägerin selbst keine sonderlich friedfertige Einstellung hatte. Sie hat von vornherein Munition gesammelt, um sie gegen diejenigen zu verschießen, mit denen sie zusammenzuarbeiten hatte. Dabei greift sie auf überwiegend völlig untergeordnete Vorkommnisse aus einem im Zweifel allein fachlich ereignisreichen Arbeitsalltag zurück (...)“ Die penible Dokumentation von – überwiegend – Belanglosigkeiten spreche für eine Überempfindlichkeit im Umgang mit Vorgesetzten und damit für eine lediglich „gefühlte“ Opferrolle.

Das Oberlandesgericht (OLG) Celle hat im Rahmen einer beamtenrechtlichen Entscheidung vom April 2007 ausgeführt, dass die größtenteils penible Dokumentation von Vorfällen *„für eine persönlichkeitsbedingte Überempfindlichkeit“* der dortigen Klägerin *„im Umgang mit Vorgesetzten“* spreche, *„auch wenn diese sich nicht stets korrekt verhalten haben mögen“.*

Das Mobbingtagebuch sollte daher – jedenfalls in seiner anwaltlich überprüften und dem Gericht eingereichten Fassung – nur die wirklich bedeutsamen Vorfälle beschreiben, die **Antwort auf folgende Fragen** geben:

- Wer hat gehandelt?
- Wo war das?
- Wann und in welchem Zusammenhang?
- Was war der Anlass?
- Was genau war Inhalt der Handlung?
- Welche Auswirkungen hatte der Vorfall?
- Wer kommt als Zeuge in Betracht?

Ferner können **folgende Angaben** hilfreich sein:

- Daten etwaiger notwendiger Arztbesuche aufgrund des Mobbings und die gesundheitlichen Beschwerden sowie Dauer und Verlauf von Krankschreibungen.
- Was passierte oder wie fühlte man sich, wenn der Mobber längere Zeit abwesend war (Urlaub, Krankheit und anderes)?

Für den internen Gebrauch kann selbstverständlich auch eine ausführlichere Fassung des Mobbingtagebuchs angefertigt werden. Wird kein Mobbingtagebuch erstellt, ist es möglich, dass Schadenersatz- oder Schmerzensgeldklagen, bei denen mangels Erinnerungsfähigkeit an zum Teil Jahre zurückliegende Vorfälle keine konkreten Tatsachen mehr mitgeteilt werden können, abgewiesen werden. Die Gerichte sehen nämlich einen nur vagen Tatsachenvortrag, der nicht konkret Zeit, Ort und beteiligte Personen benennen kann, als nicht ausreichend an.

Abfindung: In manchen Fällen ist es sinnvoll, sich auf eine Beendigung des Arbeitsverhältnisses gegen Zahlung einer Abfindung für den betroffenen Arbeitnehmer zu einigen. Dies kann im Rahmen eines **Kündigungsschutzprozesses** vor dem ArbG geschehen oder auch außergerichtlich im Rahmen eines **Aufhebungsvertrages** (ohne Kündigung des Arbeitsverhältnisses durch den Arbeitgeber oder den Arbeitnehmer) beziehungsweise eines sogenannten **Abwicklungsvertrages** (nach ausgesprochener Kündigung durch den Arbeitgeber). Dem Arbeitnehmer ist dabei dringend zu empfehlen, sich rechtlich beraten zu lassen. Bei fehlerhafter Abwicklung drohen ihm nämlich für den Fall einer sich anschließenden Arbeitslosigkeit erhebliche Nachteile durch die Bundesagentur für Arbeit (BA), etwa durch das **Ruhen des Arbeitslosengeldanspruchs**, bei dem die vereinbarte Abfindung auf das Arbeitslosengeld teilweise angerechnet wird. Dies tritt ein, wenn die Beendigung des Arbeitsverhältnisses ohne Einhaltung der gesetzlichen oder vertraglichen Kündigungsfrist des Arbeitgebers oder bei unkündbaren Arbeitnehmern ohne Einhaltung bestimmter fiktiver Kündigungsfristen durchgeführt wird. Ferner droht eine **Sperrzeit** und damit verbunden auch eine Minderung der Anspruchsdauer für die Arbeitslosengeldzahlung durch die BA. In den sogenannten Durchführungsanweisungen der BA gibt es für

Fälle, in denen erheblicher psychischer Druck am Arbeitsplatz ausgeübt wird oder Mobbing am Arbeitsplatz vorliegt, eine Vielzahl von Sonderregelungen. Da es auch und gerade im Zusammenhang mit der Sperrzeitproblematik verschiedene Gestaltungsmöglichkeiten gibt, die von juristischen Laien kaum noch überblickt werden können, empfiehlt sich dringend juristischer Rat, um erhebliche finanzielle Nachteile zu vermeiden. Jedenfalls sollten im Fall drohender Arbeitslosigkeit niemals verkürzte Kündigungsfristen mit dem vermeintlichen Vorteil höherer Abfindungszahlungen akzeptiert werden. Bei der Vereinbarung von Abfindungen sollten ferner klare Fälligkeitsregelungen und eine Vererbbarkeit der Ansprüche festgelegt werden.

Arbeitszeugnis: Jeder Arbeitnehmer hat bei Beendigung seines Arbeitsverhältnisses nach § 109 der Gewerbeordnung (GewO) Anspruch auf ein schriftliches Zeugnis. Das Zeugnis muss mindestens Angaben zu Art und Dauer der Tätigkeit (einfaches Zeugnis) enthalten. Der Arbeitnehmer kann aber auch verlangen, dass sich die Angaben darüber hinaus auf Leistung und Verhalten im Arbeitsverhältnis (qualifiziertes Zeugnis) erstrecken.

Ein Zeugnis ist regelmäßig Bewerbungsunterlage und damit gleichzeitig Entscheidungsgrundlage für die Personalauswahl künftiger Arbeitgeber. Deshalb hat es zumeist erhebliche Auswirkungen auf das berufliche Fortkommen des Arbeitnehmers. Vom Arbeitgeber wird dabei verlangt, dass er den Arbeitnehmer auf der Grundlage von Tatsachen beurteilt und, soweit das möglich ist, ein objektives Bild über den Verlauf des Arbeitsverhältnisses vermittelt. Daraus ergeben sich die Gebote der Zeugniswahrheit und der Zeugnisklarheit.

Der Grundsatz der **Zeugniswahrheit** erstreckt sich auf alle wesentlichen Tatsachen, die für die Gesamtbeurteilung des Arbeitnehmers von Bedeutung sind und an deren Kenntnis ein künftiger Arbeitgeber ein berechtigtes und verständiges Interesse haben kann. Die Tätigkeiten des Arbeitnehmers sind so vollständig und genau zu beschreiben, dass sich ein künftiger Arbeitgeber ein klares Bild machen kann.

Das Gebot der **Zeugnisklarheit** ist in § 109 Abs. 2 GewO gesetzlich geregelt. Danach muss das Zeugnis klar und verständlich formuliert sein. Es darf keine Formulierungen enthalten, die den

Zweck haben, eine andere als aus der äußeren Form oder aus dem Wortlaut ersichtliche Aussage über den Arbeitnehmer zu treffen. Daher ist es unzulässig, ein Zeugnis mit geheimen Merkmalen oder unklaren Formulierungen zu versehen, durch die der Arbeitnehmer anders beurteilt wird, als dies aus dem Zeugniswortlaut ersichtlich ist (Beispiele: Die Formulierung *„Sein Verhalten gegenüber Mitarbeitern und Vorgesetzten war stets einwandfrei"* weist aufgrund der „falschen" Reihenfolge – erst Mitarbeiter, dann Vorgesetzter – auf Probleme mit Vorgesetzten hin; die Formulierung *„Sein Verhalten gegenüber Kollegen war stets einwandfrei"* weist aufgrund der Nichterwähnung der Vorgesetzten ebenfalls auf Probleme mit Vorgesetzten hin; *„Er machte viele Verbesserungsvorschläge"* bedeutet auch: *„Aber sie wurden nicht übernommen"*; *„Er arbeitete sehr genau und erledigte seine Aufgaben ordnungsgemäß"* besagt: *„Er arbeitete langsam, das Arbeitstempo war unterdurchschnittlich"*). Weder Wortwahl noch Auslassungen dürfen dazu führen, dass bei Lesern des Zeugnisses der Wahrheit nicht entsprechende Vorstellungen entstehen können. Ein Zeugnis darf deshalb dort keine Auslassungen enthalten, wo der verständige Leser eine positive Hervorhebung erwartet (Beispiel: Wird in einem Zeugnis für einen Abteilungsleiter nur die Leistung, aber nicht die Führung beurteilt, besteht für den Leser der Verdacht auf Führungsmängel).

In diesem Rahmen ist der Arbeitgeber grundsätzlich in der Formulierung frei, solange das Zeugnis nichts Falsches enthält. Der Arbeitgeber entscheidet deshalb auch darüber, welche positiven oder negativen Leistungen er stärker hervorheben will als andere. Maßstab ist nach der Rechtsprechung des BAG der eines wohlwollenden verständigen Arbeitgebers.

Die Erfahrungen des Autors gehen dahin, dass nach Beendigung konfliktbeladener Arbeitsverhältnisse ungeachtet des gesetzlichen Anspruchs des Arbeitnehmers auf ein qualifiziertes Zeugnis von einem „wohlwollenden verständigen Arbeitgeber" im Sinne der Rechtsprechung des BAG sehr oft nicht die Rede sein kann. Vielmehr wird gerade in Mobbingfällen bei der Zeugnisformulierung häufig „nachgetreten". Gerade dem arbeitslos gewordenen Mobbingbetroffenen wird jetzt auch noch die Stellensuche erschwert oder sogar unmöglich gemacht, indem ihm – oft der Wahrheit zuwider – ein schlechtes Leistungs- oder Führungsverhalten bescheinigt oder indem ihm entgegen den gesetzlichen

Anforderungen ein Zeugnis mit geheimen Merkmalen oder unklaren Formulierungen erteilt wird. Es folgt dann ein oft monatelanger, zermürbender – als Fortsetzung des Mobbings empfundener – Streit über die Zeugnisformulierung, den der betroffene Arbeitnehmer ohne juristischen Beistand kaum durchsteht und bei dem der nicht rechtsschutzversicherte Arbeitnehmer dann auch noch seine eigenen Rechtsanwaltskosten zu tragen hat.

Daher wird empfohlen, möglichst keiner Aufhebung des Arbeitsverhältnisses zuzustimmen, wenn die genaue Zeugnisformulierung nicht gleichzeitig einvernehmlich geregelt worden ist. Erfahrungsgemäß lässt der aufhebungswillige Arbeitgeber eine beiderseits angestrebte Aufhebungsvereinbarung oder einen gerichtlichen Vergleich nur sehr selten an der Zeugnisformulierung scheitern. Gerade – und oft nur – in dieser Phase der Verhandlungen lässt sich daher eine allseits akzeptable Zeugnisformulierung erzielen. Ein derartiges Zeugnis ist im Ergebnis meist mehr wert als einige Tausend Euro Abfindung.

Die von den Gerichten häufig vorgeschlagenen Vereinbarungen wie: *„Der Arbeitgeber verpflichtet sich, dem Arbeitnehmer unter dem Datum der Beendigung des Arbeitsverhältnisses ein berufsförderndes, qualifiziertes Zeugnis zu erteilen"*, sollten daher aus den geschilderten Gründen bei Mobbingsachverhalten oder allgemein bei Arbeitsplatzkonflikten besser vermieden werden. Ein möglicher Text einer Vereinbarung könnte wie folgt lauten, wobei bei längeren Kündigungsfristen eine entsprechende Regelung im Hinblick auf ein sofort zu erteilendes Zwischenzeugnis sinnvoll sein kann. Im Übrigen sind selbstverständlich immer die besonderen Umstände des Einzelfalls zu beachten: *„Der Arbeitgeber verpflichtet sich, dem Arbeitnehmer unter dem Datum der Beendigung des Arbeitsverhältnisses ein berufsförderndes, qualifiziertes Zeugnis mit dem sich aus der Anlage ergebenden Text zu erteilen. Der Arbeitgeber wird Auskünfte über den Arbeitnehmer nur im Sinne dieses Zeugnisses erteilen."*

Ist eine derartige Regelung im Rahmen einer Beendigungsvereinbarung nicht möglich, sollte der Arbeitnehmer jedenfalls versuchen, die Beurteilungsmaßstäbe oder bestimmte Formulierungen verbindlich zu regeln. Eine mögliche Formulierung könnte wie folgt lauten: *„Der Arbeitgeber verpflichtet sich, dem Arbeitnehmer unter dem Datum der Beendigung des Arbeitsverhältnisses ein berufsför-*

derndes, qualifiziertes Zeugnis zu erteilen. Dabei besteht Einvernehmen über eine gute Leistungs- und Führungsbeurteilung mit der Formulierung ‚stets zu unserer vollen Zufriedenheit' sowie: ‚Das Verhalten von Frau/Herrn ... gegenüber Vorgesetzten, Kollegen und Kunden war stets einwandfrei.' Ferner wird folgende Dankes- und Bedauernsformel als Schlussformulierung gewählt: ‚Wir bedauern das Ausscheiden von Frau/Herrn ..., danken ihr(m) für ihre/seine stets guten Leistungen und wünschen ihr(m) für den weiteren Berufs- und Lebensweg alles Gute und weiterhin viel Erfolg.' Der Arbeitgeber wird Auskünfte über den Arbeitnehmer nur im Sinne dieses Zeugnisses erteilen."

Wann ist der richtige Zeitpunkt für rechtliche Maßnahmen?

Unmittelbar nachdem der Mobbingbetroffene den Verdacht oder bereits die Erkenntnis erlangt hat, dass ein Mobbingverhalten Einzelner oder mehrerer gegen ihn vorliegt, sollte er sich über die rechtlichen, medizinischen und therapeutischen sowie über sonstige konfliktlösende Möglichkeiten beraten lassen. Oft erweist sich ein vernetztes Vorgehen aller beteiligten Berater als erforderlich und sinnvoll, um für den Betroffenen eine geeignete Lösung zu erarbeiten, damit dieser aus der Opferrolle herauskommt.

Der juristische Berater (etwa Rechtsanwalt, Gewerkschaftsjurist) kann dabei von Anfang an wichtige Weichenstellungen vornehmen und über die Rechte aufklären, die man als Betroffener hat. Gemeinsam mit diesem muss dann im Einzelfall entschieden werden, ob eine rein beratende Tätigkeit, bei dem der Berater im Hintergrund bleibt, ausreicht oder ob und ab wann eine anwaltliche oder gewerkschaftliche Vertretung im Außenverhältnis gegenüber dem Arbeitgeber sinnvoll ist.

Wie dargelegt, herrscht Einigkeit darüber, dass den Arbeitgeber die arbeitsvertragliche Nebenpflicht trifft, seine Arbeitnehmer vor Mobbing und damit vor Verletzungen seines Persönlichkeitsrechts durch seine Kollegen oder auch Vorgesetzten zu schützen.

Eine schuldhafte Verletzung der arbeitgeberseitigen Schutzpflicht kommt aber nach der Rechtsprechung nur in Betracht, wenn der Arbeitgeber von den Verletzungen der Rechte oder Rechtsgüter des Arbeitnehmers durch andere Arbeitnehmer Kenntnis hat. Kenntnis von möglichen Rechts(gut)verletzungen durch Kollegen oder Vorgesetzte kann der Arbeitgeber in der Regel aber nur haben, wenn ihm dies durch den Betroffenen oder in dessen Auftrag durch andere Personen (Betriebs- oder Personalrat, Mobbing-Beauftragter, Rechtsanwalt, Gewerkschaft und andere) mitgeteilt worden ist. Dies sollte daher so frühzeitig wie möglich geschehen, und zwar aus Beweisgründen möglichst schriftlich oder über den Betriebsrat oder Personalrat. Anderenfalls hat der Arbeitgeber zum Ergreifen von Maßnahmen zum Schutz der Gesundheit oder des Persönlichkeitsrechts des Betroffenen keine Veranlassung.

Nach Auffassung des BAG reicht es dabei nicht aus, wenn der Arbeitgeber beispielsweise in einem Schreiben nur pauschal darauf hingewiesen wird, er – der Betroffene – werde „drangsaliert", „unter Druck gesetzt", „mit falschen Anschuldigungen überzogen" oder „massiv angegriffen". Dies gilt jedenfalls, solange das Schreiben keine konkreten Tatsachen und damit auch keinen Ansatzpunkt für eine Einschätzung enthält, das beanstandete Verhalten verletze auch objektiv den Betroffenen in seinem Persönlichkeitsrecht in einer Weise, die ein Einschreiten des Arbeitgebers gebietet. Ferner sollte im Rahmen derartiger Mitteilungen an den Arbeitgeber auch auf die Gefahr konkreter Gesundheitsbeeinträchtigungen des Betroffenen hingewiesen werden.

Die Notwendigkeit, rechtzeitig zu handeln, wird durch den tragischen Selbstmord eines Oberarztes in einer bundesdeutschen Klinik im Herbst 2003 bestätigt. Nach entsprechenden Presseberichten gab es kaum einen Zweifel daran, dass der Tod des Oberarztes dienstliche Hintergründe hatte. Dies ergab sich unter anderem aus dessen Abschiedsbrief, und die Pastorin sprach während der Trauerfeier offen davon, dass er Opfer gezielten Mobbings geworden sein könne. Der stellvertretende Betriebsratsvorsitzende wurde mit den Worten zitiert: *„Das muss ein kontinuierlicher Prozess gewesen sein, der in der Inszenierung des Selbstmordes mündete."* Hier waren die Mobbinghandlungen bereits geschehen, sodass diese nicht mehr verhindert oder gestoppt werden konnten. Dieser tragische Vorgang zeigt jedoch, wie wichtig es ist, rechtzeitig zu intervenieren und die geeigneten Maßnahmen zu ergreifen sowie den Arbeitgeber und den betreffenden Vorgesetzten in die Pflicht zu nehmen und auch auf die gesundheitlichen Folgen hinzuweisen.

Im Ergebnis blieb in dem vorgenannten Fall auch eine gegen den vermeintlich mobbenden Chefarzt erstattete Strafanzeige wegen Verdachts der vorsätzlichen oder jedenfalls fahrlässigen Tötung erfolglos, da das zuständige OLG entschied, das Verfahren einzustellen. Zwar könne möglicherweise davon ausgegangen werden, dass das Verhalten des Chefarztes Ursache für den Tod des Oberarztes sei. Dafür spreche insbesondere dessen Abschiedsbrief, sodass der von den Angehörigen erhobene Vorwurf, der Beschuldigte habe den Verstorbenen in den Tod getrieben, nicht ganz fern liegend sein möge. Nicht hinreichend beweisbar für einen Schuldvorwurf im strafrechtlichen Sinne seien jedoch die inneren Vorgänge beim Beschuldigten. Es sei insbesondere nicht zu beweisen, dass er hätte erkennen können und müssen, dass sein Verhalten den Oberarzt dermaßen stark beeinträchtigen würde, dass dieser keinen Ausweg mehr gesehen und deswegen den Tod gewählt habe. Ein rechtzeitiger und nachweisbarer Hinweis auf die drohenden Folgen des Verhaltens des Chefarztes hätte hier möglicherweise zu einem anderen Ergebnis geführt, wenn dieser dennoch sein Verhalten fortgesetzt hätte.

Welcher Rechtsanwalt kommt infrage?

Empfohlen wird die Einschaltung eines auf Arbeitsplatzkonflikte oder Mobbingsachverhalte spezialisierten Fachanwalts für Arbeitsrecht oder sonstigen Rechtsanwalts. Dieser kann mithilfe der jeweils zuständigen Rechtsanwaltskammern, örtlichen Anwaltvereine, Gewerkschaften oder durch kirchliche oder sonstige Hilfsorganisationen, über das Internet oder private Empfehlungen anderer Betroffener gefunden werden. Wichtig ist, dass zwischen Anwalt und Mandant die „Chemie“ stimmt und der Anwalt Bereitschaft zeigt, genügend Zeit für die Beratung und die sonstigen Tätigkeiten zu investieren. Ein gegenseitiges Vertrauensverhältnis ist unabdingbare Voraussetzung für die Zusammenarbeit zwischen Anwalt und Mandant und für ein erfolgreiches gemeinsames Vorgehen. Empfehlenswert ist immer ein sogenanntes Erstberatungsgespräch (gebührenpflichtig), in dem überprüft werden kann, ob die Auswahl des Rechtsanwalts den vorstehenden Anforderungen sowie den eigenen Erwartungen entspricht. Auch über die Höhe der zu erwartenden Kosten sollte vor Auftragserteilung gesprochen und eine Verständigung erzielt werden.

Brauche ich eine Rechtsschutzversicherung?

Abweichend von den sonstigen Kostenregelungen in Urteilsverfahren der ersten Instanz besteht vor dem ArbG kein Anspruch der obsiegenden Partei auf Erstattung der Kosten für die Zuziehung eines Rechtsanwalts. Entsprechendes gilt für die außergerichtliche Beauftragung eines Rechtsanwalts, das heißt, dessen Gebühren muss der Arbeitgeber auch dann nicht erstatten, wenn er in erster Instanz vor dem ArbG unterliegt.

Die Höhe der Anwaltsgebühren richtet sich – falls nicht im Einzelfall eine besondere Gebührenvereinbarung getroffen wird – grundsätzlich nach dem Rechtsanwaltsvergütungsgesetz (RVG) und in diesem Rahmen nach dem sogenannten Streitwert. Der Streitwert (auch Gegenstandswert genannt) beträgt bei Kündigungsschutzverfahren das Dreifache der monatlichen Bruttovergütung des Arbeitnehmers. Bei Zahlungsklagen entspricht der Streitwert der Höhe der eingeklagten Ansprüche. Bei einem Streitwert von zum Beispiel 10 000 Euro betragen die Anwaltsgebühren in einem Arbeitsgerichtsprozess inklusive Mehrwertsteuer mindestens 1432,60 Euro. Bei Abschluss eines Vergleichs erhöht sich dieser Betrag um 578,34 Euro.

Diese Kostenregelung hat zwar den Vorteil, dass der Arbeitnehmer selbst für den Fall, dass er den Rechtsstreit erstinstanzlich verliert, nicht befürchten muss, die Kosten für den Rechtsanwalt des Arbeitgebers übernehmen zu müssen. Andererseits hat er aber immer die Gebühren seines eigenen Rechtsanwalts zu tragen.

Legen Arbeitnehmer oder Arbeitgeber gegen das erstinstanzliche Urteil Berufung ein, trägt in der Berufungsinstanz beim LAG derjenige, der den Rechtsstreit verliert, sämtliche Kosten, neben den Gerichtskosten also auch die Rechtsanwaltskosten beider Parteien. Allein die in diesem Fall anfallenden Rechtsanwaltskosten für zwei Anwälte betragen bei dem vorgenannten Streitwert 3286,30 Euro. Bei höheren Streitwerten und für den Fall, dass eine der Parteien gegen das Urteil des LAG ein weiteres Rechtsmittel einlegt, steigt das Kostenrisiko entsprechend.

Vor diesem Hintergrund ist der Abschluss einer Rechtsschutzversicherung, die das Risiko einer arbeitsrechtlichen Auseinandersetzung umfasst, unbedingt zu empfehlen. Zu beachten ist dabei, dass vor Beginn des Rechtsschutzes in der Regel eine dreimonatige Wartefrist einzuhalten ist. Eine rückwirkende Kostendeckung oder eine Kostendeckung für Rechtsschutzfälle, die während dieser Wartefrist auftreten, ist nicht möglich. Gewerkschaftsmitglieder benötigen in der Regel keine zusätzliche Rechtsschutzversicherung für arbeitsrechtliche Streitigkeiten, da sie über ihre Gewerkschaft Rechtsschutz erhalten. Besteht keine Rechtsschutzversicherung, kommt auch ein Antrag auf Gewährung von Prozesskostenhilfe durch das zuständige Gericht in Betracht. Diese wird bewilligt, wenn der Antragsteller nach seinen persönlichen und wirtschaftlichen Verhältnissen nicht in der Lage ist, die Prozesskosten zu tragen, und sein Anliegen hinreichende Aussicht auf Erfolg bietet.

Ausblick

Das auch aktuell noch festzustellende Missverhältnis zwischen erfolgreichen und erfolglosen Mobbingklagen darf keinesfalls entmutigen und spiegelt auch nicht in vollem Umfang die Rechtswirklichkeit wider. Die weitaus überwiegende Mehrzahl der Mobbingfälle wird nämlich im außergerichtlichen Bereich geregelt, und zwar nach den Erfahrungen des Autors immer häufiger im Sinne der Mobbingbetroffenen. Den Grundsatzurteilen des Thüringer LAG und in ihrer Folge den beiden Grundsatzurteilen des BAG kommt insoweit das Verdienst zu, eine Mobbing-Schutz-Konzeption auf der Grundlage der Verfassung und der geltenden Gesetze entwickelt zu haben, die für alle Beteiligten des Arbeitslebens klare Rechte und Pflichten definiert und damit zur Rechtssicherheit beiträgt. Die positiven Auswirkungen dieser Rechtsprechung sind in der Praxis deutlich zu spüren. Das liegt vor allem im außergerichtlichen Bereich am Umdenken vieler Arbeitgeber, die ihre rechtlichen Verpflichtungen ebenso sehen wie die dahinter stehende wirtschaftliche Bedeutung einer sinnvollen Mobbingprävention in den Betrieben. Die Bereitschaft, gemeinsam mit den Betriebs- und Personalräten, gegebenenfalls auch mithilfe externer Mediatoren, Mobbinghandlungen entgegenzutreten und konfliktlösende Maßnahmen durchzuführen, nimmt vor dem Hintergrund der bekannt gewordenen Gerichtsentscheidungen stetig zu. Selbst wenn als letzter Ausweg aus der Konfliktsituation eine Auflösung des Arbeitsverhältnisses erfolgt, kann bei geschickter Verhandlung und kompetenter Vertretung der Mobbingbetroffenen sehr oft eine Abfindung erzielt werden, die unter Einbeziehung der Schadenersatz- und Schmerzensgeldrisiken der Arbeitgeber erheblich über den Beträgen üblicher Abfindungen liegt. Dem betroffenen Arbeitnehmer verbleibt daher jedenfalls eine finanzielle Kompensation für den Verlust des Arbeitsplatzes und eine gewisse Genugtuung für erlittenes Unrecht.

Alfred Fleissner
Plädoyer für ein gutes Miteinander

Guter Rat muss nicht immer teuer sein. Information geht einem im Gegensatz zum Goldstück bei der Weitergabe nicht verloren. Das soziale Kleingruppenwesen Mensch braucht den Gedankenaustausch. Deshalb verzeichnet die Internetkommunikation so einen rasanten Anstieg. Da liegt es in der Natur der Sache, dass im weltweiten Netz versucht wird, mit Falschmeldungen unlautere Interessen zu verfolgen. Darum erschien es sinnvoll, sich im vorliegenden Ratgeber auch mit den Folgen des Cybermobbings auseinanderzusetzen.

Unbestreitbar gefährden Mobbinghandlungen die Gesundheit von Betroffenen. Da man für die Mehrheit schwer geschädigter Mobbingopfer feststellen muss, dass sie das mit ihnen betriebene üble Spiel zu spät bemerkt haben, muss dringend über rechtzeitige Maßnahmen gegen erste Anzeichen von Psychoterror aufgeklärt werden. Einerseits geht es um tatkräftige Mobbingabwehr, andererseits um geschicktes Ausweichen (fight or flight). Bei Mobbing in der Schule, die als Institution eine zusätzliche Schutzfunktion zu erfüllen hat, geht es auch um die Frage, wer hilft. Bei Kindern und Jugendlichen ist es entwicklungspsychologisch wichtig zu lernen, wie Konflikte ausgetragen werden und wie man den richtigen Weg findet, ein Problem zu lösen, damit das moralische Urteil und die Persönlichkeitsentwicklung gestärkt werden.

Im Bewusstsein, dass psychische Faktoren in Form von Schikane, Ablehnung, Verleumdung und Ausgrenzung zu den krank machenden Bedingungen gehören, kann im Vorwege für eine seelische Stabilisierung potenzieller Opfer Sorge getragen werden. Zur Beleidigung gehören immer zwei, einer, der beleidigt, und einer, der sich beleidigt fühlt. Durch rechtzeitigen Rückzug kann man unfaire Attacken milde lächelnd ignorieren, anstatt jeden Stein zurückzuwerfen und ihn damit dem Aggressor wieder zur Verfügung zu stellen. Mit genügend Selbstbewusstsein ausgestattet, kann man sogar interessiert nach dem Hintergrund und Zweck der Anfeindung fragen. Wie dem Witz jegliche Wirkung geraubt wird, wenn man sich die Pointe erklären lässt, zwingen offene Fragen zum Überdenken einer Äußerung: Wie ist das zu verstehen? Was ist damit gemeint? Warum sagst du das gerade so und nicht anders? Weshalb kannst du das nicht genauso sehen wie ich?

Mobbing, das Betroffene krank macht, beinhaltet zweifellos strafbare Handlungen. Neben dem legitimen Versuch, gegen Straftaten konsequent vorzugehen, sollten in Ergänzung zu den angesprochenen Möglichkeiten auch Erkenntnisse bedacht werden, die für das Stalking gelten und auf Mobbing übertragen werden können. Beim Stalking wird eine zurückhaltende Herangehensweise empfohlen, also Übergriffe ins Leere laufen zu lassen. Wer sich gegen Stalking zu wehren versucht, animiert den Stalker häufig zu einer Steigerung seiner abgewiesenen Aktivitäten.

Grundsätzlich verhindern das frühe Erkennen und das Bereinigen von Konflikten wirksam jegliche Eskalation. Aber gerade hinterhältiges Mobbing zeichnet sich durch viele im Einzelnen nicht gravierend erscheinende Sticheleien aus, die auf Dauer zermürben. Sobald die eigene Kraft nicht ausreicht, sich zu wehren, braucht man die Unterstützung von Personen, denen man vertrauen kann. Sofern man sich nicht mit Unterstützung von Fachleuten erfolgreich gegen Mobbing wehren kann, ist es sinnvoll, die Übeltäter zu ignorieren, statt ihnen mit wütender Aufmerksamkeit den Erfolg ihrer Bosheiten zu bestätigen.

Vor allem im Internet fehlt es noch an Erfahrung und Sachverstand, wie intrigantem Missbrauch ein Riegel vorgeschoben werden kann. Wenn der Versuch, sich zu wehren, offensichtlich ungestraft ins Lächerliche gezogen wird und die Hemmschwelle sinkt, ermutigt das sogar Feiglinge und leistet einer Heckenschützenmentalität Vorschub. Die Verlockung, in Onlinenetzwerken und Blogs unerkannt schmähen und bloßstellen zu können, führt zwangsläufig zu einer Zunahme an bösartigen Vorkommnissen, seien es Rufmord durch infame Lügen, Pornomontagen oder fingierte Äußerungen.

Die Frage, wie sich Cybermobbing unter Kontrolle bringen lassen könnte, beschäftigt nicht nur Schüler und Lehrer, sondern alle davon Betroffenen, die um ihr Ansehen fürchten. Bisher scheint in dieser Beziehung guter Rat nicht nur teuer, sondern unerschwinglich zu sein. Eine grundlegende Änderung im Umgang mit Informationen könnte eine Lösung bieten. Wenn bei der Beurteilung kritischer Gesichtspunkte nur noch die direkte Kontaktaufnahme zählen und nur den Betreffenden selbst die Beantwortung heikler Fragen zugestanden würde, könnte jeglicher Verleumdung das Wasser abgegraben werden.

Abschließend also eine Anregung zum Umdenken: Heutzutage können wir leicht miteinander Kontakt aufnehmen. Per E-Mail oder Handy ist man im Prinzip auf der ganzen Erde erreichbar. Anstatt übereinander zu reden, sollte miteinander geredet werden. Das gilt für alle Bereiche des Lebens. Längerfristig muss erreicht werden, dass jede Verleumdung auf ihren Urheber zurückfällt. So schwierig das heute noch erscheinen mag, sollte irgendwann für alle gelten: „Wer über andere herzieht, demonstriert nichts anderes als seinen miesen Charakter."

Anhang

Personen- und Sachregister

Literaturverzeichnis

Arentewicz, Gerd und Fleissner, Alfred (Hrsg.): Arbeitsplatzkonflikte. Mobbing als Psychoterror am Arbeitsplatz. Ursachen, Folgen und Formen der Hilfe. Peter Lang, Frankfurt am Main, Berlin, 2003.

Hanewinkel, Reiner und Knaack, Reimer: Mobbing: Eine Fragebogenstudie zum Ausmaß von Aggression und Gewalt an Schulen. In: Empirische Pädagogik, Band 11, Heft 3, 1997, S. 403–422.

Hilgers, Arnold und Hofmann, Inge: Gesund oder krank. Das Immunsystem entscheidet. Springer, Berlin, Heidelberg, 1995.

Kleber, Hubert: Konflikte gewaltfrei lösen. Medien und Alltagsgewalt: Ein Traningsprogramm für die Sekundarstufe I (mit CD-ROM). Cornelsen, Berlin, 2003.

Leymann, Heinz: Mobbing. Psychoterror am Arbeitsplatz und wie man sich dagegen wehren kann. Rowohlt, Reinbek, 1993 ff.

Leymann, Heinz (Hrsg.): Der neue Mobbing-Bericht. Erfahrungen und Initiativen, Auswege und Hilfsangebote. Rowohlt, Reinbek, 1995.

Leymann, Heinz: Die Mobbingenzyklopädie. In: www.leymann.se (auch als deutsche Fassung).

Litzcke, Sven Max und Schuh, Horst: Stress, Mobbing und Burn-out am Arbeitsplatz. Springer, Berlin, Heidelberg, 2005.

Mackensen, Sylvia von und Morfeld, Matthias: Das Wohlbefinden von Büroangestellten unter besonderer Berücksichtigung des Einflusses von Mobbing. In: Bullinger, Monika/Morfeld, Matthias/Ravens-Sieberer, Ulrike/Koch, Uwe (Hrsg.), Medizinische Psychologie in einem sich wandelndem Gesundheitssystem. Pabst, Lengerich, Berlin, S. 146–147.

Meschkutat, Bärbel/Stackelbeck, Martina/Langenhoff, Georg: Der Mobbing-Report. Wirtschaftsverlag, Bremerhaven, 2002.

mindgym (Autorengruppe): mindgym – der personal coach für kopf und seele. Piper, München, Zürich, 2007.

Moore, Christopher W.: The Mediation Process. Practical Strategies for Resolving Conflict. Jossey-Bass Publishers, San Francisco, 1986.

Müller, Else: Bewusster Leben durch Autogenes Training und richtiges Atmen. Rowohlt, Reinbek, 2001.

Schultz, Johannes H. und Langen, Dietrich: Übungsheft für das autogene Training. Thieme, Stuttgart, New York, 1980 ff.

Struck, Dieter und Fleissner, Alfred: Die 45 Mobbing-Antworten. Ein Leitfaden für Betroffene, Arbeitgeber, Betriebs- und Personalräte sowie sonstige Interessenvertreter und Berater. LIT, Münster, 2005.

Stavemann, Harlich H.: Im Gefühlsdschungel. Emotionale Krisen verstehen und bewältigen. BeltzPVU, Weinheim, 2001.

Teusen, Gertrud: Energiegeladen durch Hypnose und Selbsthypnose. Urania, Berlin, 1998.

Watzlawick, Paul/Beavin, Janet H./Jackson, Don D.: Menschliche Kommunikation. Formen, Störungen, Paradoxien. Huber, Bern, 1969 ff.

Literaturtipps zu den Themen des Buches zum Weiterlesen – und Handeln(!):

AOK, KDA, DAG (Hg.): Mobbing. Psychoterror am Arbeitsplatz. Hamburg, 5. Aufl. 1999. (Basisinformationen für Gewerkschafter und Personalvertreter)

Blech, Jörg: Bewegung. Die Kraft, die Krankheiten besiegt und das Leben verlängert. S. Fischer, Frankfurt am Main, 2007. (Grundlegende, sehr anschauliche Einführung in die Heilkraft der Bewegung)

Brockert, Siegfried: Praxisführer Psychotherapie. Knaur, München, 2000. (Vom BDP empfohlenes Buch zum Psychotherapeutengesetz und den gängigen Verfahren)

Bundesanstalt für Arbeitsschutz und Arbeitsmedizin (Hg.): Wenn aus Kollegen Feinde werden. Der Ratgeber zum Umgang mit Mobbing. Dortmund, 3. Aufl. 2004 (offizielle Infobroschüre des Bundeswirtschaftsministeriums). Siehe auch: Initiative Neue Qualität der Arbeit (INQA), www.inqa.de

Bundesministerium für Gesundheit (Hg.): Leitfaden Bewegung und Gesundheit. Berlin 2008. Erhältlich bei: publikationen@bundesregierung.de und www.bmg.bund.de

Bundesministerium für Gesundheit (Hg.): Ratgeber zur neuen Gesundheitsversicherung von 2007 (www.die-gesundheitsreform.de). Berlin, 4. Aufl. 2008. Zu beziehen unter: publikationen@bundesregierung.de

Bundesministerium für Gesundheit und Bundesministerium für Justiz (Hg.): Patientenrechte in Deutschland. Leitfaden für Patientinnen/Patienten und Ärztinnen/Ärzte. Berlin, 2. Aufl. 2003. (www.bmgs.bund.de und www.bmj.bund.de)

Bundeszentrale für gesundheitliche Aufklärung (Hg.): Was tun! Dumme Sprüche, Mobbing, sexuelle Belästigung ... Köln, 2005 (www.bzga.de). (Diese Broschüre richtet sich an Auszubildende und Berufseinsteiger.)

Christiansen, Andrea: Pilates für zwischendurch. Urania, Stuttgart, 2005. (Pilates ist ein zunehmend beliebter werdendes Verfahren zur körperlichen Mobilisierung.)

Derra, Claus: Autogenes Training für zwischendurch. Trias, Stuttgart, 2. Aufl. 1998. (Einführung ins AT und seine heilsamen Auswirkungen auf viele Erkrankungen, auch als CD erhältlich)

Fehlau, Eberhard G.: Konflikte im Beruf. Erkennen, lösen, vorbeugen. Haufe, Freiburg im Breisgau, 2. Aufl. 2002. (Sehr knapper handlicher Überblick)

Fischer-Epe, Maren: Coaching: Miteinander Ziele erreichen. Rowohlt, Reinbek, 2002. (Informationen für Menschen, die Coach werden wollen)

Funke, Wilhelm: Patientenrechte. Rowohlt, Reinbek, 1996.

Hiß, Paul: So finden Sie den richtigen Psychotherapeuten. Campus, Frankfurt am Main, 2000. (Informationen für die Suche nach Psychotherapie)

Holzbecher, Monika und Bärbel Meschkutat: Mobbing am Arbeitsplatz – Informationen, Handlungsstrategien, Schulungsmaterialien – Sonderschrift S 49 der Schriftenreihe der Bundesanstalt für Arbeitsschutz und Arbeitsmedizin. Wirtschaftsverlag NW, Bremerhaven, 2. Aufl. 1999.

(Grundlegende Infomationen für Menschen, die sich beruflich mit der Mobbingproblematik beschäftigen. Zu verwandten Themen siehe auch www.baua.de)

Kraiker, Christoph und Burkhard Peter (Hg.): Psychotherapieführer. Wege zur seelischen Gesundheit. C.H.Beck, München, 5. Aufl. 1998. (Informationen zu Psychiatrie und Psychotherapie sowie zu den einzelnen Verfahren)

Mühleisen, Stefan und Nadine Oberhuber: Karrierefaktor Soft-Skills. Haufe, Freiburg, 2005. (Mit Übungen zur Selbst-, Sozial- und Teamkompetenz auf CD-Rom)

Nordelbisches Jugendpfarramt (Hg.): Konflikte – Leben – Lernen. Umgang mit Gewalt und Konflikten im (Schul-)Alltag. Plön und Hamburg, 2000.

Pfennighaus, Dietmar: Einfach entspannen. Gräfe & Unzer, München, 2004.

Piontek, Rosemarie: Wegbegleiter Psychotherapie. Psychiatrieverlag, Bonn, 2005. (Informationen für die Suche nach Psychotherapie)

Redlich, Alexander: Konflikt-Moderation. Windmühle, Hamburg, 1997f. (Praxishilfen für Konflikttrainer)

Redlich, Alexander und Jens R. Elling: Potential: Konflikte. Windmühle, Hamburg, 2000f. (Wie oben)

Verbraucherzentrale Hamburg (Hg.): 20 Jahre Gesundheit und Patientenschutz in Hamburg. Berichte und Angebote, Hamburg, 2008. Eine Langfassung kann unter www.vzhh.de heruntergeladen werden. (Knapper Überblick zu den typischen Aktivitäten der in allen Bundesländern vorhandenen Verbraucherzentralen)

Volkmer, Thomas und Singer, Mario C.: Tatort Internet. Das Handbuch gegen Rufschädigung und Betrug im Internet. Markt+Technik, München, 2008. (Erster umfassender Ratgeber. Die Autoren betreiben auch das Forum www.internetvictims.de gegen Rufschädigung, Beleidigung und Betrug im Internet.)

Wrede, Britt A.: So finden Sie den richtigen Coach. Campus, Frankfurt am Main, 2000. (Informationen für Arbeitnehmer, die sich mittels Coaching weiterentwickeln wollen)

Kontaktadressen, Beratungsangebote und Informationsmaterial zusammengestellt von Gerd Arentewicz

Vorbemerkung: In jeder größeren Stadt kann man beim Gesundheitsamt die entsprechenden Anlaufstellen erfragen und Informationsmaterial erhalten. Die Broschüren und Arbeitsmaterialien werden meist regelmäßig aktualisiert. Sie sind in den Einrichtungen der Herausgeber erhältlich, zum Beispiel bei den Geschäftsstellen der Krankenkassen, Gewerkschaften und dem Kirchlichen Dienst in der Arbeitswelt (KDA). Viele Krankenkassen halten für ihre Versicherten umfangreiches Info- und Schulungsmaterial zu den Themen Entspannung, Stressbewältigung, Fitness, gesunde Ernährung und so weiter vor. In jährlichem Turnus erscheint das von Mathias Weber herausgegebene Web-Adressbuch für Deutschland mit den wichtigsten deutschen Internetadressen unter anderem zu vielen sozialen Themen (www.web-adressbuch.de).

Mobbing-Hotlines und Internetadressen für Betroffene

- www.fairness-stiftung.de: Infos für faire Führungs- und Unternehmenskultur. Die Stiftung betreibt auch den Suchdienst www.mobbing-scout.de
- Lobby und Netzwerk gegen Mobbing am Arbeitsplatz (www.mobbing-web.de): Infos zu Mobbing am Arbeitsplatz, Gerichtsurteile, Konfliktlösungsstrategien.
- Bundesweites Adressverzeichnis von Hilfsangeboten für Mobbingbetroffene, erstellt vom KDA Ingolstadt (http://www.drs.de/fileadmin/Baukasten/Betriebsseelsorge/Ludwigsburg/Bundesweites_Adressverzeichnis_Mobbing_Internet.pdf)
- Eine bundesweite Zusammenstellung von Beratungsstellen, Mobbingtelefonen etc. findet sich auf der Webseite der Universität Vechta: www.uni-vechta.de/Verwaltung/Personalrat/Arbeitsrecht/Mobbing/mobbing.html

- No (!) Mobbing. Fairness am Arbeitsplatz. Das No-Mobbing-Telefon Lübeck (dienstags 10–12 und 17–19 Uhr) 04 51/8 40 40, kostenlos und anonym (www.nomobbing.de)
- KLIMA e.V. (Konflikt-Lösungs-Initiative Mobbing-Anlaufstelle) in Hamburg, Infotelefon: 0 40/33 44 25 59, Beratungstelefon: 0 40/33 44 25 57 (www.KLIMAeV.de, www.antimobbing.de und www.mobbing-abwehr.de)
- Die Gewerkschaftsverbände in Deutschland (www.dgb.de/themen/mobbing/mobbing_09.htm), Österreich (www.oegb.at/) und der Schweiz (www.sgb.ch/kontakt.htm) bieten auf ihren Internetseiten Infos und Rat für Mobbingbetroffene.
- Kinder- und Jugendtelefon „Die Nummer gegen Kummer“: 08 00/1 11 03 33 (montags bis samstags 14–20 Uhr)

Selbsthilfegruppen bei Arbeitsplatz- und Gesundheitsproblemen

- KISS-Selbsthilfetelefon in Hamburg: 0 40/39 57 67 (montags bis donnerstags 10–18 Uhr), Einrichtung des Paritätischen Wohlfahrtsverbandes Hamburg e.V. (www.kiss-hh.de). Die Kontaktstelle gibt auch viermal jährlich eine Selbsthilfezeitung heraus, die abonniert werden kann.
- Online-Selbsthilfe: www.helpster.de. Das Portal bietet auch Arztsuche und -beurteilung.

Informationen zu den Psychotherapieverfahren und zu Psychologischen Psychotherapeuten

- Informationsbroschüre zu allen Fragen der Psychotherapie durch Psychologen: „Die Vereinigung der Kassenpsychotherapeuten stellt sich vor" (www.vereinigung.de). Hier können auch die Adressen von kassenzugelassenen Therapeuten in der Nähe des Wohnortes erfragt werden.
- Psychotherapeutenkammer Hamburg: www.ptk-hh.de
- Freie und Hansestadt Hamburg, Behörde für Soziales, Familie, Gesundheit und Verbraucherschutz (Hg.): Therapieführer Psychiatrie und Psychotherapie. Ärztliche und Psychologische Leistungen (www.hamburg.de/gesundheit/downloads/therapieführer)

Gesundheit, Patientenrechte und Online-Patientenberatung

- Bundesministerium für Gesundheit (Hg.): Ratgeber zur neuen Gesundheitsversicherung von 2007 (www.die-gesundheits reform.de). Berlin, 4. Aufl. 2008. Zu beziehen unter: publikationen@bundes regierung.de
- Bundesministerium für Gesundheit und Bundesministerium für Justiz (Hg.): Patientenrechte in Deutschland. Leitfaden für Patientinnen/Patienten und Ärztinnen/Ärzte. Berlin, 2. Aufl. 2003. (www.bmgs.bund.de und www. bmj.bund.de)
- Bundesverband der Verbraucherzentralen e. V.: info@vzbv.de
- Verbraucherzentrale Hamburg (Hg.): 20 Jahre Gesundheit und Patientenschutz in Hamburg. Berichte und Angebote, Hamburg 2008. Eine Langfassung kann unter www.vzhh.de heruntergeladen werden.

- Website der unabhängigen Patientenberatung Deutschland (UPD): www.unabhaengige-patientenberatung.de
- Beste Gesundheitsportale (getestet von der Stiftung Warentest, Heft 6/2009): www.gesundheitpro.de, www.netdoktor.de, www.vitanet.de
- Zertifizierte Medizinseiten im Internet: www.patienten-information.de (Portal der Krankenkassen und Ärzteschaft), www.netdoktor.de, www.qualimedic.de (Ärzte beantworten Patientenfragen).
- Weitere Gesundheitsportale mit positiven Bewertungen sind: www.onmeda.de, www.gesundheit.de und www. medizin.de
- Portal des Instituts für Qualität und Wirtschaftlichkeit im Gesundheitswesen (IQWiG): www. gesundheitsinformation.de
- www.imedo.de ist ein Portal, das von Themen zur gesunden Ernährung bis zu schweren Krankheiten umfassend informieren will.

Ärztebeurteilung und -suche im Internet

- www.docinsider.de (Bewertungsportal, bei dem die erwähnten Ärzte Stellung nehmen können)
- www.docwatch.de (wird von der Verbraucherzentrale Hamburg unterstützt)
- www.jameda.de (erweitert auch auf andere Gesundheitsberufe)

Berufliche Rehabilitation und Weiterqualifikation

- Informationen zum Betrieblichen Eingliederungsmanagement allgemein finden sich z. B. unter http://de.wikipedia.org/wiki/Betriebliches_Eingliederungsmanagement
- Informationen zum sog. Hamburger Modell siehe z. B.: http://de.wikipedia.org/wiki/Hamburger_Modell_(Rehabilitation)
- Das Zentrum Bayern für Familie und Soziales bringt Praxisbeispiele von Vereinbarungen für betriebliches Eingliederungsmanagement: http://www.zbfs.bayern.de/integrationsamt/eingliederungsmanagement/index.html

Häusliche Gewalt und Stalking

- Notruf bei häuslicher Gewalt/Stalking in Hamburg: 0 40/226 226 27 (montags bis samstags 10–22 Uhr)
- Frauennotruf Frankfurt am Main: www.frauennotruf-frankfurt.de

Mobbing und Gegenwehr im Internet

- www.internetvictims.de: ein Forum gegen Rufschädigung, Beleidigung und Betrug im Internet.
- Eltern und Lehrer können sich bei folgenden Anbietern über diskriminierende Inhalte und Gegenwehr informieren: www.klicksafe.de, www.seitenstark.de, www.jugendschutz.net, www.schau-hin.de, www.yasni.de, www.internet-beschwerdestelle.de und in Österreich www.saferinternet.at
- Wer einen Dienst als „Reputationsmanager" beauftragen will: www.myon-id.de, www.deinguterruf.de bzw. www.meinereputation.de, www.internetvictims.de, www.reputationdefender.com
- Wenn das rufschädigende Material auf einer Seite ohne Impressum steht, man aber wissen will, aus welcher „Ecke" es verbreitet wird, kann eine „Whois-Abfrage" („Wer ist?-Abfrage") versucht werden bei: www.denic.de oder www.speednames.com

Juristische Hilfen und Informationen

- ÖRA – Öffentliche Rechtsauskunft und Vergleichsstelle der Freien und Hansestadt Hamburg, Holstenwall 6, 20355 Hamburg. Öffnungszeiten: montags bis freitags 8–13 Uhr, Anmeldung unter Tel. 0 40/4 28 43-30 72/71 (keine Telefonberatung)
- Rechtsschutzversicherungen wurden in Finanztest Heft 8/2009 getestet. Testsieger waren: Rechtsschutz Union/Alte Leipziger (T07), Auxilia und DAS (Optimal).
- Die Rechtsanwaltskammern der einzelnen Bundesländer, z. B. die Hanseatische Rechtsanwaltskammer Hamburg, Bleichenbrücke 9, 20354 Hamburg, Tel. 0 40/35 74 41-0 oder www.anwaltskammer.de helfen bei der Suche nach Anwälten.
- Die Deutsche Anwaltauskunft ist ein kostenloser Suchdienst des Deutschen Anwaltvereins: www.anwaltverein.de oder Tel. 0 18 05/18 18 05 (Anruf kostenpflichtig)
- Wie finde ich einen Fachanwalt? Das Portal www.anwaltsuchdienst.de befindet sich im Aufbau. Seit dem 1. 7. 2006 darf das Honorar für die Erstberatung frei ausgehandelt werden.

Impressum

Bibliografische Information der Deutschen Bibliothek
Die Deutsche Bibliothek verzeichnet diese Publikation in der Deutschen Nationalbibliografie; detaillierte bibliografische Daten sind im Internet über <http://dnb.ddb.de> abrufbar.

ISBN 978-3-8319-0376-4

Text: Gerd Arentewicz, Alfred Fleissner, Hamburg, und Dieter Struck, Norderstedt
Lektorat: Beatrix Sommer, Hamburg
Gestaltung: Büro Brückner + Partner, Bremen
Gesamtherstellung: GGP Media GmbH, Pößneck